光明社科文库

耕牧和合

甘肃迭部文化遗产调查研究

李正元　吉西次力◎主编

光明日报出版社

图书在版编目（CIP）数据

耕牧和合：甘肃迭部文化遗产调查研究 / 李正元，
吉西次力主编 . --北京：光明日报出版社，2023.10
ISBN 978 - 7 - 5194 - 7534 - 5

Ⅰ.①耕… Ⅱ.①李… ②吉… Ⅲ.①文化遗产—调
查研究—迭部县 Ⅳ.①K294.24

中国国家版本馆 CIP 数据核字（2023）第 197239 号

耕牧和合：甘肃迭部文化遗产调查研究
GENGMU HEHE：GANSU DIEBU WENHUA YICHAN DIAOCHA YANJIU

主　　编：李正元　吉西次力

责任编辑：房　蓉　　　　　　　责任校对：郭玫君　龚彩虹
封面设计：中联华文　　　　　　责任印制：曹　净

出版发行：光明日报出版社
地　　址：北京市西城区永安路 106 号，100050
电　　话：010 - 63169890（咨询），010 - 63131930（邮购）
传　　真：010 - 63131930
网　　址：http：//book. gmw. cn
E - mail：gmrbcbs@ gmw. cn

法律顾问：北京市兰台律师事务所龚柳方律师

印　　刷：三河市华东印刷有限公司
装　　订：三河市华东印刷有限公司

本书如有破损、缺页、装订错误，请与本社联系调换，电话：010-63131930

开　　本：170mm×240mm
字　　数：230 千字　　　　　　　印　　张：16
版　　次：2024 年 1 月第 1 版　　印　　次：2024 年 1 月第 1 次印刷
书　　号：ISBN 978 - 7 - 5194 - 7534 - 5
定　　价：95.00 元

前　言

　　如果我们夏天从兰州坐车出发去甘南藏族自治州，随着海拔一路攀升，会领略不同的地貌和风景。刚出兰州不远，我们会看到高速公路两边光秃秃的黄土山，一些山头上点缀着丝丝绿意，但大部分黄土山就这么赤裸着朝向蓝天。然而，当进入临夏回族自治州境内时，我们就会看到山上森林茂密，山下宽阔的平地上农作物绿意盎然。就这样，我们一路欣赏着郁郁葱葱的景致，到了甘南藏族自治州所在地合作市。这里没有黄土山、树林和茂盛的庄稼，从山顶、山腰到山脚都是一望无际的青草。长草映衬着蓝天白云，滋养着牦牛骏马。这样的景色一直延伸到迭部县。甘南合作市的海拔高达两千八百米左右，迭部县的海拔则在两千二百米左右。因此，可以说，从合作进入迭部，是翻山越岭后又下山的过程。迭部县境内依然高山耸立，群峰出鞘，森林茂密，地势陡峭。这里有茂密的森林，但不再拥有临夏那样宽阔得能够种植庄稼的平地；这里有葱郁的草原，但仅限在高山上。迭部县山大沟深，河谷纵横。高山峡谷中形成了既可以狩猎，又可以放牧，还可以种植庄稼的多元立体生计结构，也形成了独特的沟谷聚落模型。

　　白龙江从四川和甘肃交界处的郎木寺发源后，一路翻高山、越草地，不辞小流，从源头的涓涓溪流摇身一变，成为迭部境内的滔滔江水。白龙江不仅哺育了早期在这块土地上生息的氐羌居民，也吸引了西藏和中原等众多地区的人们来此生存繁衍，并因此催生和滋养了迭部多样、独特的民俗传统。历史上，白龙江哺育的迭部地区引得氐、羌、汉、藏等民族的英雄豪杰上演了一幕幕"你方唱罢我登场"的生动历史景象。各民族的历史为我们今天留下了宝贵的社会和文化财富。今天，迭部县境内的藏、汉、回等多民族共存一地，和平地生活，友好地交往，共享国家经济社会发展成就，形成了新的交往、交流、交融态势。我们不能忘记迭部地区人们在开山劈树的艰辛中所创造的中华优秀传统文化，也不能忽视不同民族之间友好互动所留下的智慧遗产。为此，我们对迭部文化遗产开展了深入调查，希望把握那依然存留在田间地头和沟谷森林中的文化智慧和民族互动经验。

2020年7—8月，笔者作为领队教师，带领兰州大学西北少数民族研究中心博士生王志豪和才让扎西，硕士研究生刘媛、谭淇、李冬雪、达瓦普赤、次仁拉姆和完么吉，青海民族大学吉西次力，以及兰州大学历史文化学院本科生马璐璐、张婧茹，甘肃政法大学本科生如它，对迭部县的非物质文化遗产、农业文化遗产和红色文化遗产进行了田野调查。我们一行主要对迭部地区的农林牧复合生产体系、红色文化、青稞酒酿造技艺、俄吾吾节、才仔古巴、尕巴舞、莱坞、香包、服饰、葬俗等进行了系统调查。在调查过程中，我们还搜集了关于迭部地区生产、传说、节俗、民歌和传统社会组织等多方面的素材。在将近20天的调查中，在县城内的迭部县档案馆、文化馆、裁缝铺、古象雄文化工作室、青稞酒酿酒厂中，以及益哇镇、电尕镇、旺藏镇、达拉乡、尼傲乡、卡坝乡等地的寺院、插箭台、村落广场、民居中，都可以看到我们的队员拿着记录本专心求教的身影和会心的笑容。在调查过程中，迭部县的退休干部和教师、文化精英、民俗专家、村寨老人们都表现出极大的热情，他们不嫌与我们语言沟通上的不便，耐心为我们解答每一个看似寻常的问题。村寨的老人们"强行"让我们带走他们自己院子种植的水果。茨日那村的索南主任趁我们不备的时候，拿着我们的书包爬到他家的果树上摘了一书包的梨送给我们。这些经历本身就是帮助我们理解迭部文化遗产和多民族交往的生动体验。在这次调查的基础上，李正元、张鹏远和杨佳原一行于2022年1月再次到全球重要农业文化遗产——地迭部扎尕那进行系统调研，调查农林牧复合生产系统的活态传承现状。

我们采用从实求知的原则和人类学的整体观方法论进行非物质文化遗产、农业文化遗产和红色文化遗产的调查。换句话说，我们不再把各自所调查的非物质文化遗产项目、农业文化遗产和红色文化遗产看成一个个孤立的事项，而是将每一种文化遗产视为迭部生态、历史和社会整体中的元素。迭部文化遗产的传承离不开迭部地区高山沟谷的自然环境，离不开迭部人民为适应自然而创造的农林牧兼营、多元立体的生产生计方式，离不开迭部多民族碰撞、共生和交融的历史，离不开迭部人民的社会组织模式以及他们赖以为生的信仰习俗，也离不开国家与地方之间的互动。在调查过程中，我们发现，服饰和香包与自然环境、民俗信仰乃至迭部地区的历史进程紧密地联系在一起。民俗舞蹈和节日的传承离不开宗教，离不开当地人们融血缘和地缘为一体的"措哇"组织。红色文化、俄吾吾节、葬俗受到外在群体和国家力量的强烈影响。因此，只有将非物质文化遗产、农业文化遗产和红色文化遗产置于它所在的自然、历史、社会、经济和政治环境中，我们对文化遗产的认识和理解才能更加全面和深刻，才能更加透彻地呈现其区域特色及其与外界的关联性。只有这样，我们才能厘清中华优秀传统文化和革命文化在当代传承和保护的实际情况，理解民族地区民众对中华文化的切身体会和看法，并推进民族地区的中华文化认同。

2020 年 8 月 23 日，在前期调研的基础上，兰州大学铸牢中华民族共同体意识研究培育基地和迭部非物质文化遗产研究协会共同举办了迭部非物质文化遗产调查成果交流工作坊。来自兰州大学、甘肃省非遗研究中心、迭部县政府和迭部非物质文化遗产研究协会等机构的 20 余名专家学者齐聚迭部县赛银酒店，相互交流非物质文化遗产调查及研究的心得、体会。我们的团队成员依次对自己的调查成果做了展示。在会上，甘肃省非遗研究中心高莉花研究员，兰州大学庄虹研究员、毕研洁教授和刘铁程副教授在点评中也多次提到要从整体看待文化遗产。特别是高莉花研究员，在对各队员的非物质文化研究成果进行点评时，多次强调要突出非物质文化的迭部特色，这个特色就是指在迭部农牧林和合共生和多族群互动历史基础上形成的区域文化遗产。这一点得到了会上诸多专家学者的认可。这是各民族对中华文化认同的生动体现。

本书中的文章在调查和会议交流的基础上修改而成。我们明显可以看出，这些论文中提到的服饰、香包、节日、民俗信仰、葬俗和红色文化都在某种程度上与迭部多元立体的生计方式和迭部所在区域的历史有关。人类学研究证明，人类一开始大多生活在森林中或森林边缘，形成采集、打猎、渔猎等多元互补的生计方式。这些生计方式会随着资源的密集和季节的变化而变化，采集与后来的农业生产密切相关，打猎则与后来的游牧有很大的关联。然而，不管人类的生计方式如何改变，人类都很少以一种生计方式来开展生活，需要其他生计方式的辅助。农业社会依赖采集或游牧，游牧社会中也有农业生计元素。迭部地区河流纵横，山峦重叠。这种地形使得高山顶上遍布草场，山腰是茂密的森林，靠近河谷地带则是较为平缓、适宜农耕种植的地带。因此，村寨建立在沟谷半山平缓地带的聚落模式，可以说既是当地居民为了避免夏秋季节白龙江及其支流发生暴洪所致的灾害的明智选择，也是藏民们从事农林牧多元立体生计方式的最佳方式。这种聚落方式既集分散与聚合为一体，集移动与稳定于一身；既有相对的自足性，又有借助河流和山中小道与外界交流的可能性。正因如此，迭部所在的青藏高原东北缘地区的人们发展出了农林牧多元立体的生计方式。藏地的糌粑就是这样一种结合牧区酥油和农区青稞的食物，它既适于村寨的定居生活，也适于高山的移动放牧生活。此外，迭部藏地既养殖牧区的牦牛，也养殖农区的黄牛，还创造性地用牦牛和黄牛杂交出犏牛。在建筑方面，藏族人的踏板房在架构上因地制宜，但在建筑和装饰风格上则融入了内地的特色。下迭地区的服饰则与氐羌人服饰有很大的关联性。可见，这是一种耕种和游牧的交织统合，影响了更大区域的社会发展。甘肃迭部乃至整个甘南州的文化遗产只有放在农林牧立体生态系统和农牧互动下多族群互依共生的背景下，才能得到清晰的理解。耕牧和合所表达的多元、联结和交融的内涵也是理解汉藏交界地带文化遗产的重要维度。

与此同时，我们更为清晰地认识到，耕牧和合不仅反映了文化遗产产生和传承的整体生态、经济和社会情景，也是迭部文化遗产的内容。在当代社会，迭部文化遗产传承的情境发生了变化。尽管迭部地区文化遗产依然受到传统情境的影响，但是，迭部非物质文化遗产、农业文化遗产和红色文化的传承、保护和发展情境也发生了巨大变化。原有的沟谷村寨聚落模式在现代社会政治、经济的影响下已经发生了很大改变。农牧林生态系统的种植农业、放牧和打猎多元立体生计结构已经发生了很大变化。村寨中的劳动力逐渐从农牧林三位一体的生计结构中转移到农牧实物收入和现金收入相结合的经济结构中。这一转变意味着迭部地区已经进入现代国家统一的政治、经济体系中，并在新的经济、社会和政治环境中创造出了自己的生活模式。在这种新情境下，非物质文化遗产、农业文化遗产和红色文化遗产不再是沟谷聚落中所有人的生活必需，而是在某种程度上成了部分人的生活必需，以及某些人的资源和寻找文化家园的依托。当然，在这种流动和变化的情境中，迭部的文化遗产会以新的面貌出现在人们面前，栖居、消费和认同之间紧密交织。这既为我们保护和传承迭部文化遗产提供了诸多机遇，也给我们保护和传承迭部文化遗产带来了不小的挑战。为此，迭部文化遗产的保护不仅要考虑传统的农林牧三位一体生计结构以及农牧互动的整体情境，也要关注现代政治、市场、旅游和人口流动等对当地社会形态和人们生活产生的巨大影响。只有这样，我们才能更好地理解、保护和传承迭部的文化遗产及其蕴藏的民族文化交融经验和中华文化认同路径。

最后，我们要表达感谢。此次调查得到了迭部非物质文化遗产协会从资金、人才和资料等各方面给予的支持，迭部县非物质文化遗产协会主席杨桑杰、副会长杨嘉措和杨晓霞对我们的调查给予了极大的支持和指导；迭部非物质文化遗产协会的杨任前、刘南平和桑吉卡等细致安排和帮助了我们；迭部县档案馆的肖同良局长和张永海副局长为我们查阅档案提供了诸多便利；迭部县退休干部来毅和民俗专家杨文才为我们提供了诸多有价值的资料；旺藏镇党委书记年周和副书记旺秀在百忙之中为我们安排了调查地点和访谈对象；茨日那村主任索南给我们讲述了其精彩的重走长征路的历程；迭部古象雄文化工作室的格桑才让热情地带我们参观了其工作室，并介绍我们到他的家乡采访；在评审会上，杨达吉老师给我们提供了很多调查中没有接触到的事实。在此，我要对他们表达真诚的谢意。同时，我也感谢阿旺嘉措教授给了我（李正元）此次带队调查的机会，以及甘肃省非遗研究中心的高莉花研究员，兰州大学的毕研洁教授、庄虹研究员和刘铁程副教授的中肯建议。我们还得感谢调查期间所有队员们的辛苦付出和暖心相伴。调查村寨中诸多父老乡亲们慈祥可爱的脸庞、善良纯朴的性格永远印刻在我的心中，是他们让我们的调查生活变得有意义。一个个鲜活生命的存在不仅承载着迭部的文化遗产，而且砥砺着我们一路前行。

编者

兰州大学榆中校区

2022 年 6 月 9 日

目 录
CONTENTS

甘肃迭部扎尕那农林牧复合系统景观营造实践的调查

李正元[①]

一、问题提出

甘肃迭部扎尕那农林牧复合系统是我国于 2013 年认定的首批"中国重要农业文化遗产",也是联合国粮农组织于 2017 年认定的"全球重要农业文化遗产"。农业文化遗产保护是 2002 年联合国粮农组织发起的活动。2005 年,我国开展了中国重要农业文化遗产的发掘和保护工作,至今在农业文化遗产认定、发掘和保护方面已经取得了令人瞩目的成绩。此外,围绕农业文化遗产,学界从中国重要农业文化遗产保护和利用、农业文化遗产地类型及特征、农业遗产学学科建设、农业文化遗产申报和管理政策、农业文化遗产与乡村旅游,农业文化遗产与乡村振兴以及农业文化遗产的

① 李正元:兰州大学铸牢中华民族共同体意识研究基地/西北少数民族研究中心副教授,硕士生导师。本文部分内容曾以"栖居与消费的联结:扎尕那农林牧复合系统景观营造逻辑"为题刊发在《中国农业大学学报》(2022 年第 3 期)上。

实证研究等方面积累了丰富的成果。① 尽管如此，像扎尕那这种半农半牧式的独特农业文化遗产所在地的现实状态还需要进一步探讨。景观是农业文化遗产的重要组成部分。② 虽然从景观入手探讨中国重要农业文化遗产的研究越来越得到学界的关注，但学者的研究多聚焦中国重要农业文化遗产景观的丰富类型及其保护、开发和利用。③ 扎尕那农林牧复合系统同样具有丰富的景观资源，其自然和人文景观呈现出独特的地域和文化特征，当前对扎尕那农林牧复合系统景观的研究主要从地文形态角度入手，认为扎尕那农林牧复合系统的整体空间结构呈现为一种桃花源模式或天人合一模式④，也有学者关注扎尕那村落建筑景观的延续性问题。⑤ 这种空间景观的研究注意到扎尕那农林牧整体空间的特征，将景观视为一种外在于村落居民的自然和文化客体。

与从外部客体角度关注农业景观的研究路径不同，人类学对景观的研究一开始就关注人与景观之间的关系，认为经由不同主观性目光而展现出的多个面向的环境本身就是景观。这样，人类学景观的研究不仅考虑到当

---

① 这部分可参见相关文章，如苑利、顾军、徐晓. 农业遗产学学科建设所面临的三个基本理论问题 [J]. 南京农业大学学报（社会科学版），2012（1）. 孙庆忠. 中国农业文化遗产保护：实践路径与研究进展 [J]. 中国农业大学学报（社会科学版），2012（3）. 闵庆文. 中国的 GIAHS 事业：从艰难起步到蓬勃发展 [J]. 文化遗产，2015（10）. 闵庆文. 我国少数民族地区的重要农业文化遗产及其挖掘与保护 [J]. 原生态民族学刊，2020（3）. 王思明，李明主编. 中国农业文化遗产研究 [M]. 北京：中国农业科学技术出版社，2015：23-29. 尹绍亭. 农耕文化与乡村建设研究文集 [M]. 北京：中国社会科学出版社，2021：25.

② 闵庆文. 农业文化遗产的概念特点以及保护与发展. 为什么保护农业文化遗产 [M]. 北京：中国农业科学技术出版社，2019：1.

③ 王思明，李明主编. 中国农业文化遗产研究 [M]. 北京：中国农业科学技术出版社，2015：235. 韦妮妮. 景观型农业文化遗产保护性旅游开发探究 [J]. 农业农村部管理干部学院学报，2019：36. 杨波，等. 文化景观视角下的农业文化遗产认知与保护研究 [J]. 原生态民族文化学刊，2020（5）.

④ 史力莎，等. 基于景观格局理论和理想风水模式的藏族乡土聚落景观空间解析 [J]. 生态学报，2011（21）. 刘某承，闵庆文，何惠民. 甘肃迭部扎尕那农林牧复合系统 [M]. 北京：中国农业出版社，2017：553.

⑤ 贾雯婷. 甘南扎尕那藏族村落传统建筑风貌延续性研究 [J]. 大连民族大学学报. 2020（3）.

地人对环境的认知、体验和记忆，也关注外来力量对地方景观的生产，从而形成景观研究的"空间"和"场所"两条相互对立的路径。① "空间"是由人们的经验、感觉、思考、爱恋等构成的范围，"场所"则是为了达成目标而划出的资源，前者跟地方文化紧密相关，后者跟政治经济力量紧密联系在一起。② 近年来，学界试图用"挪用""多相律"这样的概念分析"空间"和"场所"之间交叉、重合和对立的关系，聚焦不同人或力量对同一景观的不同认识以及对景观生成的影响。③ 赫兹菲尔德以遗产地"社会时间"与"纪念碑时间"之间错综复杂的关系来分析不同群体对景观的理解差异性和一致性。④ 人类学对景观研究的最新动向与遗产批判的研究路径相互交织，推动了遗产研究从技术向文化实践的转变，并在遗产旅游方面进一步推进了遗产领域的研究。⑤ 在此启发下，本文同样关注不同力量对遗产地景观生成的影响，但与之前研究不同的是，本文聚焦的是在遗产地旅游过程中，内外力量影响下的当地人景观营造实践中的"联结"。"栖居"一词出自海德格尔⑥，人类学家英戈尔德将之运用到人类学研究中。英戈尔德用"栖居"形容生命在世界上生存的整体方式，人因为栖居而建造景观。⑦ "栖居"视角关注有机体与自然、社会的关系，它将景观视为生命意义聚集的地方。⑧

---

① Eric Hirsch, Michael O´Hanlon, eds. 1995. *The Anthropology of Landscape：Perspectives on Place and Space* ［C］. Oxford：Clarendon Press, 1995.

② Christopher Tilley. *A Phenomenology of Landscape：Places, Paths and Monuments* ［M］. Oxford：Berg Publishers, 1997.

③ （日）河合洋尚，周星，译. 景观人类学的动向与视野 ［J］. 广西民族大学学报（哲学社会科学版），2015（4）：55-56.

④ 潘天舒."文明""历史遗产"和"士绅化"的人类学批判 ［J］. 思想战线，2017（4）19.

⑤ （澳）劳拉简·史密斯. 张煜，译. 遗产本质上都是非物质的：遗产批判研究和博物馆研究 ［J］. 文化遗产，2018（3）. 罗德尼·哈里森. 范佳翎，等，译. 文化与自然遗产：批判性思路 ［M］. 上海：上海古籍出版社，2021.

⑥ 海德格尔. 演讲与论文集 ［C］. 孙周兴，译. 北京：商务印书馆，2021.

⑦ Tim Ingold. The Perception of the Environment：Essays on Livelihood, Dwelling and Skill ［M］. London：Routledge, 2011：185.

⑧ Tim Ingold. The Perception of the Environment：Essays on Livelihood, Dwelling and Skill ［M］. London：Routledge, 2011：192.

消费是"现代经济、社会条件下，人们为满足需求和需要，对终极产品的选择、购买、维护、修理或使用过程，该过程被赋予一定意义，并带来一定的满足、快乐、挫折或失望等体验"。① 在消费社会情景中，与日常生活消费有明显差异的旅游消费对旅游目的地有深刻影响。② 扎尕那是甘肃地区乡村旅游的热门地，当地人不仅参与旅游消费，更深受游客消费过程、体验和消费逻辑的影响。旅游已经成为扎尕那村落社会的一部分，消费逻辑深刻地改变着农林牧复合系统景观的生成方式。如此一来，我们只有从"联结"的角度才能全面理解扎尕那农林牧复合系统景观的营造实践，才能把握景观营造中人与自然、社会和经济的关系。为此，本文在遗产批判和景观人类学研究成果的基础上，分析了旅游影响下的扎尕那农林牧复合系统景观营造实践的文化逻辑。文中除标明引用的资料外，其他材料均为 2020 年 7—8 月和 2022 年 1 月在扎尕那咚哇村田野调查所得。

二、从半农半牧到遗产旅游

1925 年，美国探险家、生物学家洛克在卓尼杨土司派遣的士兵保护下，来到甘肃迭部扎尕那。他立即被当地壮丽的景色所吸引，说："我平生未见过如此绮丽的景色。如果《创世纪》的作者看见迭部的美景，将会把亚当和夏娃的诞生地放在这里。"③ 扎尕那绮丽的风景与迭部所在的地理环境分不开。迭部位于青藏高原东缘，这里是青藏高原、黄土高原和四川盆地的接触地带，也是甘肃、青海和四川的交界地带。地理位置造就了迭部独特的农牧交错风貌。我国农业地理区划中存在一条长长的农牧交错带，从内蒙古高原东南缘，经辽西、冀北、晋陕和宁夏东南部，进入甘青高原，总体上呈东北—西南走向，被称为北方农牧交错带。农牧交错带在甘青交界处转而呈南—北走向，经川西北进入青藏高原东南缘，被称为南

① 王宁. 消费社会学［M］. 北京：社会科学文献出版社，2011：11.
② 王宁. 消费社会学［M］. 北京：社会科学文献出版社，2011：194.
③ 洛克致哈佛大学萨金特教授的信，1925 年 9 月 9 日由迭部县旺藏寺发出，现藏于哈佛大学阿诺德植物园。

方农牧交错带。① 迭部恰好位于北方农牧交错带和南方农牧交错带的交汇地带，这里同时也是考古学所说的半月形文化地带和西北民族走廊与藏彝走廊的交汇地带。② 历史上，南来北往的民族在这里会集，形成了共生交融的面貌。历史上，迭部曾是古羌人、汉族、蒙古族、藏族、回族等民族生活的地方。至今，迭部仍是多民族聚居区，除人口最多的藏族外，还有汉族、回族、蒙古族、裕固族、羌族等 16 个民族。各民族在经济方面互相依存，在生计、语言、饮食、建筑、婚姻等文化方面互相交往，共同创造了迭部的历史、经济和文化。

扎尕那行政村位于甘肃甘南州迭部县的西北部益哇沟，行政建制属于益哇镇。益哇沟北与甘肃卓尼县、西与四川若尔盖县交界，东与迭部电尕镇相接，卓尼县高山草场和若尔盖草原包围着扎尕那。益哇沟的东面和南面靠近适应农耕的白龙江河滩台地。扎尕那行政村包括咚哇、聂日、达日和代巴 4 个自然村。2021 年，扎尕那村有 219 户，人口 1617 人。咚哇村是扎尕那形成最早的，也是人口最多的一个自然村，共有 102 户，784 多人。③ 扎尕那村每个家庭平均人口为 7 人，历史上，兄弟之间很少分家。家庭成员生活在同一座房子中，由家长组织协调家中的农业生产。扎尕那的农业生产是我国农牧交错带上形成的一种独特的复合生产类型，它既不是纯粹的精耕农业区，也不是纯粹的游牧区，而是当地居民在海拔 2000 米以上的高寒地带因地制宜形成的农业生产系统。扎尕那村的农田就在村庄周围，农田外围就是森林，草场则在附近的卓尼、岷县等地。当地居民沿海拔从低到高形成了河滩耕种、浅山林地采集打猎和高山草场放牧的垂直、立体、多样的经济类型。这种经济类型形成了农牧复合、林牧复合和农林复合等多种复合生态技术体系。学界从游牧的角度称扎尕那的经济生

① 韩建国编. 农牧交错带农牧业可持续发展技术［M］. 北京：化学工业出版社，2004：8.
② 童恩正. 试论我国从东北至西南的边地半月形文化传播带. 文物与考古论集［C］. 北京：文物出版社，1986. 费孝通. 深入进行民族调查［A］. 麻国庆编. 美好生活与美美与共［C］. 北京：三联书店，2019.
③ 该数据为 2022 年 1 月调查时从扎尕那村委会获得。

产系统为"半农半牧"。但是，这种半农半牧的生产既不同于学界所说的农牧分立的季节性放牧①，也不同于区域内部实行的农牧分营和农牧民族之间生产分工形成的"蕃租"。② 扎尕那的半农半牧生产是一种基于复合家庭内部分工的农林牧结合的经济文化系统，这从目前扎尕那每户平均 7 人的数据中可得到说明。

　　扎尕那这种基于联合家庭分工的农林牧复合系统的形成，不仅与当地自然环境有关，还与当地历史有关。扎尕那农林牧复合系统是一种古老的历史遗产，它是迭部各民族在历史上互动发展的产物。农林牧复合系统既离不开唐代吐蕃人的垦荒种植和游牧文化传统，也离不开汉族的农耕文化传统，更离不开吐谷浑的积极经营。最终，在明清时期形成了完整的农林牧复合系统，并延续至今。③

　　当地藏语方言称扎尕那为"石匣子"。从迭部县城到扎尕那有 28 千米的路程。我们沿着 248 国道进入扎尕那村，穿过益哇镇的高杂村、纳加村，就进入了扎尕那村的范围。进入扎尕那村之前，马路右边有一面突出的峭壁，据说这里就是扎尕那村的下石门。新中国成立以前，这个石门很窄，只容人和牲畜通过，这个石门现已不在。从下石门沿着 248 国道走，我们依次路过了咚哇村、聂日村、达日村和代巴村。从代巴自然村朝卓尼方向走，会路过扎尕那村的上石门。两个石门使扎尕那形成了一种天然的壶天空间，也是"石匣子"一名的由来。新中国成立以前，扎尕那人经由石门和里面的山沟与外界进行联系。新中国成立以后，扎尕那成为迭部通向卓尼的通道，加速了扎尕那与外界的联系。21 世纪初，随着零散游客的进入，扎尕那的自然和文化景色逐渐为外人所知。在游客逐渐增多的情况

---

① 王晓毅．山地游牧的适应与变迁［A］．王晓毅主编．游牧社会的转型与现代性（山地卷）［C］．北京：中国社会科学出版社，2015：3.

② 贺卫光．中国古代几种游牧文化的类型及其特征［J］．内蒙古社会科学．2001（5）．冉光荣．川滇民族地区的"蕃租"与"汉佃"［A］．平准学刊第四辑（上）［C］．光明日报出版社，1989：6.

③ 刘某承，闵庆文，何惠民主编．甘肃迭部扎尕那农林牧复合学院［M］．北京：中国农业出版社，2017：21—22.

下，咚哇村于 2006 年盖起了扎尕那村的第一家民宿。随着扎尕那农林牧复合系统成为国家和全球重要农业文化遗产，迭部县依托重要农业文化遗产和生态资源，开始系统规划乡村旅游。目前，扎尕那已经成为国内外热门的乡村旅游地。旅游经营成为当地村民主要的经济收入，每年 5 月至 10 月是当地的旅游旺季，村民们主要忙于旅游经营。咚哇村在这方面收益最大。目前，咚哇村村民主要靠景区观光车门票、商铺出租、游客骑马和民宿等项目获得经济收入。2021 年，咚哇村仅观光车门票一项收入就达5997022 元。① 在乡村旅游的影响下，扎尕那居民的生活发生了巨大变化，农林牧复合系统景观呈现出新的面貌，体现出新的营造逻辑。

三、民居与民宿：房屋景观的筑造

2021 年 1 月 20 日，在全村人的帮助下，仅三天时间，咚哇村桑吉家的新房子就已经立好了木头架子。② 按照当地习俗，晚上，大家要在新建房子的正房中庆祝。晚上七点左右，大家陆续来到桑吉家新房处。为抵御寒冷，桑吉一家在这之前已在房子里面生了五堆火。随后，帮忙的人陆续搬来了啤酒、白酒、饮料和几大包糖。大家到齐后，桑吉家的亲戚开始给每个人发糖、饮料或啤酒。此时，外面进来一个着装干净、头发整齐的人。几个男人赶紧给他让座，并说他是歌星，嗓子好。他坐定后，一边酝酿，一边跟周围人交谈。不一会儿，一首曲调悠长欢快的歌曲就从他的话筒中传了出来。歌词大意是："柱子是金子做的，横梁是银子做的，来这里的人都是善良的人。"这是一首专门在新房架子落成后唱的民间音乐。老人们说，这首歌在以前唱得更长，歌中赞美木匠的手艺，"没有木匠，神山都变成石山了"。另外，歌中会说明从森林中取木头到木头运送至村里的过程，歌中也赞美来参加庆祝的客人，说大家都是一家人。显然，歌

---

① 2022 年 1 月调查时，从咚哇村获得的账本数据。另外，我们调查时从扎尕那村支部副书记口中了解到，2021 年，扎尕那当地人均收入已达 15000 元。

② 按照学术规范，本文对田野中的人名做了技术处理。

词以建房为核心，将人与神、人与人以及人与森林的关系全部表达了出来。

桑吉家的房子共两层，每层五间，第一层用来住人，第二层用来开民宿。这个安排呈现出两个相互结合的整体空间：一个是人们一家生活的地方，笔者将之称为民居；另一个则是专门用来给游客居住的地方，笔者称之为民宿。扎尕那当前房屋建筑多为民居和民宿的结合。在传统的半农半牧生产方式中，兄弟之间基本不分家。当地家庭不是我们通常理解的"父母—子女"核心家庭模式，而是在一栋房子内共同生活的家屋模式。① 我们调查的时候得知，村民往往将住在同一个房子里的人都叫作家人。这种家庭一般包括在世的父母、没有分家的兄弟及其妻儿，以及招婿上门的姐妹及其儿女。所以，房屋建筑除考虑水源、阳光、耕地、草场外②，还需考虑家庭的实际情况，符合当地文化规范。扎尕那的传统房屋建筑为榻板房，榻板房以木头为主，是土、木和石头结合的建筑。石头主要用来做房屋墙角的基石，土和草混合搅拌成草泥用来糊墙，这种墙防风耐寒。当地房子的主体架构和房屋内的内墙都用木头建造，这些木头都来自远离村落的森林之中。房间各柱子之间用木板卯榫连接，房内所有家具的框架结构都由木材搭建，要么镶嵌在墙壁间，要么镶嵌在墙壁内。整座民居由正房和廊组成，廊房主要用来圈牲口和堆放杂物，正房和廊房之间有储藏室。正房和廊房构成整个院落，整个院落只有一个大门出入。正房是最为讲究的一个房间，当我们走进咚哇村村民的正房时，全木结构的框架、精美的装饰工艺、丰富的色彩、整体的摆设和宽敞的空间都让我们感叹不已。正房内有土炕、神灵、中柱、天窗、大铜锅。正房是日常用来吃饭、会客和举办仪式的空间。以中柱为界，性别空间、圣俗空间有严格的区分。中柱

---

① 列维·斯特劳斯. 张祖建. 夸口特人的社会组织. 面具之道 [C]. 北京：中国人民大学出版社，2018. 关于藏彝走廊地区藏族的家屋类型和特征，可参见：李锦. 家屋与嘉绒藏族社会结构 [M]. 北京：社会科学文献出版社，2017.

② 杨文才. 迭部藏族民俗文化 [M]. 兰州：甘肃民族出版社，2015：25.

本身就带有神圣的象征含义，它是正房内可以通天的地方。① 廊房顶部为平顶，用来晒粮食、衣服等。正房顶部为"人"字形木椽屋顶，木椽屋顶上顺斜坡盖宽25厘米左右、长1.5米左右的松木榻板，上排压下排，交接处横放半圆形细长条木杆，用石块压住。② 榻板就地取材，来自附近的森林之中。显然，房屋是扎尕那村落人们家庭生活得以开展的地方，是牲畜圈养之地、社会交往之所，更是与神灵沟通的空间。房屋就是人与天空、自然、神灵交汇的栖居之地。在这里，人是世界的一部分，而不是超出世界的独立的存在。

在乡村旅游的影响下，村民的房屋建筑逐渐发生变化。房屋建筑不仅是一家人生活的居所，也是接待游客的空间。桑吉家的房屋建筑将民居和民宿在空间上结合为一个整体，扎西家的房屋建筑也是如此。扎西家现有七个人，他和妻子、父母以及三个子女生活在一起。他跟哥哥没有分家的时候，其家庭是由两个核心家庭组合在一块儿的大家庭。在大家庭时期，扎西在牧区住了十四年，哥哥和嫂子在家种地。后来，扎尕那旅游项目发展起来，他们将牧区家中的牛全部卖掉，盖了两栋房。哥哥家一栋，他家一栋。这样，他们家由一家分成了两家。目前，两兄弟家都在经营民宿。扎西家的民宿跟桑吉家一样在二楼，共有八间，每间房中有两张床。二楼民宿有公共的洗漱间和洗澡间。连接二楼民宿和一楼民居的是一段钢架楼梯。此外，扎西在二楼靠近路边的地方开了个门。这样，游客既可以从路上进入他的院子，也可以直接通过钢架楼梯进入住宿的房间。扎西家一楼为正房，正房里面有一个小房间。正房旁边建了两个厢房，他的父母住在其中一个厢房内，另一个厢房用来堆放农具和粮食。正房对面则是用来生火的木柴，木柴码得整整齐齐，象征主人的勤劳和家中的财富。扎西家的房屋景观整体上融为一体，只在整体空间内部划分出民居和民宿。民居和民宿之间既有连接，也有区分。在游客多的时候，这里就是游客住宿的地

---

① 王含章. 迭部藏族的家屋空间与文化表征 [J]. 西北民族研究，2018（4）.

② 杨文才. 迭部藏族民俗文化 [M]. 兰州：甘肃民族出版社，2015：24.

方。在冬天没有游客的时候，民宿大多数时间空着。举行集体活动时，民宿房间会给来串门的亲戚住。

除这种在整体空间内划分出民居和民宿的建筑景观外，咚哇村还存在民居与民宿在建筑空间上分离的模式。这种模式一般为村里民宿房间多的家庭所采用，有的民宿房间超过 10 间。扎尕那才让家、阿多家、丁久家就是这种类型。这种民宿的名字一般以酒店命名，在建筑空间上，民居和民宿临近。丁久家是扎尕那村最早建民宿的家庭，丁久的父亲老让 2006 年从香港、澳门旅游回来后，开始动手将自家二楼改建成民宿。他在香港、澳门旅游时发现，当地农民依靠旅游富裕起来了，这深深地触动了他的内心。回来后，他不顾妻子的不解，以及村民的冷嘲热讽，请木匠改建家中的房子。后来，老让年纪大了，就将民宿交给儿子丁久。目前，丁久家已有 38 间民宿房间。民居附近的一栋三层楼建筑就是他家的民宿酒店，第三层全为木头制造，下面两层则是木头和水泥墙混合建造而成。这栋民宿跟丁久家的民居隔着一条马路。不过，丁久家民居正房的西边厢房已经被改造成商店和餐厅，东边厢房被改造成大小房间嵌套的民宿。丁久还打算将正房上面一层改造成民宿。丁久家的东边厢房是一间传统与现代相结合的民宿。木制建筑、房屋空间布局、房间内的八宝图雕刻、摆放的唐卡透露出当地的文化气息，一次性床单被套、独立的卫生间、淋浴设备、地暖和沙发则让人感受到现代的氛围。另外，传统文化和现代设备的结合也是这种与民居分离的民宿的一个特色。阿多家的民宿房间里摆放着村里以前使用的柜子、木头做的衣架以及以前用的餐具。扎尕那才让家的民宿中则绘有苯教大鹏鸟的图案。不管是阿多、扎尕那才让家的民宿，还是丁久家的民宿，都是他们自己亲自设计的，在设计过程中吸收了游客的建议以及民宿最新的流行趋势。希望通过这种传统与现代风格的结合，打造出具有扎尕那特色文化的体验式民宿。

尽管存在空间结合和空间分离的两种房屋景观建造模式，但两者具有诸多共性。第一个共性就是房顶上榻板的旅游展演功能凸显。随着榻板房制作技艺成为省级非物质文化遗产，扎尕那当地的房屋建筑都在房顶铺上了榻板。原来房顶上实用的彩钢板全部换成了整齐划一的榻板。这既是对非遗的保护，也是古朴原生态的展演，可以助力旅游消费。第二个共性是房屋景观都以家庭为基础进行建造。在建造过程中，房屋景观既离不开村民的帮助，又离不开神灵的护佑，更离不开其所处的自然环境。此外，民居围绕家庭开展生活，民宿则由家庭来经营，家庭是联结民居与民宿的社会基础。每年7月至8月中旬为扎尕那的旅游高峰期。此时，扎尕那村村民都会全家出动，放暑假归来的儿女们也参与民宿经营。扎西家的情况是个典型例子：扎西在景区卖门票，对接网上订单，其妻子在景区为骑马的游客牵马，准备民宿游客的食物，大儿子到景点入口引导自驾游客到家中民宿来住，上初中的女儿在家为游客办理住宿，小儿子为游客准备早餐。家中的每个人都在民宿和旅游经营中贡献了自己的力量。2022年1月，我们住在丁久家，他把当小学老师的女儿卓玛叫回来帮忙，为我们准备餐食。目前，卓玛负责酒店与网络平台对接的事情。因此，不管是哪种景观，其建造和经营都离不开家庭。民居和民宿虽在空间上有分离，但都因为共同的象征而结合在一起，也因为家庭而结合在一起，蕴藏着家庭生活的体验。民居和民宿结合、分离以及相互渗透、交织体现的恰恰是当地房屋建筑景观中人与自然、亲属、邻里、神灵以及旅游消费的复杂关系。这种复杂关系体现了当地人在思维和认识上将栖居和消费紧密结合。

四、转经与展演：村落文化宫的营建

2022年1月19日傍晚，经过四个多小时车程，我们到达了咚哇村。放下行李，我们就去村口转悠。沿着人来人往的道路，我们穿过咚哇村背后从裸岩中流出、冬季不结冰的小溪，来到一栋尚未竣工的建筑旁。我们看到村民在围着已经建好的转经筒转经。入乡随俗，我们立即也跟着转经。在转经过程中，我们后面转经的中年男子一边转经，一边口念经文。

这栋尚未竣工的建筑就是咚哇村正在兴建的村落文化宫。村落文化宫为一栋三层楼的建筑，主体建筑后面是一个大房间。这个房间分为两个部

分：一部分用来为游客做饭；另一部分计划为村中 60 岁以上的老人于旅游旺季免费提供午饭。主体建筑一楼沿坡而建，感觉像地下室，这里设计为扎尕那民族风情演艺中心，在旅游旺季主要为游客表演扎尕那乃至迭部地区的歌舞节目。二楼地面高度，刚好跟后面的厨房相连。这里设计为两个部分：一部分为扎尕那吉祥圣缘藏宴厅，是游客用餐休息的地方；另一部分则是神灵居住的空间，与餐厅隔开。之所以有神圣空间，跟这个地方原来就是村民转经祭祀之处的集体记忆有关。正因如此，二楼墙壁外已经安装好一圈转经筒。三楼是图书阅览室，这里主要展示跟扎尕那相关的出版物以及跟旅游相关的著作，村里还计划在这里展示扎尕那半农半牧的文化物品和活动场景，这是对当地农牧文化的记忆和消费。主体建筑前面有一个大广场，广场南面墙上有块电子屏，电子屏上计划显示"咚哇村文化广场"几个字。广场上有两个篮球架，傍晚的时候，村里的小伙子们在这里打篮球。广场中间有个电子点火点，这是为集体跳锅庄而设，游客可在这里欣赏锅庄舞，也可参与到锅庄舞队中亲自体验。

村落文化宫由咚哇村集体用从旅游收入中所获得的资金投资建成，主要是想增加村中的旅游收入。负责村落文化宫建造具体工程的咚哇村会计班代直接指出，建造村落文化宫的目标是增加村集体的旅游收入。为营造这个景观，2019—2021 年，咚哇村的旅游收入没有给村民分红，村民跟我们聊到文化宫时都在强调这点。不管能否增加收入，村民都会把村落文化宫和旅游联系在一起。此外，我们还要看到景观中更加复杂的社会和文化意义。村落文化宫明显是一个融合传统和现代文化的景观，这个景观形态将汉族文化和藏族文化融合在一个空间内，将经济效益和文化展示结合在一起。负责营造这个景观的组织名称是咚哇村集体农民专业合作社，这是咚哇村每家每户以土地入股的方式成立的一个民间组织，法人代表是东哇自然村的村主任。这个组织中由 23 人构成，这 23 人是由咚哇村 6 个社会组织措哇①内部选举产生的。根据措哇人数的多少，每个措哇选出来的负责人人数也不同。措哇是白龙江流域藏族村寨建立在地缘和血缘基础之上的社会组织，类似但不等同于汉族的宗族。咚哇村农民专业合作社是一个在村委会领导下，基于传统社会结构和现代经营理念而形成的村级合作社。因此，这个组织负责的景观营造不仅有旅游经济的考虑，也带有浓厚的地方文化特色和记忆。这也可以从老人免费餐厅中看出来，老人免费餐厅的设置是由 23 人中的扎西提出来的。1986 年出生的扎西家里有两个老人，还有三个子女。三个子女在旅游旺季都在帮忙打理民宿，这样家中老人的吃饭问题开始凸显。想要建老人免费餐厅是因为在旅游旺季，家里男女老少都忙于旅游经营和接待，到中午的时候，家里的青壮年都忙得没有时间吃饭，更不要说回家给老人做饭了。这个建议得到了大家的认同，因为村里有一位老人曾在旅游旺季一个人在家做中饭而引发了火灾。此外，这个提议符合咚哇村敬老重老的传统习俗。可见，村落民族文化宫中老人免费餐厅空间的设置是由当地敬老观念、火灾事件记忆和旅游经营过程中的养老问题实际体验相互激发而成的。

咚哇村文化广场的设计不仅考虑了旅游旺季游客的文化和消费体验，也考虑了村民的节日活动需求。咚哇村的旅游时段一般只在每年的 5 月 1 日到 10 月中旬，这也是农林牧复合系统中的农忙时间。每年 11 月到来年 3 月是农林牧复合系统中的农闲时间。可见，旅游旺季和淡季大致对应着农忙和农闲时间。村民在农忙和农闲时间都有相应的活动，如建房、婚嫁和节日。咚哇村的春节就在农闲时期，春节期间，村集体的娱乐等活动就可以在村落文化广场中举行。2022 年春节期间，大年初一和正月十五的村落歌舞表演就在这里举行。春节是当地很重要的民俗活动，村落文化广场既是大家一起庆祝节日的地方，也是体验节日氛围和人际关系的场所，更

---

① 措哇是甘南农牧地区广泛存在的一种社会组织，有些地方叫沙尼，有些地方叫措哇。但是，措哇和沙尼在不同村落的形态和结构都有不同。可参见：赵利生，谢冰雪，江波. 扩大的家族：藏族民间组织沙尼调查［J］. 民族研究，2009（2）. 王含章. 汉藏交界地带的藏族部落组织研究［J］. 西北民族论丛，2018（2）.

是人与神共存的空间。因此，村落文化广场不是一个纯粹的旅游展演空间，而是不同季节村民文化展演和社会生活空间形态的叠合，使景观营造的栖居和消费逻辑得以联结。

转经筒是村落文化宫营造的重点。转经筒作为村落文化宫景观的重要部分，也是外观中非常显眼的部分。转经筒围绕着整个村落文化宫，免费餐厅的老人是转经成员，转经筒的空间位置远比世俗的村落文化广场高。此外，转经筒是全体村民全年重复使用频率最高的村落文化宫设施。转经不仅涉及个体宗教心理体验，也是个体修行、感知外部环境和进行社交的身体实践。[①] 此外，村落文化宫转经场所的修建意味着当地转经习俗隐藏着一种为消费而展演的维度。购买转经筒所消耗的上万元费用有乡村旅游的功劳，反之又以村民的转经日常来为旅游添色，体现了转经筒修建的消费逻辑。显然，村落文化宫中的转经不仅是当地居民栖居在世界中的一种方式，也是他们适应旅游消费的创造。具体负责村落文化宫建设工程的班代亲力亲为地到迭部县城购买了大大小小的转经筒。为了村落文化宫的建造，两年内他将自己的大部分精力、心血和时间都投到这里。他每天都很忙，有时候甚至忙得顾不上吃饭。我们多次想要采访他未果。最后一次，我们到他家的时候，他刚从县城为集体办完事回来。不过，一脸疲惫的他还是热情地接待了我们，刚聊了一会儿，安装大经筒的四川汉族师傅们问他要零件。他跟师傅沟通好后，就站在那里看着师傅们赶工。站了一会儿，他就自然地跟着其他村民一起转经。显然，转经不仅是村民日常生活不可或缺的一部分，而且是表达生命意义的关键象征。我们更能看出的是这个村落虽然深受旅游消费影响，但他们努力地把消费置于一种栖居逻辑下，不让消费过度压制个体和集体，努力实现栖居和消费的平衡。

五、生活与风景：农林景观的营造

2022 年 1 月，我们田野调查时住在"原生态吧"民宿中。从这里往

---

① 张虎生，陈映捷．西藏转经习俗与个人宗教体验［J］．宗教研究，2013（1）．穆静然．具身性实践：藏传佛教转经仪式新解［J］．民族研究，2019（6）．

东，我们会看到一片大草滩。冬天，雪花覆盖在草滩上，别有一番风景。从这里往西，我们则能看到一大片错落有致的农田，冬天的农田光秃秃的，远远可见几匹马在农田上悠闲地觅食。草滩和农田是扎尕那农林牧复合系统景观的重要部分，现在也是游客在扎尕那旅游时必"打卡"的风景。

扎尕那村被山峰、草滩、森林和农田包围，农田大部分分布在村落南边靠着溪流的平缓地带。村落北边是山峰，山峰下面是寺院，寺院下面是村落，村落东西两面就是草滩、森林和农田。2020 年 8 月 20 日下午，我在村落景区大门的栈道上步行。一边步行，一边欣赏两旁的风景。8 月的扎尕那风景清爽宜人，明媚的阳光照射在碧绿、开阔的草滩上。草滩上的女性游客摆起了经典的照相造型，红色飘带搭配着各种姿势。远处的树林中不时传来游客爽朗的笑声，一个小孩因为其父母在树林附近找到一朵蘑菇而兴高采烈。这地就是仙女滩。夏季，仙女滩会有从森林中流出的溪水，在平坦的草地上形成小小的湿地。仙女滩周围是较为茂密的林木，夏天这里有各种蘑菇、野草莓以及各种鸟类。扎尕那村民认为仙女滩夏天的风吹在身上特别舒服。另外，在这里还可以看到太阳落入西边山峰的全景。这里是扎尕那农林牧复合系统动植物共生互动之地，各物种在这里交缠和鸣，形成和谐的自然韵律。扎尕那村民融入了这种自然景观韵律之中。沿着仙女滩继续往上走一个小时左右，我们来到一处山顶湖泊，旅游线路上将之称为仙女湖，仙女湖边挂着经幡。草滩、森林和湖泊形成了一道独特的旅游风景，是游客消费、体验和拍照之地。但是，游客只有购买门票才能进入，不买门票就难以到这里进行消费和体验。这完全是一种即时的消费和风景体验。

仙女滩和仙女湖在游客心中的意象和其在当地人心中的意象虽有空间上的交集，但其对景观的认知和体验却不同。仙女滩和仙女湖都是旅游开发打造后的风景，是为吸引游客而更换的名字，这两个名字并不符合当地的命名习惯。藏语中对应仙女的词应为"拉姆"，而仙女湖在当地藏语方言中叫"措尔里卡"。仙女湖的水并不清澈，而是有些浑浊，其当地语言的名称跟这个有关。仙女滩在扎尕那的藏语方言中叫"仓诺"，根据其地形来命名。可见，仙女滩和仙女湖在当地藏语方言中的名称跟迭部藏族用地形地貌命名的传统相符。① 地名对应的景观是扎尕那人感受和认识自然的方式。

仙女滩因为西面山峰的遮挡，冬天的阳光并不充足，却是当地人夏天浪山的好地方，是当地一代又一代人回忆浪山期间美好瞬间的景观场所。浪山是藏族每年一度跟家人或亲戚朋友聚餐和歌舞的活动。每到夏天，一家人或亲戚朋友在这里扎帐篷，喝酒、吃肉、唱歌和嬉戏就是扎尕那人浪山的方式。因此，仙女滩的浪山有视觉的享受、味蕾的快意和听觉的惬意，是人与人呼应、人和自然共鸣的场所。这里沉淀了一代又一代人的欢乐和幸福。仙女滩附近的森林是村落的神林，村中的民约规定不能在这里砍树砍柴，现在这个规定仍然被遵行。这跟西方人把自然和社会割裂的"自然主义"② 不同，神林的存在是从当地文化中生发出来的对自然的尊重和跟自然的相处之道。然而，浪山时间正好跟扎尕那现在的旅游高峰时间重合，为了不影响旅游，村民把自己浪山的时间往前挪了半个月。当游客来这里的时候，村民不是在这里浪山，而是在这里销售丝带、工艺品和从树林中摘来的蘑菇。这时的村民、滩地、森林和游客构成了一种现代产消景观。显然，当地人和游客对草滩、森林的景观有两种不同的体验和认知。草滩、森林是当地人感受人与自然、人与神灵共居的世界。现在，栖居和消费则彼此交织，村民为旅游经营将自己在草滩、林地景观中的活动做了调整，栖居和生意在不同的时间实现了空间的重合，重塑了仙女滩和仙女湖的景观。

在扎尕那农林牧复合系统中，青稞是当地村民传统的主要农作物，后来才引入小麦、土豆、燕麦和圆根。扎尕那村人均耕地面积小，20世纪80年代，他们按照户数和人口的标准分配耕地，每户总计4亩左右，有些家

---

① 杨文才. 迭部藏族民俗文化 [M]. 兰州：甘肃民族出版社，2015：62.
② Phillppe Descola, Janet Lloyd. *Beyond Nature and Culture* [M]. Chicago：The University of Chicago Press，2013.

庭人均耕地不到 1 亩①，这在作物产量低的高寒地区不可能养活一家人，因而每家必须通过放牧来维持一家人的生活。在半农半牧时期，当地农田里种植的青稞是为了家庭内部消费。村民出去放牧的时候随身携带青稞粉和酥油混合而成的糌粑。为了让庄稼顺利成长，他们有固定的生产周期、技术和农事活动。每年农历三月左右，他们开始播种，播种使用的肥料主要由牛粪、枯草和土壤混合而成。播种之前的犁耕主要采用二牛抬杠的方式。庄稼播种完后，耕地牲畜就被赶到山上去，村里每家出 1 人负责庄稼成长期间的看护工作。等庄稼成熟后，由这个组织统一决定村中哪片地的庄稼首先收割。形成决定后，有庄稼在这片地的家庭都要在规定的时间内割完庄稼。庄稼割完后，需要把庄稼捆成小束放在晾架上。金灿灿的庄稼放在晾架上，形成了当地农业生产的独特景观。这种景观一直持续到 10 月，这时大家把庄稼拿下来脱粒、晒干，最终入仓。整个农业生产不仅是村民维持生活、延续生命的重要方式，也是人们感受自然更替、生命荣枯以及参与社会合作的路径。

现在，为了经营旅游，大部分家庭都靠卖掉放牧的牲畜或借贷来获得民宿建造的启动金。因此，放牧是支撑旅游经营的重要基础。虽然农田没有成为乡村旅游的资本来源，但也为旅游做出了贡献。青稞种植有三种用途：一为家庭消费，二是为来自家民宿住宿的游客制作当地的特色早餐，三是为马提供饲料。咚哇村村民家庭旅游收入来源除经营民宿外，就是为需要骑马的游客牵马。在容纳沟的"一线天"处，我们看到了骑马的价格：从"一线天"到神王庙乘马价格是 200 元；从"一线天"到小瀑布乘马价格是 300 元；从"一线天"到光盖山乘马价格是 500 元。② 咚哇村每家养马。在旅游旺季的时候，一名妇女牵马来回走最短路线需要一个多小时，每次 200 元，一天可以走 3 个来回。这样，一个妇女一天可以挣 600

---

① 2022 年 1 月调查时从咚哇村 1982 年的土地账本中获得的数据。

② 2022 年 1 月调查时，在容纳沟"一线天"处"扎尕那涅甘达哇神山公园景点示意图"中标注的价格。

元。旺季高峰时间持续一个半月，这样，一名妇女的牵马收入最低可达
2.7万元。因为每家都有马，所以不是每家每天都能到沟中牵马挣钱。咚
哇村将所有家庭分为三组，每组轮流牵马到容纳沟中服务游客。此外，咚
哇村的庄稼收获时间也在旅游高峰期。咚哇村的庄稼收割和轮流牵马都由
集体决定。因此，收割和牵马的家庭刚好可以错开。错不开或错开也没时
间收割庄稼的家庭，就请村中妇女帮忙收割庄稼。雇用妇女收割庄稼每天
只需支付130元，这比家中妇女牵马所获收入要低。此外，马的饲料来自
村民自家种植的青稞和饲草，马粪是种植庄稼的肥料。显然，农田生产景
观和旅游路线景观交织在一起，旅游和农林景观形成了密切的联系。这不
仅改变了传统农牧景观，产生了农业和旅游相互结合的景观，而且呈现出
农业生产在旅游旺季从属于游客消费的趋势。

　　农田和农业生产不仅是一种天然的景观，而且可以被改造为一种旅游
景观。夏天，长满绿油油庄稼的成片农田是游客最爱拍照和体验的景观。
为此，迭部县政府管理的扎尕那大景区管理委员会出资，沿着农田边缘修
建了长长的观光栈道。并且，政府让扎尕那村民沿着栈道旁边的土地集中
种植油菜花，从而将农田生产和旅游活动整合到景观营造之中。收割完的
农田和堆放在晾架上的粮食也是一道旅游风景线。在咚哇村西面靠近农田
的马路边树立着一块"甘肃迭部扎尕那农林牧复合系统"标识牌，上面简
单介绍了农林牧复合系统的情况。这块牌子也成为当地旅游的一道景观，
传播着农林牧复合系统的知识。显然，农业景观的再造重新确定了当地
人、农业和游客之间的消费关系，是一种田园栖居和旅游消费的结合。

　　六、结论

　　从房屋建筑景观、村落文化宫以及农林生态景观的营造中，我们看到
扎尕那人在生活实践中栖居和消费逻辑的联结。民居、转经和生活中的景
观是当地人沉浸于自然、社会和文化之中的方式，是他们思考和理解整体
世界的途径。他们在与自然、社会和神灵世界的互动中不断生成景观。与

此同时，民宿、展演和旅游路线中的景观则是在游客、政府等外来政治经济力量的碰撞下的产物。在景观的营造中，栖居展现出当地人运用景观处理自然、社会和神灵世界关系的生命行动逻辑，消费则体现出当地人在旅游影响下，对自身社会发展处境思考后的生存行动逻辑。从扎尕那景观营造实践来看，栖居和消费逻辑的结合表达的是扎尕那人在规制与能动耦合、内外世界交织以及传统与现代叠加等多重联结中的认知。因此，扎尕那农林牧复合系统中的景观不是理想的桃花源模式，而是在生存和生命交响中形成的生活经验模式。对扎尕那人而言，扎尕那不是外人所理解的被旅游过度消费的世界，更不是一个让游客进行浪漫体验的古朴世界。扎尕那农林牧复合系统的景观营造呈现出人、自然、文化和经济等多重因素杂合而成的整体世界。在这个杂合的世界中，扎尕那农林牧复合系统中的农牧结合动态调整为种植与旅游的结合。在结合过程中，扎尕那农林牧复合系统既被自然或人为保存，也被自然或人为调整，这是当前扎尕那重要农业文化遗产的处境，也是半农半牧地区农业文化遗产保护和进一步开发的落脚点。

牛与迭部农林牧复合系统的变迁

张婧茹①

一、调查缘起

这项调查开始于我在迭部当地经历的两个事件。第一个事件是"自由的牛"。在快车飞驰、汽车鸣笛的 S313 公路上，缓缓行进的牛成为一道亮丽的风景。它们有时成群结队，有时形单影只。尽管公路上车辆飞驰，但它们总能闲庭信步地在公路上"晃"着。牛也不怕车，该横在公路还是横在公路，一点儿移动的意思也没有。这些牛没有人来赶，也没有人来管，它们仿佛集体地形成了一种默契，按部就班地过着"牛的生活"。第二个事件是卖牛。据村里的人讲，这两年，村庄里的人多把牛卖掉，剩下的养牛家庭屈指可数，而且伴随着劳动力的外流，家中的牛也处在散养的状态。第一个事件为我们展现了迭部日常生活的一面——充分放养和自由状态的牛，第二个事件可以视为对第一个事件的补充。其给予了我们两个启示：一是揭示了放养与自由状态的牛背后的人为原因——照看的减少；二是呈现了家庭养牛的发展趋势——个体家户多放弃养牛，转而将牛彻底变卖出去。归根结底，无论是事件还是由事件延伸出的启示，都只是现象学的描摹，探索现象背后的变化才是关键。纵观个体家户的牲畜饲养，家家

---

① 张婧茹：兰州大学西北少数民族研究中心 2021 级硕士生。

依旧维持着养蕨麻猪的惯例，而养牛的家庭户数却在减少。在近两年的村庄里，变卖牛成为一件常事。为什么被变卖的是牛？牛被变卖的背后是由什么样的社会文化？

二、田野点概况

迭部县地处秦岭西脉延伸出来的迭山和岷山之间，位于甘南藏族自治州东南部，与四川若尔盖县接壤。县域内，白龙江自西向东穿流而过，将迭部一分为二，北部迭山山系和南部岷山山系中的河流汇入白龙江。全县高山峡谷密布，村庄多分布在白龙江河谷及其支流所在的高山峡谷中，普遍规模较小，人口聚居集中，呈星落般分散。我调查的村落是根古村（sgur mgo），位于上迭①地区，是一个传统的藏族村庄，村庄坐落在白龙江畔的河滩处，南岸是村庄的住宅区，北岸是村庄的农田和牧区。由于地理条件的限制，该村仅有一条公路——省道 313 从村庄北面穿过，村庄距离迭部县城 17 千米，较短的距离便利了村庄和县城之间的往来。村庄内流传着三兄弟分家的故事。三兄弟分别对应着三个措哇（tsho ba）——更著措哇（19 户）、撒兜措哇（18 户）和江扩措哇（22 户），共 59 户。措哇外还有个别零散的家户。据村民的口述，当下村庄的户数为 60~65 户，多信奉藏传佛教格鲁派和苯教。村庄的农业分布在河谷两岸，麦类（青稞/麦子）、玉米和土豆是重点种植的粮食作物，兼有树苗、大豆和草莓等经济作物。家畜饲养方面，猪和牛是主要的牲畜，此外还有少量养羊的家庭。丰富的森林资源也为采集提供了一席之地，挖药材、采蘑菇是人们在农业休闲期从事的副业，这些都是基于泥土之上的生产活动。根古村现已形成了以农业为主、以畜牧和采集为辅的格局，而在乡土之外，外出务工也日益成为当今村民谋求生计的方式之一。

---

① 在迭部人的说法中，迭部分为三部分：自东向西分为上迭、中迭和下迭，上迭将中迭和下迭的人叫作"下面"的人。

三、多元生计

根古村这一名称本身包含了地理空间上的含义，意为开阔地的上端，因处于河滩之上而得名。如今村落虽然已迁至河滩地，但仍沿用原来的地名①，以地貌特征命名的村庄显示出了当地地理空间结构对村落文化的影响。村落的主体坐落在南部山脉以北的山脚，南部山脉为阴坡，松树茂密、郁郁葱葱，而白龙江北部的山脉是阳坡，生长着灌木和草本植物，植被略微稀疏，可见裸露的土质和岩石，南部山脉与北部山脉截然不同的自然景观为村落提供了各异的自然资源。靠山吃山，靠水吃水。根古村拥有得天独厚的森林、草地与田地，多元的地理环境为人们提供了丰富的自然资源，人们在同自然相处的实践过程中开拓出了多元的生计方式，促进了农业、畜牧业和林业三位一体复合系统的生成。

从历时性的视角来看，原先的迭部农业、牧业并行，伐木和狩猎也是特定时期的生计方式，而采药材、采蘑菇是人们在闲暇时分从事的副业。农业以麦类种植（青稞和麦子）为主，草场上载蓄着牛、羊和猪等牲畜。而如今由于护林以及保护野生动物的政策，仅余下药材和蘑菇的采集工作。农业和牧业出现了规模化和产业化的现象。生态产业园、养猪合作社和牧场是当前经营的新形态，专门从事规模化的生产和销售。与之并存的是个体家户的农业生产和畜牧养殖，乡土之上，传统与现代的要素并存，产业规模化和小农家庭经营共同构成了经济活动的内容。乡土之外的新机遇——外出务工日益成为当今村民谋求生计的方式之一。迭部、合作、兰州等地吸引着村庄中的人们。农业、牧业和林业系统共同构成了根古村多元复合的经济形式，各系统间也共同分享着资源。在多元经济形式的视角下，我们更深入地理解了家庭养牛及其背后的社会变迁。

---

① 冷周. 迭部地名文化研究［D］. 甘肃：兰州大学硕士学位论文，2020.

四、家庭养牛

（一）牛的种类及其功用

根古村的养牛模式有两种：一种是牧场经营，即定居放牧，有实力的家户在山上圈一片地进行规模化的经营和管理；另一种是家庭养牛，即家庭饲养。在迭部地区，家庭养牛的现象十分普遍。值得注意的是，迭部人家庭饲养的情况较为特殊，畜牧业一般存在三种形式：定居放牧、游牧和舍饲①，而迭部的家庭养牛模式结合了定居放牧和舍饲的畜牧特点，即全年三分之二的时间进行自由放牧，三分之一的时间安排舍饲。规模化经营与家庭饲养是截然不同的体系，前者是产业化、商业化的经营模式，牧场主充分利用天然草场的自然资源进行牲畜的生产和销售，追求经济利益和效益的最大化，而家庭养牛的境况更为复杂，在很大程度上受到了农林牧复合系统的牵制，除了"以牛获利"的经济需求外，农业需求和家庭需求也交织其中。

家庭饲养的牛可以分为两大类别：一类是奶牛、黄牛，另一类是牦牛。不同品种的牛所生长的环境与海拔、气温、植被息息相关，它们分布在不同的草甸带上。迭部植物的垂直谱系跨度较大，自下而上依次分布着河谷灌丛带、油松林分布带、高山寒温性针叶林带和高山灌丛草甸带②。牛所在的区域是河谷灌丛带与高山灌丛草甸带。河谷灌丛带距离村庄最近，是黄牛和奶牛的领地，灌木丛和草本植物构成了这一植物带的景观特色。而高山草甸是牦牛的专属领地，牦牛的肉、乳、毛是当地群众的主要食用品和生产原料，牦牛还有耕地、驮运、乘骑等役用性能③。牦牛常年在高山草甸活动，几乎不进入村庄，饲养牦牛对人的要求也很低，村庄中

---

① 周大鸣. 文化人类学概论［M］. 广东：中山大学出版社，2009：110.
② 王飞. 迭部县森林植物多样性调查及优先保护分析［D］. 甘肃：甘肃农业大学硕士学位论文，2018.
③ 迭部县志编纂委员会编. 迭部县志（下）［M］. 甘肃：兰州大学出版社，1998：232.

的人们只需偶尔上山看望一下牦牛即可。牦牛似乎处于"高处不胜寒"的位置，全然脱离人们日常生活的生产实践。相较"高处不胜寒"的牦牛，河滩上的黄牛和奶牛与人的互动关系较为密切。家庭养牛的消逝多以放弃饲养黄牛、奶牛为主，而牦牛则不在被贩卖的考虑之列。因此，本文着重以黄牛和奶牛作为对象展开论述。

黄牛是迭部县的主要家畜之一，以役用为主，主要分布在白龙江沿岸的沟谷农区，其中益哇、电尕、旺藏、多儿、洛大等镇较多。迭部当地的黄牛有黄、黑、花等色，头部大小适中，鼻嘴直长，颈薄肉垂少。公牛颈短而粗，鬐甲低平而宽，背胸较窄，肋骨开张良好，腹大而不下垂，前肢发育良好，后肢较差①。根古村在低地饲养的牛以黄牛为主，奶牛为辅，在农业生产、居民饮食以及商品交易中发挥着重要作用。

首先，黄牛在农业生产中发挥着作用。它可以承担农业中的犁地工作，充当农业生产中重要的劳动工具，但随着技术的革新，牛逐渐被机械替代，村里的 N 爷爷说②："村里在三十年以前使用的是两头牛（黄牛）抬杠的耕地方式，那时犁的地平平的。自 20 世纪 90 年代以后便不用牛耕地了，而是采用拖拉机和更小型的机械，不过犁的地都不平坦。"（NT，2020）此外，牛还参与收割麦子后的打扫麦场的活动。每年 7 月底是收割麦子的时节，家圈中养的牲畜牛和猪会被放到地里面吃遗留下来的麦穗和麦秆。

其次，黄牛和奶牛可以在人们的饮食方面发挥作用。母牛可以产奶，直接为人们提供乳制品。W 爷爷说："母牛用来挤奶，那个要花上半年时间，挤的时候讲究手艺，要轻轻地，手艺好的话，挤出来的奶就是稠稠的，这样就可以给小孩子和大人喝了。"（WM，2020）

更重要的是，牛是大宗交易物品。尤其在社会主义市场经济实行之后，牛自然也被商品化，进入市场之中。根古村的牛交易并非村内交易，

---

① 迭部县志编纂委员会编. 迭部县志（下）［M］. 甘肃：兰州大学出版社，1998：231.
② 本文中出现的人名均进行了技术化处理。

而是经由外部收购并辗转至其他商品集散地。每年农历 6 月是迭部收牛的季节，那时，来自临夏、四川的牛贩子开着大卡车来村庄内收牛，经过一番激烈的讨价还价后，村民收获了卖牛得来的财富。W 爷爷说："买牛的人一般会提前给家里打电话，这时候就需要人们提前从山上把牛赶下来，圈在家里面的牛圈里。等牛贩子到了村子之后，把车停在村子旁边，进院子里来看牛，问：这个牛卖多少钱？你愿意卖不卖？我给你出多少钱？像不大不小的牛，出 4500 你愿意不愿意？然后就是讨价还价了，加 300、500 元地讲。买牛的人是临夏、四川的，一般农历 6 月底就来了，一年来一次。"（WM，2020）

迭部人大多信仰藏传佛教，一般情况下不会通过杀牛来获取牛肉，只在牛自然死亡后才将死去的牛肉分着吃。从功能的角度来看，牛在农业生产、饮食供给和商品交易中发挥着重要功能。检视了牛在日常生活中的功用后，我们将养牛放置在农林牧复合系统的具体实践中，总结家庭养牛的周期规律。

（二）家庭养牛的周期规律

1. 公共草场和圈养

人和牛的活动范围遍及白龙江南岸的村庄和对面的山野。每年 3 月，人们把牛赶上对岸的山坡；11 月，山草业已枯黄，人们再把牛从山上赶下来，关在家里圈养饲喂。村庄中各家的牛圈、山上的天然草地都是牛活动的场所。

牛圈是家屋的一部分，位于家庭院落内部，一般情况下设置在离大门最近的地方，与其他房间连成一体。在此，我以 XMC 家的牛圈为例，说明牛圈在人们住居空间中所处的位置。一进大门的左手边就是 XMC 家的牛圈，从外观来看，牛圈和其他房屋并无差异，房屋由木制结构构成，门外挂有赶牛羊的鞭子——半截木棍半截牛皮。推开门，屋子中央悬挂着一盏灯，地面铺满了干枯的树叶，树叶之下混杂着手掌长的麦秆，踩上去松松软软的，发出清脆的声响。牛圈几乎是全封闭性的，仅有一扇小小的天窗提供给牛阳光和呼吸的空间。圈内还设置有凹槽，这一物件专为牛提供食物和水。

牛圈是养牛家户的私有领地，牛的放养则处于公共领地，根古村的牛统一放在村落对面的山上，这座山既是村落的公共领地，也是藏民们顶礼膜拜的神山。村庄中的人们祭拜神山，而神山也会回馈人们，在人们的认知范畴中，村庄内发生的一切均处于神山的护佑之下，牛的饲养也是如此。按照村里的传统，各个家户只要家里有牛，就可以直接放在山上养，并不进行私人草场的划分。据村里的 G 叔叔说："村里面放牛的地方是公共的，大家都可以在山上面放牛，谁买了牛放在山上就可以了。"（GRJ，2020）放牛之地是村庄的"应许之地"，而牛是私人的牛，法理上属于私有财产。草场里，无论谁家的牛都可以放进去，在这片公共用地上，各家的牛混养在一起，这也为牛的辨识带来了一定程度的困难。事实上，不同家户之间有区分牛的方法，其实这种区分牛的方式也是基于人与牛关系的建构。

人与黄牛、奶牛之间的关系建立就是基于饲养关系。无论一头牛是在家圈里还是在山上降生，它们在接触到主人的时候，就会建立起一种基本的饲养关系。一位熟识牛的老人 Z 说："牛是会认人的，主人给它草吃，给它喂水，它就认识了。牛可以认识主人的服装，能听懂藏民的声音，在习惯之后就会有感觉。"（ZY，2020）

W 爷爷向笔者讲述了自己和牛相处的故事："人在山边的马路上走着，这边一叫，牛的嘴就张开了，就往过来走了。它认得你，拿着吃的东西给它，它就会过来。像我家的牛就是从刚下下来就开始呹着，管理它，它就认得你。别人的话，拿吃的引牛，它不会跟着走的，如果它生气了，还会踢人。牛比人聪明，虽然它不会说话，但是它什么都知道。"

在养牛之人的眼中，人通过给牛喂食来建立起人和牛之间的信任关系，久而久之，牛就可以听懂人的语言、识别人的服装，进而排斥主人之外的人。这是养牛者与牛长期相处之后的认知结论。因此，即便是把牛放在公共草地上，也少有错认、被偷的现象。在草地和牛圈中，迭部人开启了具体的养牛实践。

2. 逐食而居的牛

迭部人养牛有特定的周期规律，以一年的时间为例：3月，人们将牛赶到山上，让牛在山上自由自在地吃草。每月根据情况上山看望牛一两次，牛处于一种放养的状态，这种状态一直持续到11月。待到山上草木枯黄，牛便从山上回到各家中，各家把牛圈养起来，用自家的粮食喂养。因此，根古村形成了3月至11月放养、11月至（来年）3月圈养的养牛模式。春、夏、秋三个季节牛都被放养在山上，山上的灌木丛和青草为牛提供了充足的食物。

"3—11月，我们把牛放在山上，远远地看着它没生病就可以了，像有的家照看牛少着呢，当然也不会有什么事。以前的话，有的人盯一夜就把牛偷走了，现在社会特别好，没有人偷牛，大家把牛搁在山上非常放心。"（WM，2020）

我家养着的几头牛也在山上放着，一个月偶尔上山一两次看看牛即可。牛是山上有草的时候待在山上，山上没草的时候它就从山上下来了。这个季节收麦子，牛就全部从山上下来了，不然的话，它就在山上待着。麦子熟了牛知道，所以它们就全从山上下来了。（JBJ，2020）

在一年当中，牛有将近三分之二的时间被放养在根古村的"应许之地"上，随着生活条件的改善，偷牛现象的减少也是人们安心将牛常年放在山上、"置之不理"的原因之一。在长达三分之二的放牛时间里，牛并不是一直待在山上，田地对它们有着强烈的吸引力，麦子、大豆都是牛潜在的食物。为了防止牛进入田地破坏麦田，村庄展开了守护田地的行动，据村里的大学生村官Q讲："村里面分为两部分，一部分看地，一部分看牛。今年安排的上边是看地，下边是看牛，这个安排直接持续到麦子收完之前，等麦子收完之后，猪、牛和羊都可以放进田地里，吃零散在地里的麦穗。"（QS，2020）

7月底，农民收割完地里的麦子后，田地就对牛、猪和羊全面开放了，可以把它们放进麦田吃散麦。等地里的散麦吃完后，牛再度返回山上，而猪和羊则被圈养在家中。

"麦子收割完以后，牛和猪全部放在地里面，让它们吃麦田里面剩下的麦穗、秆子、杂草，它们吃完后，地里面就没有那么多杂草了，明年春天开耕就方便多了。"（LS，2020）

"等到冬天牛回到家里后，我们就开始喂牛了，一般白天是不喂牛的，虽然这会儿山上已经没草可以吃了，但是早上的时候会把它们赶到山上晒太阳，下午 5 点多，它们就自己从山上回到家里面了。晚上的时候再喂它们，把次一点儿的麦子和大豆煮好，一晚上给三次，12 点一次，3 点一次，五点半一次，大家都是在晚上喂牛的。"（WM，2020）

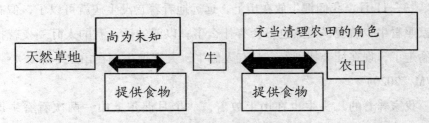

图 1　牛、草地与农田之间的互动

同牧民放牧在夏冬季节转场的规律类似，根古村养牛的方式是以牛的食物为标准，从而进行饲养方式的变更。3—11 月是放养阶段，届时山上水草丰美，藏民们将牛赶到山上放养。7 月底，麦子成熟并收割完毕，再将牛放至地里吃遗留的麦子，打扫完麦地后，牛再次返回山上，吃山上的灌木和草。11 月至来年 3 月是饲养阶段，11 月山上草木枯黄，牛返回村庄由各家喂养，此时牛的食物是家里夏秋季节余下的麦子和大豆，家中圈养一直持续到来年 3 月。等到水草丰美时，牛再度被人们赶上山，年年如此，循环往复。虽然牛是一种杂食动物，但它也有特定的食谱：麦子、麦秆、大豆、草本植物、杨树叶等。随着季节的变换和粮食的生产，牛也在共享着农业收获的成果，地里的散麦、夏秋季节余下的麦子与大豆都是牛食物谱系中的精品。这一过程并非单向的牛向大地索取资源，而是一种互动的过程，牛也会回馈田地，牛吃散麦、杂草与麦秆也为来年的耕种扫除了一些障碍，牲畜们对田地的打扫过程对田地来说无异于一次新生，明年春天，新一波耕种将会更加顺利。

透过以食物为标准而转变的养牛方式来查看为期一年的养牛历程，事实上，农业和牧业是互动与互补的关系。7月，牛进入麦田里"打扫战场"，从而清除地里的杂草，促进来年春耕。而夏季和秋季收获余下的麦子和大豆则作为牛在冬天的食物，进而确保牛可以顺利过冬。这种养牛策略既展现了迭部民众的地方性知识，也体现了迭部地区农牧体系的紧密结合。

以牛为代表的以田养牲、以牲促耕的方式从某种角度上加剧了农牧体系之间的密切关联性，一旦田地中的作物改变，牲畜的数量也会随之变化。这种内在的关联性为近两年的卖牛现象埋下了伏笔。

五、卖牛的原因

此刻，文章开头的一幕再现了，一面是自由自在的牛，另一面是村里老人们告诉笔者家里牛多被卖掉的事实。笔者很疑惑，为什么被卖掉的是牛？

（一）卖牛与留猪

据村里面的老人 J 讲："原先的时候，村里面一般家庭养牛的数量是4~20头。我们这地方尕，养不了太多牛。现在家里面也没啥时间管，所以黄牛、奶牛大多被卖掉了。"（JX，2020）家中的牛圈有的被闲置下来，有的被改成了其他房间，而蕨麻猪的养殖依旧存在，养蕨麻猪是家家户户的事情。由于寺院僧人的规定，大蕨麻猪的养殖数量被控制在五头以内，小猪则不受限制。蕨麻猪的食物种类较杂，和黄牛、奶牛类似，以蕨麻、果实、青稞、麦子、草本植物等为主。由于当前政策的限制，蕨麻猪不能被放在山上，多被关在家中喂养，只有在麦子收割完毕后，蕨麻猪才能被放进地里，和牛一起打扫田地。从功用的角度来看，蕨麻猪的功用可分为三方面：农业生产、食物供给和经济价值。其中食物供给的价值是举足轻重的，蕨麻猪是迭部社会必不可少的肉类食物。尤其是冬天，在新年之前，各家各户就开始了一年一度的杀猪活动。

"牛可以卖掉，但是蕨麻猪不能被卖掉，我们是农家，冬天必须有肉，杀猪也有固定时间，一般在藏历新年之前就已经开始杀猪了，主要在过年的时候吃，直接做猪肉、洋芋炒猪肉和藏香猪肉包子。年过完后，我们把剩下的肉存放在冰箱里面，留下来慢慢吃。现在因为我们是佛教，杀猪是有数量限制的，最少的杀两头，多了的话，有的人杀七八头，然后拿到县城去卖。"（CS，2020）

"卖牛不卖猪"成为当下根古村民众的一种普遍现状，在迭部，蕨麻猪的重要性要高于牛，发挥着重要的社会文化作用。即便是在农业系统有变动的情况下，被选择放弃的还是牛。卖牛与留猪仅仅是一种表层现象，卖牛的背后还有深层的原因：系统影响与劳力缺失。

（二）系统影响与劳力缺失

卖牛的原因有两个：其一是农业系统的变更，前面提及农业和畜牧业之间的互补性，而农业系统的变动会影响家庭畜牧业的发展。一方面，在传统的农村中，牛是一种应用于农业的重要劳动工具，承担着耕地的职责，随着先进技术的引进，牛原先所发挥的耕地作用逐渐被机械所取代，牛失去了在农业生产中作为重要生产工具的功能。L阿姨说："以前家里养了十几头牛，有奶牛，有黄牛，黄牛是犁地的牛，以前的时候，我们都是使用牛来犁地的，现在停用牛犁地已经十几年了，用拖拉机犁地十分平坦。而且，现在我要看娃娃，顾不上养牛，所以就没有再养牛了。"（LS，2020）另一方面源于个体家户对田地种植作物的选择变化。驱动个体家户选择种植作物的动力来源于能否获得收益，这使得作物的选择不再像从前那样局限于青稞、大麦和大豆。近年来，在村庄中树苗种植也颇受欢迎，将农田改种树苗的家户不在少数。因此，青稞、大麦和大豆的缺失导致牛失去了赖以维系的食物，原先是草场和农田共同给予牛粮食供给，而现在只剩下草场，单纯草场的供给无法给牛提供充足的粮食。W爷爷家一共有

27 亩地，青稞 4 亩，麦子 5 亩，18 亩外包。他说他家因为地里改种植树苗，把牛全部卖掉了，而把猪留下来了。W 爷爷说："其实牛也是杂食动物，在草场上是吃草的，有毒性的草是不吃的，牛能吃的多是麦子、果子和干叶。现在家里的田种树了，牛没有口粮了，就卖掉了，而有些家里田多的就把牛留下来了。"（WM，2020）

其二是劳动力的缺失。自包产到户实行以来，家庭又重新成为独立的生产单位，家庭内部间的生产协作关联性越发密切。原先承担放牛责任的是家中的年轻人，而随着教育普及程度的提高，村庄中的年轻一代将更多时间用于学习，村庄中的孩子多在小学毕业后被送往镇上念书，离开乡土是他们的发展趋势，看牛的责任自然落在了父母辈与祖父母辈的身上。根古村的年轻人 C 讲："现在的牛养得很少了，近两年卖掉的牛多。这主要是因为没有人养，老一辈的人都老了，我们都去上学了，现在的思维是年轻一代的娃娃们要出去上学，然后找个好工作。这种观念从我爸爸那辈已经开始了，年轻一代必须得上班，不上班不行，主要还是面子的问题。我们这边主要是农区，放牛也放不了那么多，最多有 200 多头吧，像碌曲、玛曲不是有草原嘛，那边放得多，赚的钱也多。"（CS，2020）畜牧业失去了年轻人和老年人劳动力，自然成了个体户放弃经营的动因。

相应地，祖辈的社会角色也发生了转变，他们将抚育和照看孙辈作为当下最大的责任，村庄中 L 阿姨感慨道："现在养牛没有时间，时间都花在管娃娃上了，早上 7 点送走娃娃，中午 11 点多把娃娃接回来，下午 1 点多再送，5 点把娃娃接回来，根本没有时间去看牛，所以家里的牛已经被卖了。以前是管牛，娃娃念书的少，一般都是让娃娃自己去林业局那边上学，现在娃娃们都在县里念书，城里面车多，得把娃娃手牵着送到学校门口，现在我的两个孙子都上高中了，我就回到村里面了，也没再养牛。"（LS，2020）

家庭内部的分工协作已然出现变化，牧牛和务农不再是孩童和年轻人应做的工作，他们被赋予了更多的社会期待，读书、进城、找好工作是其祖父辈和父辈希冀的事情。当下迭部社会给予人的期待发生了改变，家庭任务的重心转向了年轻一代的抚养和教育。

综上所述，系统影响和劳力缺失分别反映了迭部社会的变动，一方面是系统整体层面的；另一方面是个体层面的。技术的革新与社会角色的期待都是公共性的，而个体户对田地种植作物的选择是私人的。青稞、麦子、大豆、土豆、蔬菜和树苗等具体作物的选择均受到销售价格与市场供需的影响。技术的革新、新的社会期待与田地种植作物的改变导致个体户放弃养牛。归根结底，个体户放弃养牛的背后展现的是一幅现代性社会转型的画面，传统的社会日趋瓦解，而市场、技术变革与社会观念的变化深刻地影响着当地社会。

六、结论

迭部扎尕那拥有"全球重要农业文化遗产"之称的农林牧复合系统，而其临近的电尕镇根古村也有着类似的系统景观。家庭养牛并非孤立的体系，其在多元经济形式之中与农业生产有着密切联系。近年来，个体户放弃养牛的现象日益成为村庄内部的发展趋势，其背后的原因直接折射了当前迭部的社会变迁。本文从多元经济形式的视角切入，将家庭养牛放在整体经济形势之中，立足家庭养牛的具体实践，探究个体放弃养牛的原因：系统影响和劳力缺失共同导致了卖牛的现象。然而卖牛现象的背后隐藏着的是更深层次的市场、技术变革与社会观念的变化。

叠山横雪 水出西倾：迭部地名遗产调查

冷 周①

作为特定空间位置上自然或人文地理实体的专有名称，古地名不仅能反映一定的地理地貌特征，还起着承载地方历史文化的重要作用。2021 年 9 月 1 日，经国务院第 147 次常务会议修订，《地名管理条例》规定：将符合条件的地名文化遗产依法列入非物质文化遗产保护范围。对具有重要历史文化价值、体现历史文脉的地名进行普查，对其位置、名称来历、含义变化等进行调查考证就显得十分重要。

迭部，藏语为 Tewo（the bo），在汉文史料中多称为叠州，位于青藏高原东部边缘迭山与岷山之间的白龙江上游。史料中有关迭部的记载历史悠久，但相关记载也较为简短。由于其在地缘政治的重要性上相对于邻近的洮州和松州而言较小，因此在后期的记载和传承中出现了诸多疏漏和错误，在地名的记载和释名中亦存在这样的情况。

一、迭部概况

在阿里三围、卫藏四茹、多康六岗的传统藏族地域三分法中，迭部（the rdzong brag gi sgang）属于下部多康的多麦四大农区之一，其所指的地域稍大于今天的迭部县所辖地区，泛指西至若尔盖县降扎乡、南至九寨

---

① 冷周：男，兰州大学西北少数民族研究中心博士生。

县、东至宕昌县和舟曲县、北至岷县和卓尼县，包括与迭部接壤的若尔盖县铁布（the bo）地区和今迭部县全境。铁布地区位于若尔盖县北部，东北部与迭部县相邻，现属四川省若尔盖县。区内由西向东分布着降扎（rkyang tsha）、占哇（'bring ba）、崇尔（tshong ru）、冻列（gdong sne）、热尔（gzar ru）5个乡94个自然村。迭部县境内从西北到东南分布着益哇镇（gyu ba）、电尕镇（steng ka）、卡坝乡（kha pa）、达拉乡（stag ra）、尼傲乡（nyin ngo）、旺藏镇（dbang tshang）、阿夏乡（'a zha）、多儿乡（ldong ru）、桑坝乡（bya 'bab）、洛大镇（ri dwangs）、腊子口乡（la rtsa）11个乡镇221个自然村。

据汉文史料记载，北周以前，迭部地区多为诸戎所据，并没有完全纳入中原王朝的行政区划。当地是被称为西戎、氐、羌的多个族群的活动范围，这些族群也构成了迭部地区的"本土居民"。隋唐时期的建制为叠州、芳州，后被吐蕃占领。宋元时期迭部地区多属于中原王朝管辖。从明清至1949年前，迭部地区一度由卓尼土司政权所辖。在漫长的历史中，迭部地区的各个族群不断融合，形成了以藏族为主的族群结构和以藏文化为主的区域文化。

二、迭部的地名系统与分类

在迭部这一文化地理单元内，藏族民众对于地名或者地名所指地域的认知都基于地方的部落制度，即首先在观念中对其进行空间区域（部落—村落）的判定，然后指向具体的地名和其所指的地点。在这种空间或者地域观念中，地名系统由大到小大致可以分为四级。

第一级：迭部（the bo）。迭部作为整个区域的地名，从"三川"到叠州，在历史上所指的地域范围多有变动。上迭、中迭、下迭三处合称迭部是在历史上逐渐形成的，且是在藏汉文文献和民间口传文献，以及传统迭部藏人的观念中所共有的。

第二级：上、中、下三迭（the bo stod smad bar gsum）。从北周时期的

"三川"开始，迭部地理区域的三分古已有之。上迭部即今若尔盖县铁布区，这片区域统称"铁布（the bo）区"，而"铁布"就是藏语"the bo"的译写而已。在当地人们的观念中，铁布区依然是迭部的一部分。铁布区的热尔、崇尔、占哇、降扎四部落在第十一代卓尼土司摩哨贡布（杨汝松）时期，因不便管理而划归松州府，在此后官方的行政区划中不再属于迭部。中部为"玛日珠布（dmag ru drug bo）"，包括了今益哇镇、电尕镇的各部落。下部有"茸措什杰布（rong tsho srib brgmyd bo）"，包括了今卡坝、尼傲、达拉、旺藏、阿夏、多儿、桑坝、腊子和洛大。

第三级：部落地名（dmag ru/gshog ka）。在上、中、下三迭各区域之下就是部落，也就是如今所说的乡镇，迭部地区称之为"玛日（dmag ru）"，字面意思为军队，也称"霍尕（gshog ka）"，是藏地牧区常用的词汇，意为村落、部落。1949 年前，每个部落都有内部推选或者土司任命的部落首领，每个部落也有属于自己的地域。后来迭部地区的乡镇地域区划基本上遵循了传统的部落制进行划分，只有卡坝乡、尼傲乡、旺藏镇（包括原来的花园乡）按照地缘进行划分，而未按照原来"安子玛日（aen dzi dmag ru）"、"尖尼玛日（rgya ne dmag ru）"和"萨隆哇玛日（sa lung ba dmag ru）"的传统。铁布区又惯称为"萨崇智降（gzar tshong 'bri rkyang）"或者"上部四戎（stod kyi rong bzhi）"，意为热尔、崇尔、占哇、降扎四部。1956 年将热尔乡的则隆、石松、达莫、然多和崇尔乡的卡机岗、共阿玛划出划分为冻列乡。

第四级：村落地名（sde ba）。村落是部落内部的细分，以村落为单位，每个村落的所有地名按通名分类，可以分为人文地名和自然地名，按地名的专名分类，则有多种专名类型。

迭部地名中山脉和山峰都称作"山（ri）"，前面加上其专名，或者没有"山"，直接用专名，比如"玛莫（ma mo）"等。除明确命名为山之外，"山梁（sgang）""山崖（barg）""山坳口（khais ka）"等也均指山地。对于一座山的各个不同位置，如上文所述，都有细致的划分和相应的名称，而这些都是对迭部地形特点的客观反映，与人们在生产生活中的实际需求有很大关系。

山谷地形一般称为"lung pa"或"khog"，虽然在广义上"lung pa"和"khog"有地域、区域的含义，但在地形上一般限于谷地，而在沟壑纵横的迭部，这种地名无疑是最为常见的。一个山谷中的几个村落会组成一个部落，比如安子沟，就是安子部落，今属卡坝乡（与卡坝力秀部落合并）。谷地地形中又有"沟头（phu）"和"谷口（mdo）"的区分，分别指谷地最里面或河谷的流水发源地，以及靠近谷口的地带。

河滩地或谷地平滩在迭部被称为"苟（gu）"，指较为开阔平坦的地方，比如电尕镇的亚古村（ya gu）和麻古村（ma gu）就位于白龙江岸的冲积平原上。这些地方土壤肥沃，交通方便。

迭部地名中的专名类型众多，有反映不同地形地貌的地名、不同地理位置和方位的地名、不同自然地理特征的地名、不同地方物产的地名等。

根据迭部地名的特点，可将其专名分为地理特征相关的地名、物产相关的地名、历史相关的地名、宗教信仰相关的地名、经济活动相关的地名以及寓意美好的佳名等几种类型。

（一）地理特征相关的地名

1. 反映山、沟等地形特点的地名

迭部的地形多为山地，人们生产生活都在与山"打交道"，山有石山（rdza ri）、草山（rtse ri）、林山（nags ri）之分。而关于山体的不同部分则有山尖（ri rtse）、山头（ri mgo）、山肩（ri gnya）、山岭（ri sgang）、山包（de'u sgang）、山坳（nyg ka）、垭口（khes kha）、山背（ri rgyab）、山崖（brag ri）、山腰（ri sked）、山脚（ri'dabs）、山谷（lung pa）等，因此反映山地地形特点的地名自然十分常见，并在迭部地名中占较大比重。

根据山体不同部分和位置命名的地名。如：肯子卡（khes rtse kha），电尕镇村落名，意为山梁上的"肯"，即山梁或山垭口之意；东尕卡（gdong ga khag），尖尼沟村名，意为"山梁上"；腊子（la rtsa），腊子口镇聚落名，意为"山脚"。基本上以山地地形为主的迭部，当地人从出生到死亡都是在群山中栖居，对于山体不同位置的命名可以准确反映其所指，为在山地的生产生活提供了便利。

根据山体形状命名的地名。如：扎尕那（brag sgam nang），益哇镇部落名，意为"石匣中"，因四周有高耸的山岭环绕，仿佛位于石匣之中；岗来（sgang leb），达拉乡村名，意为"梁台地"。山体的形状千奇百怪，而人们对不同山体的命名也充满了想象。

反映谷地、山沟地形的地名。如：哇多卡（wa mdo kha），电尕镇地名，意为"哇巴沟口"；玛日松多（dme ru sum mdo），益哇镇山口名，意为"三岔口"；拉孜库（la rtse khog），达拉乡山谷名，意为"坡顶谷"；久都隆巴（gyog dog lung pa），桑巴乡山谷名，意为"狭窄崎岖的山谷"；巴隆（bar lung），拉子口乡村名，意为"中间的山沟"。迭部反映谷地、山沟的地名数量众多，不仅反映出迭部整体山大沟深、沟谷纵横的特点，也反映了人们的生产生活集中于山谷地带，与山谷密不可分。

2. 反映河谷、水流等地貌的地名

在纵横交错的山谷中，由于植被较好，多有河水溪流。从贯穿全境的白龙江到白龙江的一级支流和二级支流，迭部几乎处在白龙江上游的水系网中，而迭部的聚落多分布在这些河流的两岸山谷，因此大量河流溪水都有各自相应的名称。如：降曲（rgyang chu），铁布区降扎乡河水名，意为"降扎河"；廓曲（khog chu），意为"谷水"，是上迭一带对白龙江的称谓；益曲（gyi chu），益哇镇河名，意为"益哇沟河"；哇曲（wa chu），电尕镇河名，意为"哇巴沟河"；安子曲（aen ' dzi chu），卡坝乡河名，意为"安子沟河"；尖尼曲（rgyal nyi），尼傲乡河名，意为"尖尼沟河"；达拉曲或潘曲（stag ra chu/' phan chu），达拉乡河水名，意为"达拉河"或"潘地河"；阿夏曲（' a zha chu），阿夏乡河水名，意为"阿夏沟河"；多儿曲（rdo ra chu），多儿乡河水名，意为"多儿沟河"。迭部的河水溪流不计其数，但其命名相对简单，多以所在地名命名，而没有特别的专名。

天然温泉因其自然原理和医疗效果等，通常被视作较为神圣的地方，当地也有许多关于温泉来源的传说故事。如：降扎曲廓（rgyang tsha chu khol），降扎乡温泉名，意为"降扎温泉"；麻亚扎朗曲廓（ma yag brag lam chu khol），旺藏镇温泉名，意为"麻亚山崖路段的温泉"，因位于"麻亚村"地界内的河谷山崖路段而得名；曲廓囊（chu khol nang），达拉乡温泉名，意为"温泉处"。

反映土壤肥沃的沿河平滩和小型冲积平原的地名集中在白龙江及其支流的冲击带地区。如：占卡（gram kha），电尕镇村名，意为"河岸边"，因处哇曲河北岸而得名；根古（sgur mgo），电尕镇村名，意为"开阔地的上端"，因处河滩地之上而得名，今已迁至河滩地，但仍沿用原来的地名；古卡（gu kha），洛大镇村名，意为"平滩地"，因此处为河滩地而得名。传统的迭部村落大多位于山上，或许河滩和河谷地的冲积平原可以当作田地，但不会选择建在河滩地。

3. 反映地理方位的地名

人们以不同地点的所在方位或空间中的位置关系对其进行描述，如按照山南水北等朝向来命名的做法在整个藏语地名中十分普遍，在迭部地区的地名中也是如此。

根据地点的所在方位和位置命名的地名有很多，比如因所在位置上下高低的关系，以上部（ya/yar/gong/stog/steng）和下方（ma/mar/'og/smad/'gab）来命名的地名有：电尕镇的亚古（ya gu）和麻古（ma gu），意为"开阔地上部"和"开阔地下部"。还有，麦杠（smad sgang），铁布区村名，意为"下部山岗的寨子"；苟底（guar stod），铁布区村名，意为"上部的账房"；电尕（steng ka），电尕镇村名，意为"上部"；库地卡（khog steng kha），尼傲乡村名，意为"谷地之上"；亚日卡（ya ru kha），旺藏镇村名，意为"上部"；共茂扎（gong mo brag），多儿乡山名，意为"上面的山崖"；道藏（stod gtsang），桑坝乡村名，意为"上部洁净之地"；卡曼（kha smad），桑坝乡村名，意为"向下"，因村子朝向山下而得名；大拉（steng ra），腊子口镇村名，意为"上部"，因其位于某村的上面；麻隆阔（mar lung khog），腊子口镇山谷名，意为"下方的山谷"。

　　也有表示地处两地中间地带的"bar""dkyil""dbus"等。比如：八玛贡巴（bar ma dgon pa），铁布区寺院名，意为"中间的寺院"，因处崇尔乡中部而得名；载日（dkyil ri），益哇镇山名，意为"中间的山峰"；班扎卡（bar dkyil kha），卡坝乡村名，意为"处在中间"，因处在"娘高""娘玉"两村中间而得名；则吉（rtse dkyil），旺藏镇村名，意为"山顶中部"；乌布勒（bar spang la），多儿乡牧点名，意为"中间部分为草地"；铁杰（them dkyil），腊子口镇村名，意为"坡地中心"；八隆（bar lung），腊子口镇村名，意为"中间的山沟"。

　　山体的南北与河流的南北岸通常会以"山南水北为阳，山北水南为阴"来命名这些地区的地名，在高山峡谷地貌的迭部，以地点所处的阴（srib）阳（nyin）而命名的地名也十分常见，比如：尼德（nyi sde），铁布区村名，意为"向阳寨"；尼隆柯（nyin lung khog），铁布区山谷名，意为"向阳的山谷"；祖爱（rdzong nyin），电尕镇村名，意为"阳面"；祖西（rdzong srib），电尕镇村名，意为"阴面"；尼西（nyin srib），电尕镇村名，意为"荫蔽处"；尼嘎阔（nyin gak khog），卡坝乡山谷名，意为"向阳山谷"；沙尼卡（san yin kha），卡坝乡村名，意为"阳面"；尼傲（nyin ngo），尼傲乡村名，意为"向阳"，该村位于白龙江北岸向阳台地；曹什坝（mtsho srib pa），旺藏镇村名，意为"湖泊的背阴处"；台尼傲（them nyin ngo），多儿乡村名，意为"向阳的台地"；再吉尼尕（tse'i nyin ga），多儿乡山名，意为"山尖向阳处"。

　　以南北、左右等方位来命名的地名。例如，香隆（nayng lung），铁布区村名，意为"北边的山谷"；相哈卡（byang shar kha），铁布区山名，意为"东北顶"；牙相（ya byang），铁布区村名，意为"上北寨"；尼玛凯（nyi ma khis），达拉乡山梁名，意为"落日坡"；劳日（lho ri），阿夏乡牧点名，意为"南山"；优拉卡（gyon la kha），多儿乡山名，意为"左边的山"。

　　用"前（mdun）""后（rgyab/ltag）""这边（tshur）""对面（phar）""侧面（zuar/logs）""斜坡（bsag）"等方位名称来命名的地名。例如，洛可（logs khab），电尕镇村名，意为"侧方"；沙拉（bsag ra），电尕镇村名，意为"斜坡地"；大尕卡（ltag ga kha），尼傲乡杰尼沟村名，意为"在背后"，因在门切河后而得名；次日卡（tshur ru kha），卡坝乡村名，意为"这边"，其位于安子河边；苏路卡（zur logs kha），尼傲乡村名，意为"旁侧之地"；次日那（tshur ri nang），旺藏镇村名，意为"这边"；喀帕洛（kha par log），旺藏镇村名，意为"对面"；帕尕（par kha），旺藏镇村名，意为"白龙江南岸"；帕噶那（par ga nags），多儿乡林地名，意为"对面的森林"。

4. 反映颜色等地域特征的地名

不同颜色的好恶体现了人们的思想观念和审美，迭部地名中众多反映颜色的地名大多是根据山体、土地、植被等的颜色来命名。例如，扎嘎昂（barg dkar bo），益哇镇山名，意为"白色山崖"；傲傲（sngo sngo），电尕镇村名，意为"蓝色"；洒侯（skya shur），电尕镇山名，意为"灰色的地"，因山上多灰色植被而得名；扎那凯（brag nag khis），卡坝乡山名，意为"黑色的山梁"；加阿卡（barg dkar kha），达拉乡村名，意为"白色山崖"；干善卡（gad skya kha），尼傲乡村名，意为"灰色土崖上"；扎嘎（brag dkar），阿夏乡山名，意为"白崖"；扎嘎隆（barg dkar lung），多儿乡山谷名，意为"白崖山谷"；沙玛多玛（sad mar rdo dmar），桑坝乡山名，意为"土石皆为红色"；扎尕（barg dkar），洛大镇山名，意为"白崖"；隆傲囊（lung sngo nang），洛大镇山谷名，意为"绿谷"。

（二）物产相关的地名

迭部拥有丰富的自然资源，植被茂盛，种类繁多，在高山密林间栖息着众多的珍稀野生生物，是一个自然资源宝库，这些也反映在了迭部的地名之中。

1. 与动物相关的地名

动物曾或为人们所猎杀，当作生活必需品的重要来源，或被披上神圣的外衣，受到人们敬畏，迭部地名中有不少与动物有关。例如，杂夏格（barg bya rgod），铁布区神山名，意为"鹰岩"，是著名的苯教圣地；益哇

（gyi ba），益哇镇乡名，意为"猞狸"；哈杂（sha rdza），益哇镇村名，意为"鹿峰"；哇巴（wa pa），电尕镇山沟名，意为"狐狸"；萨让（bya barng），电尕镇村名，意为"鸟胸"；阿汝（a bra），电尕镇村名，意为"无尾鼠"；达拉（stag ra/stag khams），达拉乡乡名，意为"虎圈"或"猛虎出没之地"；夏桑（bya gsol），阿夏乡山名，意为"鸟祭"；冉隆（ra lung），阿夏乡山谷名，意为"山羊沟"；亚隆（g·yag lung），阿夏乡山谷名，意为"牦牛沟"；达益（stag yul），多儿乡村名，意为"老虎出没之地"；斯霍萨玛囊（gzig shor sad mar nang），多儿乡山名，意为"豹子出没的红土地"；呆木岗（de mo sgang），腊子口镇山名，意为"母鸡梁"；隆找库（lug ' tsho khog），腊子口镇山谷名，意为"放牧绵羊的山谷"。

2. 与植物相关的地名

迭部地区植被、植物相关地名大多与生产生活联系密切，或者因该植物在该地区极为常见而成了地名。如：希干（shug rgan），铁布区山名，意为"老柏树"；白云（spe yul），电尕镇村名，意为"青冈木之地"；新正（shing ' bras），电尕镇村名，意为"果实"；保贝格洒（spang spes rko sa），电尕镇山名，意为"挖松香之地"；胡地卡（shug de' u kha），尼傲乡村名，意为"长有柏树的山包上"；祖祖卡（tsong btsugs kha），尼傲乡村名，意为"种葱地"；牛牢卡（smyug lam kha），尼傲乡村名，意为"竹林路"；郭日（sgog ri），尼傲乡山名，意为"葱山"，因山上多野葱而得名；翠隆（tsher lung），旺藏镇村名，意为"荆棘谷"；花园（g·yer sgang），旺藏镇村名，"花园"为汉语，系"卓尼土司果园"之意，此地本名为"益高（g·yer sgang）"，意为"花椒岗"；作木（gro mang），阿夏乡村名，意为"麦子多"；旱嘿（gro zhing），阿夏乡牧点名，意为"麦田"；白赛（spe gseb），阿夏乡村名，意为"青冈林中"；那盖（nags sked），阿夏乡村名，意为"山林间"；佐嘎扎日（gsom dkar barg ri），阿夏乡山名，意为"白松山"；贝日（spes ri），阿夏乡山名，意为"松香山"；白古（be gu），多儿乡村名，意为"长有青冈木的滩地"；贝赛（be gseb），洛大镇地名，意为"青冈林中"；科布（kham bu），洛大镇村名，意为"野山桃"；黑拉（shing rtsa），桑坝乡村名，意为"树下"；久里才（co le tshang），腊子口镇村名，意为"李子林"；牛路库（smyug lo khog），腊子口镇山谷名，意为"竹叶谷"。

3. 其他物产地名

除动植物地名外，还有许多表现当地地貌特点、文化传统、宗教仪式器具甚至当地特产的地名。如：崩巴（bum pa），热尔乡村名，意为"宝瓶"；洞戈（dung mgo），崇儿乡村名，意为"海螺"；达卓（mda' sgro），益哇镇山名，意为"箭翎"，因山形似箭翎，故名；达隆（mda' lung），电尕镇村名，意为"箭谷"，因古时该村制作竹箭而得名；直达岗（gri ltag sgang），电尕镇山名，"直达"意为"刀背"，即像刀背一样的山坳口；东才（mdung ' tsher），电尕镇地名，"东"意为矛，因其坐落在如同矛头的山包而得名；甲雪囊（rkyal zho nang），益哇镇村名，相传以前有一僧人到此，说此地形似装满皮袋的酸奶将溢出的样子，若在此地建村，定会财运兴旺，故得名；那龙沟（sna lung lung ba），"那龙"为牛的鼻环，意为形似牛鼻环一样的山谷；依布沟（g·yes ' po lung ba），阿夏乡地名，地形如盛装榨油的器皿，故名；卓普邦尕（grod pu sbang ka），洛大镇山名，因形似羊脾胃而得名；白仁（dpe ri），洛大镇山名，因形似堆放的书本而得名；曼堆果（sman ' dus mgo），洛大镇山名，意为"百药汇集之地"；擦隆卡然（tshaw lung kha ra），洛大镇沟口名，意为"多盐地的谷口"；嚓隆（tshaw lung），桑坝乡地名，因此地多盐而得名；恰阿（chas ra），腊子口地名，因地形似牲畜的饲槽而得名。

（三）历史相关的地名

1. 反映古族群和迁徙相关的地名

关于地名"迭部"的来源，众说纷纭，有说与古代党项拓跋部有关，有人认为与被称作"铁"的族群有关，也有人认为可能与"氐"有关。如：崇尔（tshong ru），铁布区乡名，意为"商队"，有传说称此地人是吐蕃时期军队中经商者的后裔；热尔（gzar ru），铁布区乡名，有上下两部

(ya ru/ma ru)，传说是吐蕃时期军政单位益茹（g·yas ru）的部队之后裔；占哇（'bring ba），铁布区乡名，有传说是吐蕃时期掌管迭部下迭地区的军队后裔；益哇（g·yi ba），益哇镇乡名，传说是吐蕃时期军政单位约茹（g·yon ru）军队的后裔；让尕（dbra 'gag），旺藏镇村名，据传此地原被藏族六大姓氏之一的"扎（dbra rigs）"所据；赛务戎（se bo rong），迭部下迭桑坝一带的统称，据传是藏族六大姓氏之一赛氏族（se rigs）的后裔；多儿（ldong rigs），多儿乡乡名，意为"董氏族"，传说此地是"董氏三兄弟（ldong pha'i ka gsum）"的后裔；洛大（ri dwangs），洛大镇乡名，相传是西藏"日当布（ri dwangs po）"的远征兵到此定居，以原籍定名。

2. 卓尼土司统治相关地名

迭部曾长期在卓尼土司政权统治下。位于白龙江谷地的花园海拔较低，适宜种植苹果等果树，此地本名为"益高（g·yer sgang）"，意为"花椒岗"，因此地亦产花椒而得名。后因卓尼杨土司派人在此种植花果，每年要向土司进贡此地的水果，故被称为"花园"。1964 年设立花园公社，如今并入旺藏镇。当地人使用"益高"的地名，而外地人多称其为"花园"。益哇镇的当多村也存在"由于是卓尼土司拴马的地方而得名'rta 'dogs'（意为拴马）"的说法。

（四）宗教信仰相关的地名

人类的信仰和宗教从原始的"万物有灵"走向制度宗教，各种神灵出现在人们的观念中，在地名中我们也可以看到其身影。如：纳隆（lha lung），铁布区村名，意为"神仙谷"；占巴（dran pa），铁布区村名，占巴南喀是苯教教法史中著名的高僧，此地有相关的传说；姜巴（dzam ba+h），电尕镇沟名，意为"财神"；巴西电尕寺（bpal shes steng ka dgon），电尕镇寺院名，为八思巴弟子华西绕巴（dpal shes rab 'bar）所创建，后改宗为格鲁派；玛莫（ma mo ri），电尕镇山名，指民间苯教世间神中的夜叉类；拉桑贡巴（lha gsol dgon pa），益哇镇寺院名，意为"供神寺"；念欠克（gnyan chen kha），益哇镇山名，意为"大山神"；措美（mtsho sman），卡坝乡山名，是甘南州最高峰，措美是民间信仰中的山神；年那（gnyan nags），达拉乡村名，意为"山神林"；穆日森格宗（dmu ri seng ge rdzong），尼傲乡神山名，著名的苯教神山；哈吾卡（lha khang kha），旺藏镇村名，意为"神殿"；切日共玛（chos ri gong ma），旺藏镇山名，意为"上经书山"，另有下经书山（chos ri smad ma），因山形似长条经文而得名；夏桑卡（bya gsol kha），阿夏乡山名，意为"鸟祭"；古拉亚美（sku bla yab mes），阿夏乡山名，"古拉"被认为是吐蕃时期的信仰传统，"亚美"则是该山神的名称，或意为"祖先"；拜德果嘎（ban de mgo dkar），多儿乡山名，意为"白头佛僧"；白日（dpe ri），洛大镇山名，意为"经书山"；莫老（smon lam），桑坝乡山名，意为"祈祷"，是当地的神山。

（五）经济活动相关的地名

1. 以人命名的地名

白衣（dbon yul），铁布区村名，意为"官吏家乡"；木岔（mi tshang），铁布区村名，意为"人户"；巴西电尕寺（bpal shes steng ka dgon），电尕镇寺院名，为八思巴弟子华西绕巴（dpal shes rab 'bar）创建，后改宗为格鲁派；阿涅地（a myes mdun），益哇镇山名，意为"山爷前"；安子（ae 'dzi），卡坝乡山沟名，相传最初一名为安子肖（ae 'dzi skyabs）的人来到这里安家，故得名；旺藏（dbang tshang），旺藏镇名，意为"掌权之家"；阿大嘿（a stag shul），阿夏乡村名，相传此地头人名唤阿大（a stag），故得名，意为"阿大遗地"。

2. 反映人们的生计方式

崇尔（tshong ru），铁布区乡名，意为"商队"；策我（mtsher mgo），铁布区牧点名，意为"上牧场"；荣可（rong kha），电尕镇村名，意为"农区"；达隆（mda' lung），电尕镇村名，意为"箭谷"，此地有善造箭的传说；作木（gro mo），阿夏乡村名，意为"小麦"；惹苏杰萨（rags gsum btsugs sa），多儿乡地名，意为"麦场"；岔隆（tshaw lung），洛大镇村名，意为"盐谷"，当地出产土盐；居当隆巴（chu'thag lung ba），洛大镇村名，意为"水磨沟"；若哇宁哇（rong ba rnying ba），洛大镇村名，意为"老农区"；曼地高（sman'dus mgo），洛大镇山名，意为"草药聚集的山头"；嚓哇（tshaw ba），洛大镇村名，该村人善于制取食盐，故名；赛当贡巴（gser thang dgon pa），桑坝乡寺院名，意为"金滩上的寺院"，因此地多金矿而得名；龙找库（lug'tsho khog），腊子口镇山谷名，意为"放牧绵羊的山谷"。

（六）佳名

佳名，即寓意美好的名称。古往今来，人们将寓意美好之词作为地名，以表对美好生活的向往。例如，扎西郎（bkra shis nang），铁布区村名，意为"吉祥里"；色郎（bsod nams），铁布区村名，意为"福气"；亚安（yag ngos），电尕镇村名，意为"好地方"或"美景之地"；岗藏（gong bzang），电尕镇村名，意为"上面好"；甲雪囊（rkyal zho nang），相传曾有一僧人到此说"此地形似酸奶装满口袋，若在此地建村，定会财运兴旺"，故得此名；迪让寺（dus ring dgon），旺藏镇寺院名，意为"恒驻寺"；西布古（skyid po gu），旺藏镇村名，意为"幸福川"；巴旦扎西（dpal ldan bkra shis），阿夏乡山名，意为"吉祥"；西让（skyid bzang），多儿乡村名，意为"幸福美好"。

三、迭部古地名考辨

（一）迭部

迭部，藏语为 Tewo（the bo），在汉文史料中多被称为叠州。关于迭部地名的由来，众说纷纭，莫衷一是。

1. 迭部为"大拇指"之意

念甘达哇是迭部地区具有地标意义的著名山神，因其地处要道，阻断交通，经过该地的行人竖起大拇指乞求通行，故名"mthe bong"，意为

"大拇指"，逐渐演化成 "the bo"。这是以上迭地区的民间传说为依据。现在把迭部解释为"大拇指摁开的地方"，不知依据何种文献或地方传说。据《西天佛子源流录》和《安多政教史》中记载，吐蕃时期著名战将"达尔斡"，驻守于白崖山神殿，力大无比，腋下夹着两头小牦牛行走，众人竖起大拇指表示臣服，故得"大拇指"之名。相传苯教空行母"曲江甲莫"在"扎嘎夏果"圣山修行时，在崖壁上留有大拇指的印记，此崖壁下的小溪汇入白龙江。苯教传统认为此处的"拇指圣迹"是"迭部"地名的来源。

2. 著名学者毛尔盖·桑木丹根据史料《西天佛子源流录》和《贡唐旦贝卓美传》，考证了 "de phud" 一词，认为根据藏文的拼写规律，这个词逐渐演化为 "the bo"。

3.《波霍寺志》中认为"迭部"一词为藏文 "the' u rang" 演变而来，该说法在古代文献和民间传说中普遍存在。

4. 吴景敖的《西陲史地研究》认为："位于洮岷西南一度设置叠州之'叠部'，以至松州西北甘松故地之'铁巴'诸部皆为'拓跋'部之转音。"

5. 在任乃强的《"达布人"的祖源问题》中，党、丹、宕、迭也是一音之变，疑其为宕昌遗裔的部族。

6. 马长寿于《氐与羌》中提到迭部的名称是由羌语"叠部"而来，至今该地区人称"帖布"或"帖武"。在古代"帖布"和"铁巴"当系同族。

7. 格勒在《论藏族文化的起源形成与周围民族的关系》中认为"古代确有一个被称为'迭'或'铁'的民族集团居于此地"。

敦煌古藏文文献 I. O. 750 号第 31 行的 "rte' u mkhar" 注作"集会点（council site）"或音译为"德乌城堡"，也将它确定为叠州，并认为其音译自汉语的"叠州"。另外，I. O. 750 号第 84 行的 "the' u chu"、第 86 行的 "the' u cu" 以及 B. M. or. 8212 号文献第 13 行的 "mkhar te' u cu"、第 15 行的 "te' u cu" 在国内外的研究中都译作洮州，但也可能与"叠州"存在关联。

在后期藏文文献中，14 世纪的《山神广经》中出现的 "mtheb ju" 一词可能指迭部。1773 年成书的《卓尼丹珠尔目录》中的 "the bo"、1853 年以前成书的《贡唐丹白卓美传》中的 "mtheb ju"、1865 年成书的《安多政教史》中的 "theb ju"（该说引自成书于公元 1447 年的 dad ba'i rgyan rin po che'i phreng ba，即《西天佛子源流录》）都指迭部。而迭部民间口传文献《司巴托易》中有 "mtheb ju rdza ra" 的说法，其中的 "mtheb ju" 亦指迭部。

我们认为最初的汉语地名"叠州"之"叠"来源于藏缅语，与藏语中的"铁"（mthe/the/theb）存在关联。"叠州"在成为地名后，"叠"字作为普通词汇所具有的意义和表示的特征便逐渐退居第二位，"叠"对于表示地名的"叠州"来说已经不重要，只是"保存"在了地名中。隋唐在洮叠地区的经营使得"叠州"在其话语体系中重新得到了"山川重叠为意"的释名。吐蕃占领该地区之后，藏文化便成为该地区的主流文化，到后期藏文文献中出现的 "mtheb chu" 和 "theb ju" 是对"叠"的原始藏缅语的传承，抑或是对汉语中的"叠州"的继承，又或是在继承藏缅语发音不变的情况下，创造了对"战答而斡"这个英雄崇拜的传统，此后英雄崇拜和山神崇拜开始相互交织，之后又按照藏语中"theb"的字义创造了与"拇指"相关联的传统，经过不断演变，到 11 世纪甚至更晚，苯教和佛教的因素又加入这个新的传统中，成为今天我们所熟知的几个关于迭部地名的解释传统。迭部地名的书写从 "mtheb" 到 "theb"，最后固定为 "the"，呈现出不断简写的过程，这也符合语言和文字书写的发展规律。虽然在汉文文献中呈现出极大的稳定性，自古便是"叠"，但是之后也简化成为"迭"。相关文献的极度匮乏和错综复杂的线索使得对迭部地名的由来尚不能给出一个有说服力的解释。

（二）白龙江

迭部自古就有藏人生息繁衍，藏文化也是该区域的主流文化，这对该地区的河流山川命名之影响可见一斑。现今统一将这条流经迭部的江水称之为白龙江，藏语名确定为"'brub chu"或"'brug dkar gtsng po"，意为龙江，系汉语白龙江的藏译。但在民间很少有藏人用"'brug chu"或"'brug dkar gtsng po"等名称。在若尔盖铁布地区和电尕境内被称为"廓曲（khog chu）"。"khog"在此处有"内部""山谷中的"等意，"chu"为河水，有"谷中的河流"之意。在尼傲至洛大一带被称为"曲隆布（chu klung po）"，意为江水。由此来看，迭部地区民间似乎对于白龙江没有一个较为统一的专名，而只是称为"江水"。

早在《尚书·禹贡》中白龙江就被称为桓水。"西倾因桓是来"，对此句虽有众多解释，但桓水为白龙江的古称无疑。此后在文献中，又有"羌水""强水""强川""白水""香水江"等众多异名。"强水"和"强川"在文献中解释为因出自强台山而得名。古时，西倾山又称西彊山、强台山，是白龙江与洮河的分水岭，白龙江因出自西彊山（强台山）而得名"强水"和"强川"。

清光绪三十三年（1907）成书的《洮州厅志》中称白龙江为"白水江"："白水江，在城西南五百里，源出香藏族，东流经废叠州，又东如岷州境，方与纪胜云西倾山绵互深远，接番境白水江，出其阳即禹贡之桓水云。"认为今若尔盖县铁布区降扎乡是白龙江的源头，称作白水江。

19世纪的藏文文献《圣地扎嘎夏果功德之灯炬》（gnas mchog barg dkar bya rgod kyi yon tan gsal byed sgron me 'od ' bar bzhugs so）中记载："诸多经典权威之教言，俱称铁曲（'theb chu）扎嘎夏果名。"文中的铁曲即指白龙江和其流域的迭部地区（上迭）。

《安多政教史》："这片地域的水流汇集所成之姜曲（rkyang chu）流域至嘉戎以上被称为'三岗六戎'（sgang gsum rong drug）之一的'迭部戎（the bo rong）'。"此处之"姜曲"指的就是白龙江。

我们可以清楚地认识到，今天我们所谓的白龙江在流经迭部地区时，当地藏人可能对其没有一个统一的名称，早期藏文史料中的"the' u chu"，目前普遍被认为是"洮州"。"白龙江"是武都以下此江水的名称，清朝以后才用以指称从源头到广元的所有白龙江干流。藏文文献中出现的"the chu"和"theb chu""mtheb chu""spyang chu"等都是迭部藏人对该河的称谓，且这个名称似乎只在文本传统中。与"虎头山"一样，比较"弱势"的仅限于文本的名称和略显混乱的民间称呼在"白龙江"面前失去了"话语权"，当地人将其翻译成藏语，出现了"'brug dkar gtsang po"和今舟曲县的藏语名"'brug chu"。有观点将位于郎木寺的发源地的"神龙"传说与"白龙江"之名相联系，事实上是本土文化尝试将这一名称"本土化""合理化"的举措，如果没有相关的记述和研究，若干年后"'brug dkar gtsang bo"可能会变成一个"原汁原味"的藏语地名。

（三）各部落名称

1. 益哇，藏文写为"g·yi ba"，是猞猁之意，该地有猞猁，故名。该地名在《阿旺罗桑文集》中写为"dbyis pa"，在《卓尼丹珠尔目录》中写为"dpyi pa"，在《安多政教史》中写为"g·yis pa"，写法稍有不同，但都是"g·yi ba"之记音。

2. 电尕，藏文写为"steng ka"，这个词最早在《山神广经》中出现。该地区有一村名为"steng ka"，被音译成"巴西电尕"。这里的"巴西"与元代高僧"巴西饶拔"有关系，"巴西"实际上是他名字的简称。"电尕"有"坡头"的意思，该村处在一个地势较高的坡头上，故名，村名最后演变成地区之名。

3. 卡坝，藏文写为"kha pa""kha pa klung""khams pa"，在《象珠志美奥色文集》等相关寺志中写为"kha pa klung"。卡坝有几种说法，"kha pa"有"沟口"之意，"klung"为"平滩"，连起来是"沟口的平滩"。也有从康区迁徙过来之说，这种说法也有一定道理，迭部地区的方言属于"康方言"，尤其卡坝地区的习俗与康区相近。

4. 达拉，在藏文中写为"stag ra""rta ra""stag khams"等，在《象珠南卡坚赞传记》中写为"stag khams"，在《安多政教史》中为"rta ra"。"stag ra"一词有两种解释：第一种解释为"虎穴"；第二种解释为

"桦木围栏"之意。达拉地区桦树丛生，自然用桦木给牲口做圈养用的围栏，或给庄稼地起围栏，故称之为"达拉"。

5. 尼傲，藏文写法有"nyin ngo""mye nyu"，意为"阳面"，尼傲处在白龙江北岸，地处阳面。

6. 旺藏，藏文写法有"dbang bzang""dbang tshang""dbal thsang"，本为旺藏村村名。"dbang"字为姓氏或部落名，意为旺氏部落栖息之地。

7. 阿夏，藏文有"'a zha""'a skya""'a phyw"等写法，在《苟象寺志》中写为"'a skya"。

8. 多儿，藏文有几种写法，即"ldong ru""rdo ra""ldong ti"，在《苟象寺志》中写为"ldong ti"。其地名更有可能与藏族古代董氏族有关系，白龙江流域至今保留着许多跟"董"有关系的地名，如"sbyang tsha""ldong ba""mgron thsa""ldong nag""ldong phrom"等。

9. 花园，藏语中称为"g·yer sgang"，该地盛产花椒，"g·yer sgang"为"花椒树遍地的山坡"。该地给卓尼杨家土司贡献水果，故被称为"花园"。

10. 桑坝，藏文中写为"bya'bab""gser pa""gtsang pa"。"gser pa"说认为此地因多金矿而得名，亦有"赛当寺（gser thang）"等相关地名。在《司巴托易》中写为"gtsang pa gtsang las chad"，桑坝来自藏地，故称为"gtsang pa"。

11. 洛大，藏文中写为"ri dwangs"，"ri dwags"据说来自西藏日喀则的日当地区。

12. 腊子口，藏文中有"la tsa""la gzar"两种说法，按当地居民观点和地形，当以"la tsa"的"山梁脚下"之意为准。

迭部地名蕴含自然生态、生产生活、历史文化、宗教信仰、思维认知等物质、制度及精神文化。丰富多彩的地名集中反映了这里高山峡谷的地形地貌特征，体现了迭部丰富的动植物资源、农林牧复合的生态系统，既包含了关于族群的传说和神话，也被佛教、苯教等民间信仰所深深地浸染。

地名会随着自然、社会、文化的变迁而变化。部分地名正在迅速消逝，地名相关的文化也有可能随着地名的变迁而消失。作为记录地区语言和历史的"活化石"，有效地记录和传承地名文化是传承和弘扬民族优秀文化不可或缺的一环。

白龙江上游地区"措哇"调查研究

马璐璐①

一、研究脉络

"措哇"是藏族社会最基本的社会组织形式，也是迭部藏族部落的基本组织单元之一，千百年以来，对藏民族的延续以及对藏族文化的传承和发展都起着举足轻重的作用。

调查伊始，当地村民对于"措哇"的解释众说纷纭。"措哇就是你们汉族所说的姓氏，什么张家的、李家的这么个样子""措哇跟哈尼是一样的""措哇是措哇，亲戚是亲戚，也不单单是血缘那个样子""我们就是一个措哇的，没有什么关系，就这么一代代传下来的"这些说法五花八门，笔者时常被搞得晕头转向。关于"措哇"，村民告诉笔者的最统一的说法就是："我们有啥事情的时候，措哇里的人就会来帮忙，比如办红白喜事的时候，措哇里的每一个人都会到。"笔者逐渐想弄明白"措哇"的含义和特点，村子里到底哪几户人家属于一个措哇，除了办红白喜事时人们互相帮助以外，措哇还有什么其他功能。带着疑问，笔者开始了为期半个月的调查研究。

关于社会组织，国内外的研究成果较为丰硕。其中最具代表性的有英

---

① 马璐璐：兰州大学铸牢中华民族共同体意识研究基地 2021 级民族学硕士生。

国人类学家埃文斯·普理查德写的《努尔人：对一个尼罗特人群生活方式和政治制度的描述》，该书考查了尼罗河畔的生态环境对努尔人社会的影响，阐释了非洲部落社会的政治制度构成和运作机理，描述了在没有国家和政府统治的部落中，社会是如何组织起来的。努尔人受到以干旱与洪涝为主要气候特征的环境制约，倾向形成经济性共同体和地域性政治单位。书中第五章提到，宗族制度是一种支配氏族、宗族结构，与地域制度（部落裂变的政治制度）相对应，努尔人的宗族是父系的，一个氏族裂变成几个宗族，不同的宗族源于共同的祖先。氏族是最大的亲属群体，裂变为最大、较大、较小、最小四个等级的宗族。① 此外，还有挪威人类学家弗雷德里克·巴特写的《斯瓦特巴坦人的政治过程：一个社会人类学研究的范例》，描述了该地区各社会群体的关系，包括血缘的、政治的、宗教的关系，及其在政治互动过程的基本政治结构。在当地社会普遍存在的群体形式"男子之家"中，首领就像核子一样，在他的周围集聚了大量村民，形成了政治上没有定型的"大海中的小岛"。② 范长风研究的"青苗会"组织是在青藏高原东北部的复数文化中孕育出来的一种社会组织类型，在生态压力和文化多样性交织在一起的社会中有效地解决了社会如何组织、文化平衡以及族群关系等一系列问题，"青苗会"的研究也为民族学、社会学和族群研究提供了一个地方性的中国经验。③

另外是关于藏族地区部落制度的研究。藏族部落制度贯穿了当地藏族社会的全部历史，学术界对藏族部落制度的实地考察和系统研究开始于20世纪50年代对少数民族地区的社会历史调查和20世纪80年代青海省社会科学院藏学研究所组织的学术考察。1986年，青海省社会科学院藏学研究所承担了国家社会科学基金会资助的"七五"期间重点课题《藏族地区社

---

① ［英］埃文斯·普理查德. 努尔人：对一个尼罗特人群生活方式和政治制度的描述［M］. 褚建芳，译. 北京：商务印书馆，2014.

② ［挪威］弗雷德里克·巴特. 斯瓦特巴坦人的政治过程：一个社会人类学研究的范例［M］. 黄建生，译. 上海：上海人民出版社，2005.

③ 范长风. 青藏高原东北部的青苗会与文化多样性［J］. 中国农业大学学报（社会科学版），2008（02）.

会历史及佛教寺院调查研究》，开启了系统研究藏族社会部落制度的进程。① 1989 年，该课题组成员编写完成《中国藏族部落》，该书汇集和整理了 20 世纪 50 年代少数民族地区社会历史调查时所搜集的资料，系统地说明了近代藏族部落在甘、青、川藏族地区和藏北地区的分布情况以及部落之间的隶属和管辖关系。② 1996 年，兰州大学的洲塔教授在《甘肃藏族部落的社会历史研究》一书中对甘肃藏族地区"措哇"组织的形成和发展以及组织制度进行了较为详细的论述，此书对揭示藏族社会中部落制度的形成、发展和变化以及研究涉藏地区的社会历史都有很大的借鉴意义。③ 2002 年，由中国藏学出版社出版的《藏族部落制度研究》一书从社会制度的发展演变出发，对国内五省区的藏族措哇做了统计，说明了藏族部落地区社会制度发展演变的历史进程，以及作为保留着血缘部落组织形式但实质上早已进入封建社会成为地区部落的藏族部落，在政治、法律、军事、经济、宗教信仰和社会文化方面的特点。④ 这两本著作可以说是研究藏族社会组织的开山之作和权威之作。后来，越来越多的学者开始对"措哇"组织展开研究和调查。2010 年，中央民族大学的加羊杰在《论甘南藏族措哇的传承及其对现代社会的影响——以夏河县藏族措哇为个案研究》一文中探讨了夏河境内的措哇组织，包括夏河措哇的历史发展、内部结构以及社会影响⑤；同年，兰州大学的谢冰雪在《扩大的家族——洮河流域传统民间组织沙尼研究》一文中对卓尼地区"沙尼"的分布空间、历史由来、组织结构、仪式互动和适应变迁做了详细的介绍。⑥ 2018 年，王含章在《汉藏交界地带藏族部落组织研究——基于迭部县卡坝乡、达拉乡的人类

①　青海省社会科学院藏学研究所编．藏族部落制度研究［M］．北京：中国藏学出版社，2002：520．

②　陈庆英，编．中国藏族部落［M］．北京：中国藏学出版社，2004．

③　洲塔．甘肃藏族部落的社会历史研究［M］．兰州：甘肃民族出版社，1996．

④　青海省社会科学院藏学研究所．藏族部落制度研究［M］．北京：中国藏学出版社，2002：520．

⑤　加羊杰．论甘南藏族措哇的传承及其对现代社会的影响——以夏河县藏族措哇为个案研究［D］．北京：中央民族大学，2010．

⑥　谢冰雪．扩大的家族——洮河流域传统民间组织沙尼研究［D］．兰州：兰州大学，2010．

学考察》一文中梳理了迭部藏族部落的现实状况及其组织结构。① 2019年，西北民族大学的周桑加在《安多藏区措哇组织研究：以同德县秀麻乡为例》一文中以青海省同德县秀麻乡叶什群措哇为个案，从叶什群措哇的历史与现状、组织结构、家庭结构及亲属称谓、习惯法和与措哇组织有关的民俗文化五个方面论述了当地的传统社会组织——措哇组织及其功能。②

部落制度是藏族民众长期相沿的基层组织形式，历代王朝采取封部落首领以官职的办法进行统治，并准许世袭，形成了土司制。土司统治也是藏族社会发展的形态之一，迭部根古村在卓尼杨土司统治时期属于曼玛卡松旗。关于藏族土司制度，学界也有较多的研究成果。贾霄锋在《藏区土司制度研究》一书从制度层面对土司制度进行了深入细致的剖析，厘清了土司政治体制构造的基本原则与行政模式。③ 魏长青在《甘肃卓尼土司制度研究》中着眼甘肃卓尼的土司制度，对其政治、经济、军事以及文化制度等方面进行了深入剖析，探讨了卓尼土司制度的特点及其长期存在的原因。④ 这两本著作对土司制度的设置、发展历程以及土司统治方式、统治内容等都进行了详细的分析。

综上所述，以往的研究对藏族地区社会组织的实地研究并不是很多，他们的研究视角大都聚集在宏观的部落组织和土司制的制度研究上，而对部落组织下的社会形态，尤其民间基层社会组织模式及其内部变迁机制等内容涉及较少。本文基于前人所述，从现实的角度出发，以甘南迭部县电尕镇根古村的田野调查为基础，对白龙江上游地区措哇组织这一社会形态和文化现象进行微观的研究和分析，将其作为一种有生命力的社会组织形式进行研究，从个案研究出发，具有独特性，以推进"措哇"组织研究的进一步发展。

---

① 王含章. 汉藏交界地带藏族部落组织研究——基于迭部县卡坝乡、达拉乡的人类学考察 [J]. 西北民族论丛，2018（02）.

② 周桑加. 安多藏区措哇组织研究：以同德县秀麻乡为例 [D]. 兰州：西北民族大学，2019.

③ 贾霄锋. 藏区土司制度研究 [M]. 西宁：青海人民出版社，2010.

④ 魏长青. 甘肃卓尼土司制度研究 [M]. 北京：人民日报出版社，2016.

二、"措哇"的内涵和结构

迭部古称"叠州"，藏语意为"大拇指"，寓意群山重叠的地方。迭部县位于甘肃省甘南藏族自治州南部，地处南秦岭西延岷迭山系的白龙江中上游高山峡谷区。全县面积为5108.3平方千米，辖5镇6乡、2个社区居委会、52个行政村、231个村民小组。2010年全县总人口为58432人，其中藏族占79.65%，城镇人口占29.82%。① 电尕镇位于县境西部，迭部县城建于境内，是本县的政治、经济和文化中心。2003年撤乡建镇，原境域、区划不变。东邻卡坝乡，南接达拉乡，西连益哇镇（姜巴沟西部毗邻四川省若尔盖县），北靠卓尼县，全镇面积为626平方千米。下辖2个居民委员会、7个村民委员会、49个村民小组，共有农业人口5826人，镇政府驻地在哇巴路2号（县城郊区）。全镇居民除哇巴沟、姜巴沟及资润沟外，其余沿白龙江台地聚居，是迭部县的重要农业区之一。②

根古村隶属迭部县电尕镇根古村委员会，根古村委员会共管理202户居民，893人，辖区耕地面积为2361.1亩。③ 根古村委员会覆盖5个自然村，分别为：白云村、根古村、尼西村、谢协寺和吉爱那。根古村位于县城以东15千米处，海拔2000~2100米④，境内气候温和湿润，属于高原亚热带湿润大陆性气候，春季多风少雨，秋季阴雨绵绵。无霜期短，属高山森林区，生态植被良好，森林、草场、药材等资源丰富，交通便利。根古村有60户，全村只有1户汉族，其余均为藏族，全村大多数人信仰苯教，部分人信仰藏传佛教格鲁派，主要的宗教活动有插箭节，当地人的生计方式主要以种植业为主，种植作物包含青稞、小麦、蚕豆、豌豆、洋芋等粮

---

① 迭部县地方志编纂委员会编．迭部县志（1991—2010）［M］．郑州：中州古籍出版社，2017：1.
② 迭部县地方志编纂委员会编．迭部县志（1991—2010）［M］．郑州：中州古籍出版社，2017：40.
③ 迭部县地方志编纂委员会编．迭部县志（1991—2010）［M］．郑州：中州古籍出版社，2017：41.
④ 数据为笔者用手机软件实地测量所得。

油作物。

1."措哇"的内涵

"措哇"是构成根古村藏族社会组织的基础单元,其村落组织就是在此基础上发展起来的。

措哇意为"聚在一起的人",甘肃中部汉语方言称之为"伙子里",也可将之理解为"家族"。① 与之含义相近的藏语词汇是"哈尼"(藏语音译,拉丁转译:Sha Nye),"哈"译为"肉","尼"译为"近","哈尼"意为"彼此肉相近的关系",也可以理解为汉语中的"亲房"。② 在理想状态下,同一个父亲的几个儿子在分家立户之后,他们彼此之间便是"哈尼"关系,经过几代的繁衍,便可形成一个以父系血缘作为继嗣线索的家族群体。但是,血缘制度和血统观念并非藏族社会赖以构筑的基础。在根古村,当地人的性观念相对来说比较开放,未婚生子和婚外生子的情况时有发生。"我们这里人都不怎么讲究这些,看得很开,像 ZBT③、BDJ、KZCL 他们三个是同母异父,他们的母亲 AD 没有结婚就生了他们三个,谁也不知道他们的父亲是谁,他们是继承母亲所在的措哇。"(访谈对象:LMJ,访谈时间:2020 年 7 月 26 日,访谈地点:LMJ 爷爷家里)这在一定程度上破坏了严格的父系血缘继嗣规则,居处原则正是为解决这一问题而受到强调的。在很多情况下,哈尼和措哇所指称的范围是难以明确区分的,一个措哇中除了亲生的父系兄弟之外,还包含出生在这个家庭中但可能没有实际血缘关系的男性、通过入赘继承岳父措哇的上门女婿等。④ 所以措哇的范围比哈尼要大,即属于同一哈尼肯定属于同一措哇,但属于同一措哇并不一定属于同一哈尼。哈尼与措哇除了所指称的范围不同,它们

---

① 王含章. 信仰空间中的人与社会——迭部藏族宗教的象征人类学研究 [D]. 兰州:兰州大学,2017:101.

② 王含章. 汉藏交界地带藏族部落组织研究——基于迭部县卡坝乡、达拉乡的人类学考察 [J]. 西北民族论丛,2018(02).

③ 按照学科规范,文中所涉及的人名均用他们名字的大写首字母代替。

④ 王含章. 信仰空间中的人与社会——迭部藏族宗教的象征人类学研究 [D]. 兰州:兰州大学,2017:101.

之间还有一个很明显的区别：哈尼更像是一种关系，而不像措哇可以构成一个独立的群体。哈尼没有名称，措哇却有自己单独的名称。"在我们村，现在不怎么说'哈尼'了，偶尔大家会说某人和某人之间互为'哈尼'关系，然后某几家属于同一个'措哇'，现在大家基本都说'措哇'，有什么事也都是'措哇'来办。"（访谈对象：LMJ，访谈时间：2020 年 7 月 26 日，访谈地点：LMJ 爷爷家里）

2. "措哇" 的结构

根古村共有三个措哇，分别是撒道措哇、江扩措哇和更注措哇。三个措哇的名称都是藏语音译而来的，对于三个措哇的来历，当地人并不是特别清楚，笔者所得到的信息大多跟传说有关，没有具体的文字材料和人物证明。

LMJ，男，今年 73 岁，家里有 6 口人，他跟大老婆阿加、小儿子卓尕、儿媳妇和两个孙子一块儿生活。他告诉笔者："在很早之前，更注措哇和撒道措哇是两个弟兄分的，但我们也就那么说的，谁也不知道是不是真的；我们这个江扩措哇是从四川迁过来的，虽然是迁过来的，但我们和撒道措哇是有点儿亲戚关系的，所以在几十年前，我们跟撒道措哇是一块儿办红白喜事之类的。后来慢慢地人越来越多，办的红白事也越来越多，人一天都闲不下来，于是大家就商量着说把两个措哇分开。然后，我们村就变成了三个措哇。"（访谈对象：LMJ，访谈时间：2020 年 7 月 26 日，访谈地点：LMJ 爷爷家里）

AK，女，今年 64 岁。她说："措哇的意思就是我们是一家子。为什么有三个措哇，听老人说，在很早很早以前，有可能是建村的时候，我们是一家有三个兄弟，分成了三家，就变成了三个措哇。"（访谈对象：AK，访谈时间：2020 年 7 月 26 日，访谈地点：根古村广场）

措哇作为一种藏族民间社会组织，必然有其自身的组织结构。所谓结构，就是在一定的社会组织中，由人们的分化和聚联而形成的关系整体。在根古村，三个措哇的内部结构相对而言较为稳定，但也会由于通婚、地缘等因素而发生变化。

撒道措哇共有 18 户人家，分别为 SC、GR、DJ、ZJ、BDCR、GR、DLJ、NJ、SL、DJCL、BD、ZXCR、SL、WHP、WSP、GC、CRJ、BZ。这 18 户人家中的某几户人家有着非常明显的血缘关系，以报道人 SL 家为例，SL 的母亲和 DJCL 的父亲、BD 的父亲、ZXCR 的父亲是同一母亲所生；SC 的母亲和 SL 的母亲是同一父亲所生，GR 的父亲和 SC 的母亲又是同一母亲所生。（访谈对象：SL，访谈时间：2020 年 7 月 25 日 10~12 点，访谈地点：SL 叔叔家里）另外，除了血缘关系以外，他们之间有些是比邻而居，例如 MJ 爷爷和 ZJ 家只有一墙之隔，所以这里面也有地缘关系的成分。笔者所写名字均为户主名字，所画谱系图中虚线指已去世的人，实心代指本措哇的人，空心代表已外嫁或者去当上门女婿的人，不再是本措哇的人。

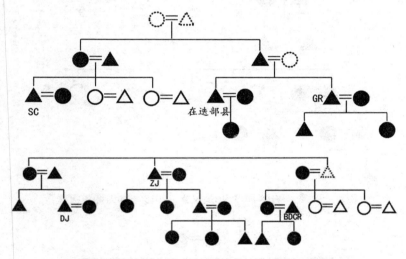

图 2　SC、GR、DJ、ZJ、BDCR 之间互为哈尼关系

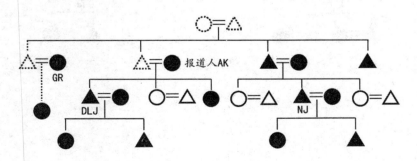

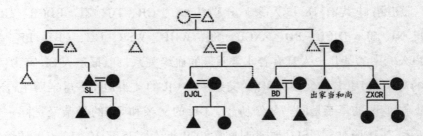

图 3 GR、DLJ、NJ、SL、DJCL、BD、ZXCR 之间互为哈尼关系

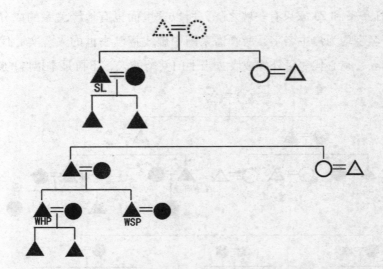

图 4 SL 家，WHP 和 WSP 是汉族，2018 年加入撒道措哇

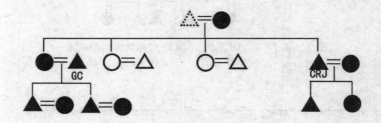

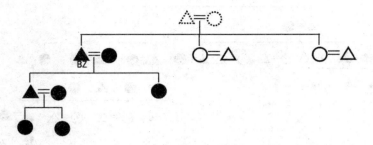

图5 GC、CRJ 之间互为哈尼关系，BZ 跟他们同属一个措哇

江扩措哇共有 22 户人家，分别为：ZBT、BDJ、KZCL、GBJ、ZZ、LR、ZSJ、LT、JBJ、KJ、JBCL、ZG、ZB、YRT、OJJ、DQJ、NJ、RD、XJ、JCL、RDJ、GRZM（访谈对象：JM 和 LMJ，访谈时间分别是 7 月 25 日下午 3 点至 6 点 30 分和 7 月 26 日 9 点至 12 点 30 分，访谈地点分别是：JM 奶奶家里和 LMJ 爷爷家里）

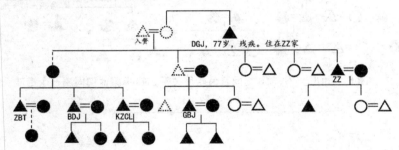

图6 ZBT、BDJ、KZCL、GBJ、ZZ 之间互为哈尼关系，ZBT、BDJ、KZCL 同母异父

在这幅谱系图中，ZBT、BDJ、KZCL 属于同母异父的关系，他们的母亲 AD 没有结婚，是 LMC 的养女。GBJ 的父亲和 ZZ 是亲兄弟，所以他们之间有明确的血缘关系。

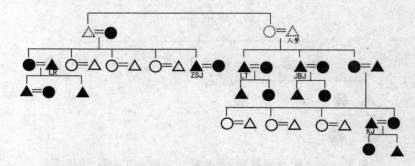

图7 LR、ZSJ、LT、JBJ、KJ 之间互为哈尼关系

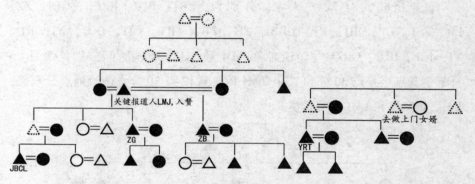

图8 JBCL、ZG、ZB 之间互为哈尼关系，YRT 跟他们同属一个措哇

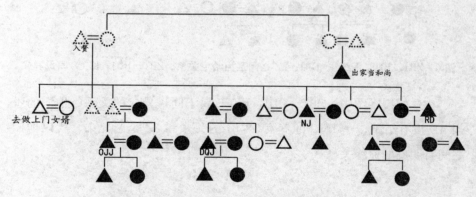

图9 OJJ、DQJ、NJ、RD 之间互为哈尼关系

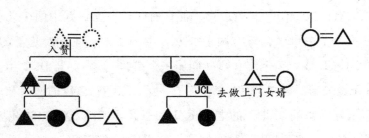

图 10　XJ、JCL 之间互为哈尼关系

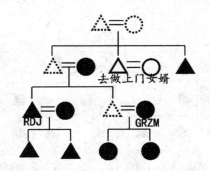

图 11　RDJ、GRZM 之间互为哈尼关系

更注措哇共有 19 户人家，分别为：LR、GQ、KZJ、CZ、SZCR、AL、AD、GRJ、GZ、LB、ZB、GR、KT、AG、JG、ZJ、ZX、AD、KZJ（访谈对象：LMJ，访谈时间：7 月 26 日下午 3 点至 6 点 30 分，访谈地点：LMJ 爷爷家里），他们的谱系图如下所示：

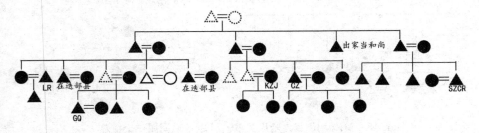

图 12　LR、KZJ、GQ、CZ、SZCR 之间互为哈尼关系

这家老人较多，在更注"措哇"中属于说得上话的，更注措哇里有什么事都会找他们家商议解决。其中年龄最大的 CWJ 爷爷已有 84 岁高龄，他们兄弟共有四人。CWJ 排行老大，他育有四子一女，其中两个儿子在县城工作，大儿子去世了，育有两子一女，由孙子 GQ 继承大儿子的措哇，三儿子在同村 LMJ 家当上门女婿（同属一个措哇），小女儿 DGC 招了来自旺藏的 LR 做夫婿。老二 PULJ 育有三子一女，除了已离世的僧人和未出嫁的，继承措哇的只有二儿子的老婆 KZJ 和三儿子 CZ。老三 DZ 出家当僧人。老四 GRCZ 今年 74 岁，育有四子，结婚的只有 SZCR，尚未分家。所以，从谱系图中可以看出，他们五户人家之间有明确的血缘关系。

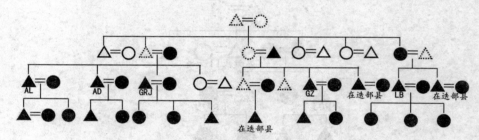

图 13　AL、AD、GRJ、GZ、LB 之间互为哈尼关系

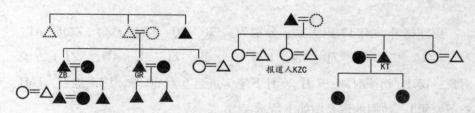

图 14　ZB 和 GR 互为哈尼关系，KT 跟他们同属一个措哇

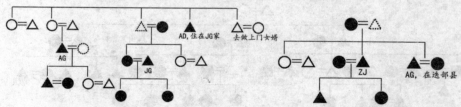

图 15　AG 和 JG 互为哈尼关系，ZJ 跟他们同属一个措哇

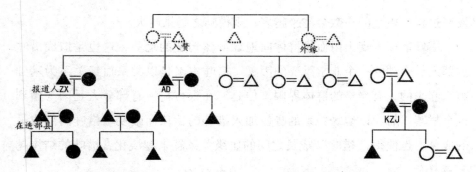

图 16　ZX 和 AD 互为哈尼关系，KZJ 跟他们同属一个措哇

三、"措哇"的实践

　　措哇内部成员并非按照理想状态的"同一个父亲的儿子成年之后分家立户"一成不变，而是有所变动的。例如由于继承的因素，女子可以获得父亲所在措哇的身份；因为通婚，男子可以改变自身的措哇身份。这种变动恰恰体现出当地"措哇"的实践性。在实践过程中，人们会表现出一定的能动性。

　　继承是措哇一项非常重要的性能，子女在继承父亲措哇身份时也包括继承他的财产、权利和义务。继承的方式分为多种情况：一般是子女传承父亲所在的措哇，如果父亲是入赘的，那么就传承母亲所在的措哇；如果男性世系出现后代都是女性的情况，则给留在家继承父业的女儿招女婿，女婿就属于妻子的措哇，他的子女就属于妻子的父亲所传承的措哇，这就间接保留了男性世系的措哇；未出嫁的女儿所生的子女都传承他们外公的措哇；如果没有子女来继承自己的措哇，那他们就必须收养一个孩子来继承自己的措哇，被领养的孩子则脱离了原来所在的那个措哇。这个孩子不仅要承担抚养两位老人的责任与义务，还包括其所在措哇的义务，措哇里有大小事时必须出面。在根古村还有这样一种情况，例如 KRJ 的母亲是根古村人，本身属于更注措哇，他的父亲是入赘的，KRJ 的母亲在 KRJ 成人以后，又和 KRJ 的父亲去了他父亲的老家，这样就留下 KRJ 来继承措哇。这样一代一代继承发展下去，措哇内部成员的数量就会是一个动态的变化发展过程，措哇的户数会越来越多，规模随之越来越大。

措哇逐渐表现出由血缘群体向地缘群体转变的趋势，这也是造成措哇内部人员变动的一个非常重要的因素。措哇本来是以父系血缘关系为基础组织起来的，有严格的群体界限。但是，在根古村，有部分人是因为搬到这个村落以后，以地缘关系的身份加入措哇的，从而改变了措哇内部成员的成分，也使得"措哇"成员之间的血缘关系越来越淡化，措哇的结构越来越复杂。

LMJ 爷爷说："我知道我们家是迁过来的，很早以前并不住在这里，我们是从普诺沟搬过来的，后来才加入江扩措哇，村里还有其他搬来的人，从白云来的，从卡坝来的。住在这个村里，大家就都加入措哇，不然很多事情你没法儿弄。"（访谈对象：LMJ 爷爷，访谈时间：2020 年 7 月 26 日，访谈地点：LMJ 爷爷家）

MJ 爷爷说："我们村只有一户汉族（WWS），后来他们就加入了我们撒道措哇。他们选择我们措哇的原因主要有两个：第一个原因主要是当时村子里其他两个措哇的人数比较多，撒道措哇的户数比较少，所以他家就选择加入撒道措哇。第二个原因就是早在他爷爷那一辈时候，他们搬到我们村，住在我们家旁边，也就是我们的邻居，虽然没有加入我们措哇，但有啥事我们也都会去帮忙，撒道措哇里有啥事，他家也会主动来帮忙，后来他们就提出请求说要加入撒道措哇，所以大家就商量说那就让他们加入吧。"MJ 爷爷是撒道措哇里比较年长且读过书的老人，可以称得上是德高望重，撒道措哇的大小事他是有一定发言权的。爷爷接着说："他们王家就是前年加入我们撒道措哇的，当时的仪式过程是这样的。我们这里是一个措哇一个坟，王家准备 100 个经幡，把全村的人都请到固定地点，即撒道措哇的坟地周边，一来让大家帮忙做个见证，二来帮他们把经幡都插上。完了以后，大家都去王家，他们家里准备好酒席招待大家，大家吃好喝好以后，我们措哇里的几个老人就给他们'讲规矩''说重话'，比如以后你们王家的风俗习惯要跟着我们走，我们措哇里有任何活动，你们都得参加，我们干啥，你们跟着干啥，我们讲迷信、办红白事、修房子的时候你们都得参加。你们家有什么事的话，我们措哇里的人也都会帮忙的。"
（访谈对象：MJ 爷爷，访谈时间：2020 年 7 月 29 日，访谈地点：根古村广场）

所以说，在根古村，措哇组织并没有很强的排外性，作为外人，只要你住在当地，便可以通过仪式包括日常生活中的人情往来而选择加入其中某一个措哇。经过长期的演变，措哇自身的血缘关系已不明显，措哇成员之间已经没有一代一代延续下来的亲戚关系。因此，外来人通过地缘这种因素也可以加入其中。从加入者的情况来说，一般是外来户，想加入某个措哇来解决自己生活中的一些问题和需求，当然，他也要承担相应的义务和责任。

婚姻是个体和社会中一项非常重要的人生礼仪。而对当地根古村的村民来讲，婚姻也是一个人改变自己所属措哇的实践，是导致措哇内部人员变动的重要因素。在根古村，内部通婚分为两种情况：一种是措哇内部通婚，另一种是村子里不同措哇之间通婚。

一般来说，措哇内部是禁止通婚的。前文提到措哇组成的族群关系是以父系继嗣方式为主的人群建立的，成员之间一般存在血缘关系，所以同一措哇族群的后代禁止通婚。如果在同一措哇中，男女进行通婚，则属于近亲结婚，相当于乱伦。但是也有特殊情况，如果当地人明确地知道男女双方之间没有血缘关系，在这种情况下，即使男女双方属于同一措哇，措哇也会同意双方结婚。

KZC，48 岁，属于更注措哇，家里有 8 口人。她们姐妹 4 个，她父亲今年 79 岁。KZC 阿姨说："我姐姐 GRC 就是嫁到我们隔壁 ZB 家，ZB 家也是属于更注措哇，我父亲不是根古村人，是从桑坝来的，我母亲是白云村人，我们两家往上追溯五代都没有什么血缘关系，所以是可以结婚的。"
（访谈对象：KZC，访谈时间：2020 年 7 月 24 日，访谈地点：KZC 家里）

LMJ 爷爷说："我的女儿 GZ 嫁给了 ZBT，ZBT 也是我们江扩措哇的人，但是 ZBT 的母亲 AD 是养女，并非根古村的人生的孩子，他的父亲也不知是谁。同样的道理，我们追溯到第三代的时候，两家就已经没有血缘关系了。虽然我知道他们是可以结婚的，但是这件事按道理讲，我是不同意的，但没办法，他俩是自由恋爱，等我们知道的时候，两个人已经在一起了，就是你们汉族人说的私奔。后来我们也就同意了，没有血缘其实也没啥，看开了就好了。"（访谈对象：LMJ，访谈时间：2020 年 7 月 27 日，访谈地点：LMJ 爷爷家里）

另一种情况是村子里不同措哇的男女之间进行通婚，这种也可以叫作村内实行的"内婚"。在这种情况下，成婚的男女双方其中一方就会改变自己所属的措哇。

例如 XH 和 BDCR，BDCR（男）是江扩措哇的人，XH（女）是撒道措哇的人，后来 BDCR 到 XH 家当上门女婿，BDCR 就再不是江扩措哇的人，而是跟着妻子 XH 成为撒道措哇的一分子。（访谈对象：LMJ，访谈时间：2020 年 7 月 27 日，访谈地点：LMJ 爷爷家里）

通过以上案例，我们可以得出结论：原则上同一措哇的人禁止通婚，但是在知道双方没有血缘关系的情况下允许通婚；不同措哇的男女双方结婚，如果是女儿外嫁或者儿子入赘的话，他们就不再是本措哇的人，而是跟随自己的丈夫或者妻子变成另外一个措哇的人。同理，娶进门的儿媳妇和上门女婿自然也就变成了本措哇的人。

四、"措哇"的文化传承功能

措哇组织也有自己的内部法则，即我们所说的习惯法。藏族措哇的习惯法是藏族措哇在长期的生产生活中逐渐形成，世代相传，不断发展并为本民族所信守的部分观念形态与约定俗成的生活模式。[①] 它是由措哇内部成员认可的，靠盟誓等方式约定的不成文的法律。习惯法和措哇成员的生活有密切联系，日常的生活习惯是习惯法的一个重要来源，而习惯是人们在日常生活中所形成的惯例，包含大量伦理道德观念和禁忌等。大家都约定俗成，在婚丧嫁娶、盖房子的时候互相帮忙，有矛盾的时候出面协调

---

① 吕志祥.藏族习惯法：传统与转型［M］.北京：民族出版社，2007：8.

等，这些都是措哇组织在这个集体中所体现的文化传承功能。

1."措哇"与婚娶

在根古村，传统的婚嫁习俗主要包含以下几个方面，分别是求偶、提亲、定亲和举办婚礼。在这一系列过程中，措哇的人都充当着很重要的角色。

提亲的时候，一般由男方家请自家措哇中比较亲近的人和一位熟悉女方父母的人做媒人，携带一条哈达和一罐青稞酒，并在容器上系条红绳，在盖沿抹上三点酥油，一行三五人前往女方家正式求婚。定亲是男方接到女方愿意做亲的信号后，积极准备择定吉日举行订婚仪式——喝大酒。订婚同样有措哇里较为亲近的人参与，求婚的小伙子同措哇里的人、媒人等一行人携带订婚的礼品，于天亮前赶到女方家。喝大酒的过程主要是男方敬酒，由一位懂仪式的人将酒倒入小龙碗或酒杯里，先敬家神一杯，然后敬女方舅舅、父母和其他客人。在喝酒前，女方的舅舅或者本措哇中比较亲近且有威望的长辈需致祝福词。然后大家吃着、喝着、商议着，双方商定结婚日期，订婚仪式就算完成。最后就是结婚，这也是最重要的一步，当地人结婚日期一般定在农历正月初三、初五、初七、十一、十五等日举行，也有选定其他吉日结婚的。结婚主要包含两个步骤，即迎亲和婚礼。在村中迎娶新娘是在破晓时分，一般由新郎家的措哇成员去迎。举办婚礼当天，新郎家的措哇所有成员必须出席婚礼，包括当天帮厨帮灶的人也都是措哇成员，在新郎家喝酒的人也是新郎所属的措哇成员和双方的亲族。三天过后，新娘还要回门，届时，新娘家也要摆酒席，这次参加酒席的都是新娘家所属措哇的成员和双方的亲族，这时候通常不邀请新郎所属的措哇的其他成员。而酒席的内容都是一样的，大家欢聚在一起痛饮。①

MJ 爷爷提起他当年和奶奶婚娶的过程："我们是 1980 年结婚的，是别人介绍认识的，奶奶是电尕镇人，奶奶的表姐嫁到村里，她的丈夫叫 ZJ，跟我是同一个措哇的人。我俩是在 ZJ 家盖房子的时候认识的，我们两方的

①　加毛. 甘南迭部藏族的"哈尼"组织研究——以多儿乡达益村为例［J］. 青藏高原论坛，2015（03）.

家长彼此也都很满意。提完亲以后，你奶奶那边就托人来回话，说是取哈达来，我们就知道这事成了。然后就到了定亲的时候，主要还是措哇里的人去定亲，我当时提亲和定亲的时候都是 ZJ 去的，我们提亲和定亲不一样，定亲主要是商量日子，双方算日子，一般经过商量都是初三、初五结婚。然后结婚的那天，就是要去接亲，我们这里都是天不亮去接亲。接亲有固定的地点，男方这边选两个属相跟新娘一样的女性去把新娘从马上接下来，可以靠近新娘，这两个女性是本措哇里的人，且比较亲近。措哇里的其他人去那个地点等着就行。接亲的时候，在交接的地点，男女双方各自措哇里的成员还对唱山歌。然后我们家这边措哇里的人提前把该准备的准备好了，都是家里的父母和措哇里的人安排的。婚礼就那么办完了，没有措哇里的人帮忙，我们这个婚结起来肯定会很费劲，甚至结不成，有措哇里的人帮忙就会轻松很多。"（访谈对象：MJ 爷爷，访谈时间：2020 年7 月 29 日，访谈地点：根古村广场）

2."措哇"与丧葬

藏族的丧葬习俗较多，有天葬、水葬、火葬、悬棺葬等。在根古村，人们去世以后基本采用火葬的方式。整个丧葬过程主要包括报丧、念经、发丧、孝期四个方面。

首先是报丧，人去世后，一般在 3 天之内不报丧。而是由本措哇的人商议各项善后事宜，安排布置，待这些事办妥后，才派人向本村和远方的亲戚报丧。

商议要做的主要事项，包括为死者赶制寿衣、寿材、请僧人等，尤其要着手准备招待前来慰问、吊唁的来人的饭菜。当有人去世的时候，不论男女，都要先换上新衣服，然后措哇当中比较亲近的男性成员开始将尸体捆扎成胎儿在母体中时的蜷曲形态，如此在家中停放至少 7 日，至多 21日，具体出殡日期根据死亡第二天寺院僧人卜算的结果而定。

然后是念经，在出丧前的几天里，活佛白天念送葬经，主要是超度亡灵，防止灵魂误入歧途。晚上，村人念六字真言或八字真言，为死者祈祷，主要亲属向大家介绍死者一生的经历。出丧的前一日晚上，亲友及全村人前来送酒、肉、馍等，共同举行简单的吊唁仪式，亲戚子女哭丧，哭丧既是出于对死者的眷恋之情，也是一种习俗和仪式。

接下来是发丧，首先由一名指定的本措哇的人介绍死者生平，一般是前三代，能介绍五代更好，之后是家人、亲属哭丧，由村里规矩确定的男人们轮流抬轿送往火葬场，其余男性及妇女跟在后边一同前往。留在火葬场点火烧葬的人也是本措哇的人，他们还要负责把死者的头盖骨拣回，然后派人送往尼姑寺处理。

火葬后的第三天，还有由措哇里的人去拣烧化后的骨骸，按人体结构，把骨灰拣装在事先做好的小木匣或白布袋内，放在死者家中，每逢七天念小经超度，在第五个七天时念一个大经，七七四十九天后，找风水先生选好日子，葬入本家族坟地，定好头向，挖土穴埋葬。有的还将骨灰送往塔尔寺、西藏拉萨等寺院念经后处理。

根古村共有四块坟地，一个措哇的人一块坟地，还有一块地方是给没有结婚就去世的女性准备的。当地人一般都是采用火葬的方式，火化也分好几种。比如父母亲去世的时候，措哇里的人就会请活佛僧人在第一天去念经，火化的时候，由活佛点火。然后有一个很重要的环节，就是措哇里专门出两名男性去拾掇去世的人，主要包括给逝者换衣服、梳洗之类的事情，这两个人一般是措哇里比较亲近的人自愿报名，如果没有人报名的话，措哇里的人就会点名让两个人去负责这件事情，这也跟这家人在村子里的人缘有关系，人缘好的话，一般都会有人自愿报名；人缘不好的话，就由措哇里的老人点名让谁去做。一般情况下，家里有老人的话，就会提前把这些路铺好，你家老人去世，我自愿报名；到我家老人去世的时候，你也自愿报名，这样就不用等着点名让谁去，面子好看。火化三天过后，还是这两个人去火葬场把死人的头骨捡回来，家里人给拿一个白布袋，把头骨捡回来带到寺庙，像西藏的布达拉宫和夏河的拉卜楞寺。（访谈对象：MJ 爷爷，访谈时间：2020 年 7 月 29 日，访谈地点：根古村广场）

3. "措哇"与盖房

在当地人盖房的时候，"措哇"里的人也起到至关重要的作用。当地人盖房子一开始大概需要三天时间，房子的大框架就好了，剩下的主要是木工的活。由于盖房需要的人手很多，措哇里的人就主要负责招待好前来帮忙盖房子的人，主要是管饭。一日三餐，这三天的伙食都由措哇里的人负责。

LMJ 爷爷告诉我们："我们这里主要都是榻板房（木架房子），把木工请好，把需要的木头制作好。头一天就是立房子，即在正房平顶部另外架起两檐水木椽屋顶，在木椽屋顶上顺斜坡再盖宽 25 厘米左右、长 1.5 米左右的松木榻板，上排压下排，交接处横放半圆形细长条木杆，然后用石块压住，以防风吹错位。村里所有的男性基本都会帮忙，措哇里的男性更要卖力干活。措哇里的女性就负责做饭，招待客人，包括亲朋好友。第二天主要是倒土，男的女的都干活，另外，措哇里的人还是负责伙食。第三天就是有些活还没干完，村子里的亲朋好友还有措哇里的人都来帮忙干一天。最后房子的大框架差不多就完成了，然后盖房子的人再把措哇里的人请上，好好招待一番，感谢他们这几天的帮忙和辛苦劳作。"爷爷还提到以前他们会在建房子的时候一起唱建房颂歌，他依稀记得这么几句："修房的木料从哪里砍了？木料从尕儿的森林里砍。房子木料堆在什么地方？房料堆在赛马的地方。从何处拉到往何处放？拉到放在村子的中间。房子要修到什么地方？房子要修到村子中间。房地要选到什么地方？房地选到金土银土上。柱子朝天是支撑天穹，房子座石是压着四方。粗梁细梁好比是骑士，大梁小梁顶撑九霄天。正中的柱子是像活佛，边沿的柱子是像圣人。椽子好比是蛇的肋巴，檩条好比是夹佛经的板，压条好比是捆佛经的绳，压石好比是山鹰孵的蛋。"（访谈对象：LMJ，访谈时间：2020 年 7 月 27 日，访谈地点：LMJ 爷爷家里）

在盖房的过程中，我们也可以看出措哇组织在当地的互惠功能，即当地居民所说的措哇里的人最主要的就是"互帮互助"。这是他们一直继承下来的优良传统，早已成为他们的习惯。

4. 道德传承

尊老、敬老、爱老、养老是藏民族优良的传统美德，藏族谚语中说："老人是家里的顶梁柱，月光是夜间的指路灯。"自古以来，藏族人就十分

尊敬老人，认为老人在一生中积累和具备了生产生活、为人处世各方面的
丰富知识、技能和经验。① 在根古村也是如此，根古村的村民都很尊重老
人，日常生活中，年轻人会帮着老年人干活；见了老年人会主动问好打招
呼；措哇在调解纠纷的时候，都是由本措哇的老年人出面，老人的决定他
们都要服从，不能争辩。

MJ 爷爷说："在我们村，基本没有不尊重老人的情况，措哇里是有规
矩的，儿女赡养老人那是天经地义的，不然的话，措哇里的人就会对他做
出很重的惩罚。特别严重的话，村里的人都会不待见他，甚至会把他逐出
措哇；再严重的话，会把他逐出村子。所以，不尊重爱护老人在我们这里
是很严重的事。而且措哇的大小事也都是年龄大的人来拍板决定的，古话
说得好，'不明的事理请教老人，驮剩的物件驮给老马'。老人辛苦一辈
子，养儿育女不容易，养老送终是他们做儿女的要负的责任。"（访谈对
象：MJ，访谈时间：2020 年 7 月 29 日，访谈地点：根古村广场）

KZC，48 岁，属于更注措哇，家里有 8 口人，她父亲今年 79 岁。她
说："我们都很孝顺尊重我们的父亲，我们这里的人也会给老人过寿，祝
老人长命百岁，本来今年要给父亲过寿，但是父亲不肯，说是 79 不吉利，
等今年 79 过去以后，明年过 80。我们几个做子女的打算明年好好给父亲
大办寿宴，邀请村子里其他德高望重的老人，还会请和尚来家里念经。我
们这里的年轻一辈都很孝顺父母亲。在我们村，人们对那些不管老人甚至
虐待老人的行为是非常厌恶的。只要你不孝顺家里的老人，不管你是做什
么的，不管你读了多少书、当了多大的官、有多少财产，大家也不会喜欢
你，你还是在村子里抬不起头，措哇里的老人会对你进行惩罚，你会被人
们嫌弃，在村里待不下去。"（访谈对象：KZC，访谈时间：2020 年 7 月 24
日，访谈地点：KZC 家里）

---

① 杨桑杰，编. 迭部藏族民俗文化（白龙江流域迭部藏族传统文化）［M］. 兰州：甘肃民
族出版社，2016：95.

五、措哇的社会整合功能

1. 调解矛盾

措哇在根古村除了红白事的"互惠"功能以外，还有一个非常重要的功能，即"协调"功能。当遇到突发事件需要和外人进行协调或者两家出现矛盾的时候，措哇的作用就显得格外重要。

首先，如果是"措哇"内部人员发生矛盾的话，由本措哇里的老年人出面调解。调解的方式有好多种，一般都是罚钱、罚肉、罚酒之类的，例如罚一罐黄酒（青稞酒）、一两片蕨麻猪肉，这些物品不会被带到某一家去，一般就是措哇里的人一块儿坐下来喝酒吃肉。酒喝足、肉吃完以后，措哇里的人就会对他俩发话："你俩要是再发生冲突矛盾的话，就加倍惩罚。"他俩和好以后，互相不说话也不行，以前咋样就该咋样。如果是不同措哇里的人发生矛盾，解决的办法也是类似的，那时候就是两个措哇里能说得上话的老年人坐下来商量事情怎么办，具体的调解方法没有很大区别。

MJ 爷爷提起他们村五六年前的一件旧事，XH 母亲（属于撒道措哇）和 AG 媳妇（属于更注措哇，已去世）曾经因为田地里的一些事情吵起来了，爷爷（代表撒道措哇）就跟 AL（当时 AL 是田间管理者，代表更注措哇）两个人出面调解，当时是两家各罚了一罐青稞酒和一片蕨麻猪肉，然后大家聚在一起，爷爷把酒肉拿出来分给大家吃，这件事就算平息了，从那以后两个人都不吵了。当地人对措哇里老人的决定还是比较听从的，一般情况下，调解的过程中双方态度都还可以，如果矛盾双方态度不好的话，惩罚相对来说会更重一些。措哇在调解双方矛盾的时候，双方都会进行惩罚。爷爷说："俗话说，一个巴掌拍不响，两边肯定多多少少都有一定的问题，就都一起罚，然后一起喝酒吃肉，这事就算过去了。"（访谈对象：MJ 爷爷，访谈时间：2020 年 7 月 29 日，访谈地点：根古村广场）

其次，当本措哇里的人遇到事情需要和外人协调时，也是由"措哇"

里比较德高望重的人出面协商解决。

2018 年，白云村的一个人（30 岁左右）开拖拉机把根古村 NJ 家的大儿子（20 多岁的小伙子）撞死了，NJ 属于江扩措哇，然后双方协商的时候，江扩措哇里的人都去了。当时是去医院调解，在根古村，有习俗规定，人去世没有处理之前，不能火化，而且在外面意外身亡的人不会回到村子里进行火葬。所以双方调解以后，就拉去了夏河的拉卜楞寺。有些车祸事件比较麻烦，交警无法处理的话，就会交给当地人自己协商解决。当时这个事件就是双方措哇里的人出面解决。车祸发生在晚上 10 点多，白云村拖拉机司机开的车没有车灯，所以责任主要在他，最后双方调解的结果是白云村的司机赔偿 18 万元。当时江扩措哇里调解这个事件的主要负责人是 LMJ 爷爷和他的小舅子 DB（DB 在电尕寺出家当和尚）。刚开始，NJ 家要 50 万元赔偿，爷爷就说人已经没了，要 500 万元赔偿也活不过来了，后来一方要 30 万元，另外一方赔 15 万元，最后就在双方的调解下达成协议，白云村的人给 NJ 家赔偿 18 万元，然后在场的措哇里的每个人都在协议上签字，协议最后留存了四份，交警队一份，NJ 家一份，大队一份，白云村司机家一份。（访谈对象：LMJ，访谈时间：2020 年 7 月 27 日，访谈地点：LMJ 爷爷家里）

2. 离婚纠纷

"措哇"除了协调解决矛盾以外，也帮助协调解决夫妻之间的不和睦。当夫妻双方产生很大矛盾，不想过下去、要离婚的时候，措哇可以帮助他们。这个协调的过程并不是特别复杂，首先夫妻双方都提出离婚，男女双方向本措哇和主要亲戚口头提出离婚要求，然后措哇里的人在刚开始的时候劝说他们尽量不要离婚，也会进行一定调解，在连续两次劝说无果的情况下，如果措哇和亲戚们都同意离婚，他们便能结束夫妻关系，各自离去。这种离婚的情况，如果双方都没有孩子的话，那么男女双方不用进行赔偿；如果有孩子的话，孩子随男方，女方带走自己的嫁妆。同样，如果男方是入赘当上门女婿的话，他也可以带走自己的物品如马匹之类的，其余财产和祖宗留下的遗产不能动。

还有一种情况，如果是男方提出离婚，女方不同意，但是他们又有子女的时候，会根据具体的情况处理。首先还是由"措哇"的人进行劝说，劝说无效的话，男方需要给女方和子女分财产，主要是房产和地产各分一半。如果是女方比较年轻，离婚后还想改嫁的话，子女是要留给男方抚养的。如果是男孩，他自己长大以后可以选择是去出家当僧人还是留在家当农民，若当农民，娶妻后与其父各分家产一半；如果是女孩，那么不论她是跟随父亲还是跟随母亲，长大以后均无家产继承权。

MJ 爷爷说："我记得我们村就发生过一件这样的事。JBCL 要和他的老婆离婚，孩子才 3 岁多，是个男孩，当时我们措哇里的人都劝他不要离婚，尤其几位德高望重的老人给他讲道理，他听进去了，再后来就劝说好了，两人就没离成。"（访谈对象：MJ 爷爷，访谈时间：2020 年 7 月 28 日，访谈地点：根古村广场）

3. "保障"功能

一般情况下，各个措哇的成员在平日都是和睦相处的，所以当某一个措哇的成员遇到了困难，不管是什么样的困难，该措哇的其他成员都会伸出援助之手。比如当死者的家属没有足够的经济能力办丧事时，一般由最亲的措哇成员即哈尼成员发起，每个该措哇的成员都会自愿拿出粮食、肉类和钱财，大家慷慨解囊，不求回报，尽量使丧事办得比较圆满。或者当某一家丢了牛马，措哇里的其他成员就会帮这家找到丢失的牛羊和马匹；如果庄稼被野兽偷食，其他人也会力所能及地接济这一家；又或者当某家遭遇了某种变故，其他人也会尽可能地帮助他们。

SL，男，今年 46 岁，属于撒道措哇，家里 5 口人，分别是他的母亲和妻子，还有一双儿女，儿女都在上学。他 14 岁辍学去寺院出家，在拉路佐仓寺待了 7 年，后又还俗，结婚生子。叔叔说："事情发生在 20 多年前，那时候我们刚分家，家境不是很好。当时快要过年了，我就找了一个卡坎乡的农民工帮我上山拾柴火，结果被柴火砸了，加上那名工人可能本身患有心脏疾病，当天晚上就去世了。然后经过两家的协商，需要我们进行赔偿，赔偿费用是 6000 元，但当时我们家根本拿不出那么多钱。后来撒道措哇里的每户人家都给我家凑了钱，比较亲近的哈尼每家出了 100 元，措哇里的其他人都出了 50 元，我当时特别感谢大家，帮我渡过了那次的难关，后来措哇里的大小事我都积极参加，我自己也会尽心去帮助措哇里的其他人。"（访谈对象：SL，访谈时间：2020 年 7 月 25 日，访谈地点：SL 叔叔家）

所以说，无论遇到什么困难，"措哇"成员之间都会齐心协力共渡难关。措哇关系所维系的社会群体的利益远远超过社会福利机构所能够达到的广度和深度。这种互助的形式在当地起到一定的保障功能，使"措哇"成员之间增强信任感和内聚力，有效地推动了这种社会组织的延续。

4. 严禁偷盗

措哇的道德约束功能还体现在另外一个方面，就是措哇的人是不允许做出偷盗行为的，这也是措哇里的规矩，一旦破坏这个规矩，就会受到相应的惩罚。

MJ 爷爷说："我们措哇也有自己的'乡规民约'，偷盗的话，也会进行相应的惩罚。一般来说，罚得会很重，偷盗属于道德问题，说明你这个人人品不行。偷盗也分情况，如果是偷外面的人，措哇里的人会对你进行罚款；如果是偷村子里的人，这种情况就比较严重，相应的惩罚会更重，甚至把你逐出措哇。不过社会一直在发展，在现在的社会更加好办，你如果偷盗，措哇里的人对你进行很重的惩罚，你要不服从、不改正的话，措哇内部的人解决不了，就会打电话报警，让公安局的人来解决，犯事的人肯定宁愿村子里自己解决，也不愿把事情闹大。我们这里的人比较在乎面子，如果公安局的人出面解决，这件事就一传十、十传百，他们就会觉得特别丢脸，当然措哇里的人也不想让公安局的人出面解决这种事情，毕竟也关系到村子里的声誉。一般就是吓唬他们，'你要遵守咱们措哇里的规矩，行偷盗之事，且不听从惩罚的话，就把你送到公安局去'，主要起到威慑的作用。"（访谈对象：MJ，访谈时间：2020 年 7 月 23 日，访谈地点：根古村广场）

措哇的规矩对当地人起到了很好的道德约束作用，在根古村很少发生偷盗事件，这也是当地民风淳朴的一个非常重要的原因。

六、结论

对于白龙江上游地区的藏族社会而言，长期的历史传统与社会选择造就了措哇这一具有独特结构和重要作用的组织结构，措哇组织在迭部根古村长期存在并对社会产生了巨大作用，根本原因是"措哇"组织根植当地社会生活的合理性。对于当地村民来说，这是一个很重要的组织，没有这个组织，很多日常活动就没法儿开展下去，例如人生中最重要的婚丧嫁娶。它作为一种基层社会组织，有效地维系着措哇内部人与人之间的关系，合理地规范着组织内部成员的行为，发挥了传统民间组织的积极作用，为推动当地社会更好地发展贡献了力量。

爱德华·泰勒曾在《人类学——人及其文化研究》中说："社会无论怎样古老和粗野，总是具有它们的关于好坏行为的准则。但是，至于谈到什么行为应该认为好，什么行为应当认为坏，研究者应当避免成语所说的以己度人的错误。为了避免根据自己的新观念对处在其他文化阶段上的各民族的习惯做出判决，研究者应当借助想象来唤起自己的认识，以便以各民族所从属的观点，按照从各民族中所获得的结果来看它们的制度。只有这样才可能说明，关于好和坏、正义和非正义的准则，对于一切时代的一切人并不是一样的。"① 所以，我们应该客观地看待藏族社会的措哇组织。措哇组织不仅能让人们互帮互助，它所隐含的"乡规民约"也能维持社会秩序，调解纠纷。它积淀了藏族人民解决社会问题的智慧和经验，人民群众对措哇组织有着固有的文化认同心理。作为一个活生生的、具有历史延续性的社会形式，它具有极其顽强的生命力，并不因时代变迁而失去存在的价值。

---

① ［英］爱德华·泰勒. 人类学——人及其文化研究［M］. 桂林：广西师范大学出版社，2004：315.

参考文献

一、专著类

[1] [挪威] 弗雷德里克·巴特. 斯瓦特巴坦人的政治过程：一个社会人类学研究的范例 [M]. 黄建生，译. 上海：上海人民出版社，2005.

[2] [英] 爱德华·泰勒. 人类学——人及其文化研究 [M]. 桂林：广西师范大学出版社，2004.

[3] [英] 埃文斯·普理查德. 努尔人：对一个尼罗特人群生活方式和政治制度的描述 [M]. 褚建芳，译. 北京：商务印书馆，2014.

[4] 洲塔. 甘肃藏族部落的社会历史研究 [M]. 兰州：甘肃民族出版社，1996.

[5] 青海省社会科学院藏学研究所，编. 藏族部落制度研究 [M]. 北京：中国藏学出版社，2002.

[6] 陈庆英编. 中国藏族部落 [M]. 北京：中国藏学出版社，2004.

[7] 吕志祥. 藏族习惯法：传统与转型 [M]. 北京：民族出版社，2007.

[8] 贾霄锋. 藏区土司制度研究 [M]. 西宁：青海人民出版社，2010.

[9] 杨桑杰编. 迭部藏族民俗文化（白龙江流域迭部藏族传统文化）[M]. 兰州：甘肃民族出版社，2016.

[10] 魏长青. 甘肃卓尼土司制度研究 [M]. 北京：人民日报出版社，2016.

[11] 迭部县地方志编纂委员会编. 迭部县志（1991—2010）[M]. 郑州：中州古籍出版社，2017.

二、论文类

[1] 范长风. 青藏高原东北部的青苗会与文化多样性 [J]. 中国农业大学学报（社会科学版）. 2008（02）.

[2] 加羊杰. 论甘南藏族措哇的传承及其对现代社会的影响——以夏河县藏族措哇为个案研究 [J]. 北京：中央民族大学，2010.

[3] 谢冰雪. 扩大的家族——洮河流域传统民间组织沙尼研究 [J]. 兰州：兰州大学，2010.

[4] 白赛藏草. 藏族传统社会组织措哇的亲属称谓——以青海省互助县松多村为例 [J]. 中国藏学，2013（03）.

[5] 加毛. 甘南迭部藏族的"哈尼"组织研究——以多儿乡达益村为例 [J]. 青藏高原论坛，2015（03）.

[6] 范长风. 青藏洮岷地区跨族群与联村型青苗会组织——兼论文化多样性的国家治理策略和地方性实践 [J]. 华东师范大学学报（哲学社会科学版），2016.

[7] 王含章. 信仰空间中的人与社会——迭部藏族宗教的象征人类学研究 [D]. 兰州：兰州大学，2017.

[8] 王含章. 汉藏交界地带藏族部落组织研究——基于迭部县卡坝乡、达拉乡的人类学考察 [J]. 西北民族论丛，2018（02）.

[9] 周桑加. 安多藏区措哇组织研究：以同德县秀麻乡为例 [D]. 兰州：西北民族大学，2019.

下迭女子服饰调研报告

达瓦普赤 ①

一、田野点概况

迭部县位于甘肃省甘南藏族自治州南部,地处秦岭西延岷迭山系之间,白龙江中游高山峡谷之中。北邻卓尼县,东连舟曲县,东北与定西及陇南市的岷县、宕昌县毗邻,西、南两面与四川省若尔盖县、九寨沟县接壤。全县东西长110千米,南北宽75千米。

迭部县全境重峦叠嶂,山高谷深,沟壑纵横,地形崎岖。地势西高东低,自西北向东南倾斜。白龙江干流自西向东从中横穿全境,将群山分割为南北两部分,江南山地统称岷山,江北山地统称迭山。岷、迭山系主要山峰基岩裸露,山体阳坡多为草坡和农田,阴坡多为茂密的原始森林。根据地形地貌特征,全境可划分为地理景观迥然不同的三个自然地理区,气候、水文、植被、地理要素有显著区别。中部沿江河谷地区一般海拔为1600~1800米,是主要农田分布区。北部迭山山脉亦可分为两个自然地理区:一是横卧于县境北缘的迭山主脉,海拔3600~4488米;二是南部岷山山脉区,地势南高北低,地形起伏较大,海拔2400~4102米,为侵蚀构造

---

① 达瓦普赤:兰州大学西北少数民族研究中心2019级硕士研究生。

型中高山区。①

迭部县境水系单一，南北岷迭山系之间的大小河流均属白龙江水系，境内位于迭山主峰脊线以北的洮河水系的水文面积极少，白龙江干流由西界入境，其余大小 30 条支流中，除达拉曲（河）、多儿曲自川北流入境内外，其余支流均发源于该县南北的岷迭山脉中。

迭部县处于大陆气候与海洋性气候的过渡带，属非典型性大陆性气候，干湿季分明，季风气候特点突出，降水多集中在夏季，春季风多雨少，秋季阴雨连绵，沿河谷冬无严寒、夏无酷暑。县境所处地区的特殊地形地貌等因素，使得迭部地区的基本气候特征主要表现为：冬长无夏，春秋相接；冬无严寒，夏无酷暑；降水充沛而分布不均，春季风多雨少，秋季阴雨绵绵；因地形高低悬殊，水平差异大，垂直变化显著。

境内资源丰富，出产乔木、灌木、半灌木，木质藤本等多种木本植物，还有多种被国家重点保护的珍稀动物，全县已经发现金、铜等 18 种矿产。截至 2018 年，迭部县辖电尕镇、益哇镇、旺藏镇、腊子口镇、洛大镇、卡坝乡、达拉乡、尼傲乡、阿夏乡、多儿乡、桑坝乡共 5 个镇及 6 个乡、52 个村委会、233 个村民小组。

二、下迭藏族女子服饰概况

（一）下迭女子服饰分布区域及影响因素

服饰是人类与其生存的自然环境长期相互适应的结果，受到特定历史沿革、地理环境、生产方式、经济状况的影响。自古以来，迭部就是藏族部落居住的地方，曾有氐羌、鲜卑等少数民族栖居与繁衍生息。隋唐时期，吐蕃军队及其随从与当地氐羌、吐谷浑等部族相互影响，融合成今天的迭部藏族。诸多民族共同生活在同一地域的多元文化中，他们之间的关系必然影响着服饰文化。

---

① 迭部县地方志编纂委员会.迭部县志（1991—2010）［M］.中州古籍出版社，2017：49.

迭部县分为上、中、下三迭，上迭包括益哇、电尕等地区，卡坝、达拉、尼傲、旺藏、多儿、阿夏一带属于中迭地区，下迭包括桑坝、花园、腊子、洛大等地方。下迭藏族女子服饰在很大程度上吸收了西南羌的主要特征，如女子在头上缠绕黑色长方形头帕、盘发、裹腿以及尚黑红等习惯都是受西南羌的影响。传统的配饰"乃朵子"据说原本是由吐蕃时期人们用以辟邪的护身符演变而来的。这一现象说明，民族间的影响是交叉进行的，如上迭部等部分地区的习俗具有典型的藏族特色，而有的地方则留下了古老氏羌民族文化的痕迹。

影响下迭女子服饰的最直接因素应该是自然环境和物质生产两个方面。气候影响服饰形制、款式、色彩观念。迭部县气候湿润，下迭地区属非典型大陆性气候，干湿季分明，降水较多，森林资源非常丰富，加之山高谷深的地形，使得该地蚊虫、蛇等众多，影响了下迭女子的服饰样式。迭部物产丰富，资源众多，从前下迭服饰的制作材料主要以棉、麻、羊毛等为主，随着交通逐渐发达，年轻人对材质和色泽的要求不断提高。目前下迭女子服饰布料一般从外地进货，据裁缝店的姐姐介绍，她店里的布料一般都从江浙或成都进货。

（二）下迭女子服饰基本内容

下迭女子服饰由衣和饰组成，衣由上衣、下裳、头衣、足衣和配件组成。其中上衣又分为外套、衬衣、坎肩，下裳为裤，头衣为头帕，足衣分为靴、袜、护腿。配件分为腰带、围腰、臀围。饰主要分为发饰、项饰、胸饰、腰饰、尾饰、首饰、耳饰、体饰等。这里主要介绍的是衣的部分。

1. 头衣

下迭女子头包黑布帕，当地人称为"拉西（lag dkris）"，用2尺黑布顺叠成四方形扣在头上，脑后打结，将两片黑布角撇在耳朵两侧，微微包住耳朵，节日时用辫子在帕外缠绕一圈，辫子不长，则用黑色的假发或者黑色的粗线代替，现在的年轻人也有用彩色线的。帕外缠绕的物件不常用，一般只有节日穿传统服装时才用，下迭整个区域的头帕穿戴方法大致一样，没有太大区别，只是桑坝和洛大两地在绑法上稍稍有区别。桑坝的妇女平常戴头帕时一般会把两边的角收起来，但是洛大的只有节日穿正式传统服装时才会把角收起来，日常生活中放下来的两片黑布角撒在耳朵两侧。为了美观，现在的头帕边一般也会用彩色的布或其他材料装饰。

发饰主要是编在脑后的黑色长辫子。童年时只有一条辫子，未婚女子一般梳两条，抑或在编辫子时加入黑色棉线或五彩丝线与头发混编，从而使辫子体现出长粗黑的特点。一条辫子缠绕着头顶的黑帕，并会在头上包裹彩色的丝线，另一条辫子垂直于背后。已婚女子则梳三条辫子，一条同样缠绕头帕，其余两条放在背后。头上还戴"哈热"（zha+wras），背后辫子末端还会分别挂上大小一致的银圆盘，藏语称之为"乃朵子"。银盘上镶有珊瑚等贵重装饰品，一般在银盘边缘放四颗，中间放一颗，部分银盘还镀金。已婚妇女的脑后还有配饰——脑勺饰，长度不等，一般为七八寸，一头有两个圆形，一头是拱形的银制品，并且家境富裕者还会为其嵌上珊瑚、绿松石等。妇女不分老少皆喜戴银、铜制耳环"那龙"（rna lung），银质耳环直径6~7厘米，以大圆形为主，少数则戴金质或珊瑚质耳环。

图17　迭部桑坝妇女戴头帕（达瓦普赤 摄）

2. 上衣

下迭女子上衣包括衬衣、坎肩、外衣三种。最里层是衬衣，叫"哈吐"，颜色多为浅色。中间一层多为天蓝、花、绿等不同颜色绸缎缝制的低领短袄，称"几埃"，其中天蓝色最为普遍。短袄为立领，领口缝银制"板纽"。开襟处饰以阔边花纹布条两道，袖口边缘镶包2.1厘米宽的各色深浅布条。第三层是外套，黑布料或绸料的开襟坎肩，且不扣纽，劳作时另套无面羊皮坎肩。夏天坎肩一般是单的，冬天为了保暖，选择厚而里面有毛的布料。逢年过节时，外罩布、缎料大襟马甲，多有黑色边饰。腰系毛织大红、枣红色腰带，藏语称"给让（sked ring）"，服孝期则系白腰带。

3. 下裳

下穿黑色大裆阔筒裤，裤口宽大，宽45~50厘米，穿着时在脚踝处用自织花线带子扎起，呈灯笼状，亦称"灯笼裤"，用料多为黑色平绒、棉布、化纤及绸缎等。大裆裤的主要特点是裤腰和裤腿肥硕，裤腰要用彩色布条缠绕腰部加以固定，同样裤腿也用布带反复对折扎起，呈现出灯笼状。

从裁缝铺了解到，一般制作一条灯笼裤需要半天的时间，能用到1.5米长的布料，先量尺寸，再剪裁，最后缝制。目前在店内定制灯笼裤的时间，一般集中在节日前，根据布料的好坏而价格不同，便宜的50元左右一条，好一点儿的80元左右一条。①

---

① 访谈对象：郎X，藏族，女，迭部灯笼裤州级传承人，迭部县桑坝乡人。

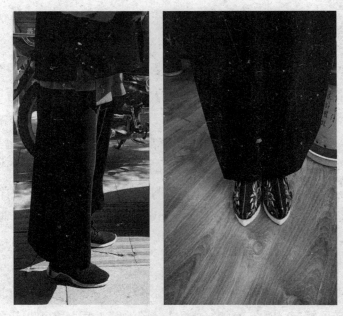

图18　灯笼裤（达瓦普赤 摄）

4. 鞋

下迭女子足穿手工制成的多层底绣花鞋"萨和"，鞋子尖头高筒，鞋底多层并且以麻线捻制而成，鞋面上精美的集合图案"连加"是其主要特点，一般在扎裤腿时也将鞋筒一并扎起，防止掉落，影响视觉美观。鞋底分3~12层不等，有独特的制作方式，是下迭妇女手工艺术的主要表现形式，最常见的鞋底是 6~9 层，鞋帮用硬布或褐子制作，中间锁梁尖头上翘。

图 19 绣花鞋（达瓦普赤 摄）

三、下迭藏族女子服饰的主要特征与重要价值

（一）主要特征

1. 地域特征

服饰是人们生存的最基本需求，是人类物质文化重要的构成部分，是人们在特定环境中的文化创造，它的形成、延续和发展不是偶然的、孤立的，而是与其所处的地理环境、生态环境、生产方式、人文环境等有着非常密切的关系。

下迭位于农牧文化互动区，历史上民族迁徙交往、民族文化交流频繁。自古以来，迭部就是藏族部落居住的地方，这块地上曾有氐羌、鲜卑等少数民族栖居与繁衍生息。加上其本身地理位置的独特性，上穿短衣、下穿裤子的特殊服饰有别于其他地区，甚至与迭部境内上、中迭的服饰也完全不同。

白龙江沿岸以农业为主、牧业为辅的下迭地区，在服饰用料的选择上相对于上迭较单一，布料以条绒为主，服装的款式比以牧业为主的上迭更加轻便、简洁、单薄。下迭服装不像上迭服饰那样，是上下连属的长藏袍，而是将上身与下身区分开来，上身着以天蓝色为主色的布衬衣，下身着宽大的大档裤，下裤口用自织彩带束口，地域特征浓厚。

2. 审美特征

下迭藏族女子服饰样式独特，花纹精美，颜色素雅，工艺精湛。黑裤子、黑马甲、黑头帕在颜色搭配上具有协调性；白色衬衣、黑色衣袍、红色腰带三色并置在一起，形成对比中的统一与和谐，使其白而不刺，黑而不漆，红而不彩，在色相与色度上造成一种悦目感；鞋子上以鸟形和花形为主的精美华丽的绣花图案更带来强烈的视觉效果。

因地处深山峡谷之中，这里有浩瀚的原始森林和温和湿润的气候，每年初春时节，满山遍地都是野桃花的芳香，生活在东部地区的迭部藏族妇女就地取材，将服饰的袖口用红、黑、黄三色彩线绣成图案。其多为桃花图，把野桃花的图案装饰在单一的服饰上，将自然与人融为一体。

3. 实用特征

迭部县海拔较高，紫外线强，下迭女子头戴黑帕，夏能遮阳，冬能防寒。全境重峦叠嶂，山高谷深，沟壑纵横，地形崎岖，岷迭山系的主要山峰基岩裸露，山体阳坡多为草坡和农田，阴坡多为茂密的原始森林，上衣绑腰、下衣绑裤脚能更好地行走于深山峡谷中，也便于劳作。

迭部县处于大陆性气候与海洋性气候的过渡带，属非典型性大陆性气候，干湿季分明，季风气候特点突出，降水多集中在夏季，春季风多雨少，秋季阴雨连绵，沿河谷冬无严寒、夏无酷暑，森林资源非常丰富。这使得该地蚊虫多，下迭女子绑裤脚不仅是为了行动方便，更是为了防止蚊虫、蛇以及湿气进入体内。

上衣外套黑色的坎肩，有些地方劳作时专门穿皮制的坎肩，外套的衣领、袖口、襟部以镶边或绣花来进行加固，这些都是为了防止衣服磨损，实现了实用性和装饰性的统一。下迭藏族女性服饰无论从款式、造型、色彩搭配和装饰上，还是从质地的选择上，都体现了其朴素的服饰文化，整体来看，服饰显得沉稳而大方。

（二）重要价值

1. 历史价值

从某个层面上讲，服饰是没有文字的历史文献，是认识一个民族最好的资料，也是了解一个民族的文化及生活习惯的一面镜子。从古至今，下迭女子的服饰总体上没有太大变化，但是其材质、颜色、样式等各方面有细微的变化，以前绑腿绑腰的习俗，如今也有部分年轻人改成松紧带；以前几乎以黑白两色为主，现在年轻人中出现艳丽的颜色。

2. 生态文化价值

下迭地区遍布浩瀚的原始森林，气候温和，雨量充沛，为各类巧生植物和农作物的生长提供了良好的自然环境。六月采摘各类野生菌类及藤菜，而这些山珍均生长在 3500 米以下的森林、草坡中，而且正值雨季，山区阴冷潮湿，生活在这一带的妇女为了适应这里的自然环境，喜欢穿羊黑皮子的黑色马甲，既保暖，又可在下山背东西时当垫肩使用。在腰间束宽幅的自制红色或白色的长腰带，裤脚绑紧，免被虫蛇叮咬。在采访当地村民时得知，以前物质资料匮乏时期，当地人就地取材，用当地特产的白芝麻皮压制贴身的白衬衣，可保暖及防湿防潮，现在的布料如前面裁缝店老板所说，都是从外进货。服饰的总体特征为上衣及裤子的颜色以天蓝色、黑褐色为尚，服饰以粗质面料为主。

迭部属于高山峡谷地带，羊肠小道，崎岖陡峭，树木满山，当地人出没往返于此，放牧、耕种、送肥、收割，行走于山路时，宽长的衣袍显得拖累，有碍于行动。因此，下迭女子服饰与其他涉藏地区最大的区别就是下穿绑腿的裤子，便于各种劳作，并且在地里干活或走山路时为了方便，在膝盖左右处可再绑，以减少衣服的磨损。

3. 民俗研究价值

如果说民俗生活是一个文化大花园，那么下迭藏族女子服饰正是花园中一朵朵馥郁的小花。换言之，当地的服饰丰富了其民俗生活，人们的着装已经构成了服饰形象，显示出无形的当地民俗。

下迭女子服饰丰富了当地的民俗文化生活，下迭女子服饰中黑白两色是主色，这可能和最开始的苯教信仰有关。在一般节假日，不同年龄段的女子都穿传统服饰，以展示民族服饰，增强文化认同。迭部这块土地上曾有氐羌等少数民族栖息并繁衍生息，后来与当地的原始部落融合形成当今迭部的藏族，现在的下迭服饰可以说是羌、藏等民族服饰文化交融的结果。下迭女子服饰体现了迭部所在区农牧互动、历史上民族迁徙交往、民族文化交流的区域特征，研究服饰是下迭民俗研究的重中之重。

四、下迭藏族女子服饰传承路径

商品交换和周边民族的相互交流，给原来较封闭的迭部注入了新的活力，并展现在传统服饰中。在这样的时代背景下，迭部服饰面临着巨大冲击，由于服装用料多、装饰烦琐、工艺复杂、制作困难、穿着不便等原因，不少迭部藏族青年已经不再穿自己的民族服装，在街头几乎见不到穿着民族服装的青年人。变化最大的要数鞋子的穿着，传统的藏式绣花鞋的制作是比较漫长的过程，做一双完整的多层纳底的布鞋需要耗费大量时间，而且妇女大多白天忙于日常劳作，没有时间专门忙于针线活，她们开始选择汉式的单层纳底布鞋。生活相对富裕后，为了方便，去商店买现成的各种款式的皮鞋、旅游鞋，比起传统的多层纳底布鞋，选择更多，因此许多年纪较长的中老年人身穿传统服饰，却足穿运动鞋。

交通便利的下迭受汉文化的影响较大，传统文化受到冲击，手工技艺传承情况不容乐观，随着老人们的逐渐逝去，越来越多的年轻人外出打工或上学，平常穿传统服装的人少之又少，更别说亲手制作服装的手艺人。一般只有乡下的老人会选择穿传统服饰，中年妇女越来越多地选择制作成本较低、干活简便、容易清洗的便服。目前桑坝的老年女性穿传统服饰的多一些，但是其他地方一般只有老人才穿，丰富的现代物质条件改变了她们传统的着装习俗。

非物质文化不同于物质文化，具有不稳定性，更加容易流失。尤其是在全球化、现代化及经济一体化的挤压下，非遗面临着从未有过的危险境地①。下迭藏族女子服饰亦是如此，面对这样的危机，每个人都应该承担责任，将下迭独具特色的藏族女子服饰继续传承下去。

（一）家庭教育应该加强孩子对服饰文化的认同

家庭教育是指父母或其他年长者在家庭内自觉地、有意识地对其子女进行教育②。家庭教育是整个教育大厦的基石，孩子在家庭中接受最初的教育和影响。可以说，家庭是传承传统文化的前沿阵地。

迭部县下迭藏族人历代以传统农业和游牧为主要生存方式，在生产的过程中，和其他民族的联系较少，因此有很多民族传统文化在这种生活环境中得以保存，孩子从小接触民族文化，耳濡目染。但是随着与外界联系的不断增多，下迭藏民族的生产方式发生了较大变化，很多人不再从事农业或牧业，而是选择外出打工，原有的生活圈可能被打破，并且越来越多的年轻人与其他民族通婚，对藏民族的文化认同越来越减弱，使得家庭本来具有的传承民族文化方面的功能有所减弱。

言传身教是家庭教育中典型的教育方式。在家庭中，年长的成员应该积极传承本民族服饰，为孩子起到模范作用，给孩子树立重视民族传统文化的意识，督促孩子减少玩手机和看电视的时间，给孩子多讲一些与民族服饰相关的传说或制作过程，帮助孩子树立正确的人生观和价值观，从而提高孩子对民族优秀文化的认同感。

（二）学校教育应该把服饰文化纳入教学计划

学校教育是对受教育者进行系统化、专业化教育的组织机构，是目前较便捷有效的文化传承场所之一。学校课堂中非遗传承的目的就是突破固有传承模式的局限，找到更多愿意继承非遗的人，并且学校可以给他们提供学习的资源和机会。目前迭部的学校教育也有少量的非遗元素，但是过

---

① 雒庆娇.甘肃省少数民族非物质文化遗产保护研究［M］.北京：商务印书版，2015：8.
② 中国大百科全书（教育卷）［M］.北京：中国大百科全书出版社，1985：142.

于形式主义，其实际作用并不明显，很多学校对非遗传承重视度不够，没有专门的教师，也没有相应的课程安排。

如果在迭部的每一所中小学中开设一些有关下迭女子服饰的兴趣班，定期举行相关教学，那么时间久了，相信孩子们对服饰制作的兴趣会有所提高，而且很可能出现志愿加入传承人行列的青年。学校兴趣班的上课形式也应该是丰富多样的，比如教师可以邀请女子服饰传承人走进课堂，现场教学，给学生带来真实感和新鲜感。

（三）社区教育应该培养民众对下迭女子服饰的兴趣

社区教育是在特定的社会范围或者区域之内，以提高特定范围内人群的素质为目标，充分利用各种教育资源，通过各种教育方式开展的多样化的、能够促进区域社会发展的社会教育①。当家庭教育受到现代化的冲击，学校教育表现力不从心时，社区教育在传承非物质文化遗产方面的作用越发重要。

迭部县现有的非遗协会为当地非遗传承工作做出了很大贡献，让更多人参与了非遗传承工作，非遗协会老领导们的精神是值得我们学习的。当然，其现有规模不算大，如果底下有负责各个项目的部门，则非遗保护工作会更加顺利有效。

专门负责服饰传承的部门可以定期组织服饰制作分享会，通过微信等多种渠道和方式向参与社区教育的人展示非物质文化。这样有助于培养大量的认同、消费以及享有服饰文化的群体，下迭女子服饰就更容易走进民众心里，融入民众基因，形成全民参与的良好局面。

（四）政府应该加大对下迭女子服饰传承的扶持

在民族传统文化面临衰败风险的今天，加大对非遗资金的扶持力度成为各级政府和财政部门的共识。面对迭部众多非遗项目走向消亡，对政府的抢救工作提出了新的要求。

---

① 宋倩雯. 基于非物质文化传承的社区教育实施路径研究 [J]. 中国成人教育，2017（11）.

20 世纪末，迭部县政府已经开始对迭部藏族女子服饰进行挖掘整理，在出版的《多彩迭部》和《迭部藏族民俗文化》等书中也有与下迭藏族女子服饰相关的内容，但是过于简洁，没有系统介绍。

过去迭部县政府对下迭女子服饰传承方面有资金的支持和政策的扶持，但也存在调查不全面、抢救不充分的问题。未来政府在保护和传承非遗方面应该继续承担相应责任，除了资金的支持，还应该培养扶持有代表性的传承人，对传承人的裁缝店提供一些资金上的支持，扩大店面，扩充人员，增加店铺影响力。通过现代媒体技术，除了文字记录外，还应该将传承人制作服饰的视频和录音也保存下来，并通过宣传手段推广开来，让更多的外地人了解下迭女子服饰的独特魅力。

（五）传承人应该极力发挥自身的传承作用

物质文化遗产与非物质文化遗产保护的差异在于前者的传承过程中不存在"传承人"，而后者的存在与传承人离不开。也就是说，一旦传承人消失，原形态的非物质文化也就不复存在了[1]。在下迭女子服饰传承岌岌可危的现在，传承人的作用显得尤为重要。下迭会制作传统女子服饰的老人相继去世，传承人认定工作并未全面展开，此时已认定的传承人身上的责任重大，其应该发挥自身优势，将传承工作做到位。

非遗传承人一般通过师徒传承和家族传承两种方式将传统文化留存下来。在迭部现有的传承中，两种传承方式都少见，而且有些传承人觉得将手艺教给和自己没有血缘关系的人，将来会被抢饭碗，面对传统服饰文化消亡的危险，这种思想不可取。传承人应将更多对服饰制作感兴趣的年轻人招收为徒，一起传授，这样才能壮大传承人队伍。

---

[1]　祁庆富，史晖. 少数民族非物质文化遗产研究［M］. 中央民族大学出版社，2015：15.

参考文献

［1］迭部县地方志编纂委员会．迭部县志（1991—2010）［M］．郑州：中州古籍出版社，2017.

［2］雒庆娇．甘肃省少数民族非物质文化遗产保护研究［M］．北京：商务印书版，2015.

［3］祁庆富，史晖．少数民族非物质文化遗产研究［M］．北京：中央民族大学出版社，2015.

［4］交巴草．迭部藏族女性服饰研究［D］．北京：中央民族大学，2015.

［5］杨文才．多彩迭——民俗风情［M］．兰州：甘肃民族出版社，2011.

迭部香包调查研究

李冬雪[1]

习近平总书记指出，中华文化延续着我们国家和民族的精神血脉，既需要薪火相传、代代守护，也需要与时俱进、推陈出新。迭部香包技艺是甘肃省众多非物质文化遗产中的一朵奇葩，是迭部藏族人民在长期的生产生活中，结合环境、生产、社会等因素创造出来的产物，是当地传统美术与手工技艺的完美结合。

图 20 迭部香包（李冬雪 摄）

迭部香包造型独特，种类多样，线条简洁，色彩丰富，对称和谐，平

---

① 李冬雪：兰州大学西北少数民族研究中心硕士，现为北京市大兴区长子营镇综合行政执
    法队干部。

衡统一，具有农、林、牧结合的典型区域特征和藏族民族特色。

一、迭部香包的地理环境及其分布

迭部地理位置独特，自然资源丰富。长期以来，在独特的自然地理环境中，勤劳朴实、勇敢智慧的藏族人民有感于山川江流、花草树木、节气时令，创作出了文学故事、歌舞音乐、民谣谚语等绚丽多姿、丰富多彩的民族文化，传承下了节庆活动、饮食服饰、手工技艺等色彩浓郁、古朴淳厚的民俗风情。迭部香包即是其中一种民间非遗艺术的载体。

（一）地理位置

迭部县位于甘肃省甘南藏族自治州南部，青藏高原东部边缘甘川交界处，地处秦岭西延，岷、迭山系之间，北靠卓尼，东连舟曲，东北与岷县、宕昌县毗邻，西南分别和四川省若尔盖县、九寨沟县（原名南坪县）接壤。迭部县总面积为5108.3平方千米，辖11个乡镇，人口以藏族为主，有藏、汉、回、蒙等多个民族生活于此。县境内乡镇按照习惯又分上、中、下三迭，其中益哇、电尕两镇为上迭，卡坝、尼傲、旺藏（含花园）、达拉、多儿、阿夏等乡镇为中迭，桑坝、腊子口、洛大等乡镇为下迭。

（二）自然环境

迭部境内高山林立，沟壑纵横，山高谷深，地形崎岖，地势西高东低，自西北向东南倾斜。白龙江干流自西向东从中部横穿迭部全境，将北部迭山、南部岷山分割开来。中部沿河谷地带地势较低，为主要的农田分布区，南北山脉区域阳坡多为草地和农田，阴坡多为茂密的原始森林。迭部全境天然植被良好，生态环境优美。

森林繁密、草原广袤、高山林立、河流湍急，独特的自然地理环境使得迭部有着森林、草原、水资源、动物、植物以及矿产等丰富的自然资源。迭部是省内主要的木材生产基地，全县森林覆盖率为58.32%。1989年对木本植物种类资源的调查鉴定显示，迭部县境木内本植物种类有60

科，123 属，314 种①。白龙江干流在境内流域长 120 千米，落差 900 米，坡降 8.2%，平均径流量为每秒钟 80 立方米，与两岸大小 30 条支流构成了丰富的地表水资源②。迭部动物资源丰富，共有爬行纲 9 目 16 科，鸟纲 12 科 34 种，被列入国家重点保护的珍稀动物有大熊猫、羚羊、雪豹、金猫、斑羚、林麝、淡腹雪鸡、兰马鸡、水獭、水溪鲵等 21 种。境内已发现金、铜、钒、锌、钼、钴、汞、锑及铀、煤、磷等 18 种矿产，发现各类矿产地 36 处。

（三）分布区域

迭部香包有针线包（khab khug）、荷包（bzang khug）、护身符（bsrung vkhor）、擦萨（vphan tshar）、烟袋（du khug）、裁缝袋（bzo khug）等多个种类，分布在全县各个区域。其中，荷包、针线包、擦萨主要分布于中迭、下迭区域。

二、迭部香包的历史渊源

香包的记载由来已久。在中国古代文献中，香包被称为"缡""香缨""香球""佩帏""容臭""香袋""香囊"等。《黄帝内经》《神农本草经》《诗经》《礼记》《尚书》《离骚》等经典中都有香包的相关记载。汉族香包制作加工的历史离不开蚕桑和丝绸的出现，以及男耕女织的农业生活。迭部香包的产生及历史则与农林牧结合的自然环境和耕牧结合的生产生活方式密不可分。在漫长的历史时期，受社会制度、山高谷深的自然环境、闭关自守的政治因素影响，迭部舟车不通，条件落后，直至中华人民共和国成立前仍保留着刀耕火种的生产方式，迭部人民的生产生活主要围绕着耕牧展开。

迭部香包的前身可以追溯到金属火镰、嘎乌盒以及皮质的针线包。传

---

① 宁学义. 迭部县志［M］. 兰州：兰州大学出版社，1998：4.
② 同上。

统上迭部地区布料匮乏，当地制作衣物，只能用牛、羊毛搓成毛线，用毛线纺布、编织，或者用胡麻皮中的纤维制成粗线，做成土布，直到现在，迭部境内的布料也都是来自成都、兰州等周边城市或苏浙沪地区。因此，古代人们多携带银质或者皮质的针线包、护身符，如火镰、噶乌等，针线包也多为动物皮子制成。现在家家户户依然可以见到已经闲置淘汰的火镰、皮质针线包。

图21　皮质针线包（完么吉 摄）　图22　火镰（李冬雪 摄）图23　皮质针线包（完么吉 摄）

　　针线包、火镰、护身符的出现和使用与迭部人民所处的环境和从事的生产生活活动密不可分。以往火镰、针线包主要为男子佩戴，因为迭部山大沟深、植被茂盛，人们在放牧或耕作过程中，衣物很容易磨损或者被植物挂裂，携带针线可以随时缝补。另外，身体不小心刺入植物的尖锐部分，用针也可以及时挑出。出门几天，可以随时生火，同时荷包里面放麝香或蘸有麝香的艾绒，可以防止被蛇虫侵扰。藏族传统服饰中没有口袋，荷包也可以用来放置首饰、零钱等贵重物品。佩戴护身符可以护佑平安，防止邪祟入侵。

　　随着经济的发展、社会交流交往的深入、物质资料的丰富，更加柔软、轻便、美丽的布料成为现在香包制作的原料，香包的材质、种类、样式等都得到了丰富和发展。由于香包的实用功能不断弱化，装饰性作用增强，佩戴者也由男性转变为女性。

三、迭部香包的造型分类

迭部香包造型独特，种类多样，其中特点比较突出的有针线包（khab khug）、荷包（bzang khug）、护身符（bsrung vkhor）、擦萨（vphan tshar）、烟袋（du khug）、裁缝袋（bzo khug）等多个种类。

（一）针线包

藏语中称"khab khug"，"khab"是"针"，"khug"是"包"，"khab khug"即为"针线包"的意思。"khab khug"主要分布于下迭地区，造型多样。包体分为包套与包芯两部分，包套与包芯可拆分、组合，包芯上端固定有环形穿绳，绳子连接着包芯从包套下端穿过并从包套上端小孔穿出，拉紧绳子后，包芯就与包套组合在一起了，多挂于上衣的第一个盘扣上。包芯内有羊毛填充，上穿有多枚细针并缠线，包体下方还垂有三条彩线做成的垂穗。使用时抽拉垂穗，便可将包芯拉出。

图 24　服装店销售的针线包样配饰　　图25　女性随身佩戴的针线包（李冬雪 摄）
　　　　（李冬雪 摄）

"khab khug"最经典、最常见的，造型形似缩小版的奶钩。长条状的布包下端向两边高高翘起，左右对称。我们知道，牛奶是藏族主要的食物和经济来源，挤牛奶是藏地牧区女子的重要劳作。因牧区多山地，凹凸不平，人们在挤牛奶时便用奶钩将奶桶挂于身上，便于劳作。渐渐地，奶钩发展成一种服装配饰，奶钩这种对称协调、简洁明快的造型深深地影响了人们的审美。当地有人认为这一造型酷似牛头，牛头装饰在藏人生活中随处可见，不管是桑台、屋顶、门口，还是客厅，都能见到用牛头做成的装饰品。藏人认为牛头可以镇宅，护佑平安。

除奶钩形，"khab khug"还有花朵、竹筒等造型，都有包芯、包套搭配，美观实用。包套制作时大都使用上浆工艺，从而使布料硬挺，方便剪裁与缝制，同时兼具结实耐磨等优点。"khab khug"造型小巧精致，纹样简明质朴，除了装饰性作用外，包芯上的针可用于缝补衣物，同时，劳作时手上有刺扎入还可用针挑出，兼具装饰性和实用性特点。虽然随着时代的发展，劳作与缝补的功能渐渐弱化，"khab khug"却并未消失，逐步成为一种服装饰品，是美的体现。

（二）荷包

图26 荷包（李冬雪 摄）　　　　图27 荷包（李冬雪 摄）

藏语中称"bzang khug"，"bzang"是"好"的意思，"khug"意为装"好东西的包"。"bzang khug"是一种方形带盖的手工缝制包，巴掌大小，从颈部佩戴挂于胸前，包身通常由几种不同颜色的布料拼接缝制而成，包盖上缝有纽扣、彩珠、宝石或彩线等作为装饰，线条简洁、色彩鲜艳，又协调美观。

"bzang khug"最常见的造型为马鞍形，从正面来看，包盖上的纹路形似马背两侧垂下的马鞍。包内可存放项链、耳坠、戒指等饰品，也可放置麝香、艾绒等香料药草，或者零钱、糖果、盐块、针线等生活用品。在迭部一位80岁的奶奶家里，我们见到了她珍藏的荷包，里面放了从田里捡来的贝壳化石、金矿石原石颗粒、项链耳环、绿松石等，他们将自己最珍爱的东西放置在这个藏语意为"好东西的包"里。

图28 荷包内装饰品（李冬雪 摄）　　图29 荷包内装化石、绿松石（李冬雪 摄）

（三）护身符

藏语称"bsrung vkhor"，是一种手工制作的封闭式香包，内放有佛像、经文等特殊物品。藏族人民都有佩戴护身符的习俗，佩戴护身符被认为有驱邪襄灾、避祸祈福、护佑平安的作用。与同为护身符的金属嘎乌盒不同，嘎乌盒佩戴于衣服外面，被认为具有护佑平安、防雷击等作用，是传统服装配饰的一种。护身符一般贴身佩戴，尺寸视所放物品决定，大小不一。

护身符佩戴多有讲究，必须正面朝外，因此制作护身符时一般会在正反两面留有记号以作区分。护身符不佩戴了或者摘下时也不能随意放置，上迭地区一般会在煨桑时将护身符放入煨桑炉中烧掉，中、下迭地区一般悬挂在家里的窗边、墙壁、柱子等比较干净明快的地方，也有的将其挂在神山圣湖旁的拉则、大树上。

图30　护身符（李冬雪 摄）

（四）擦萨

藏语称"vphan tshar"，康巴地区男女和甘肃白龙江沿岸藏族妇女佩戴擦萨，其他地区的藏族一般不佩戴这种饰品。康巴藏族称其为"盘擦"，迭部藏语称"擦萨"，迭部藏语应为对后字"tshar"的重复。在迭部，"擦萨"指的是一种布艺的头饰发坠，主要流行于下迭区域。在节庆当天、歌舞活动等比较隆重的场合，藏族女性穿上盛装，头上也装饰起来。下迭的已婚女性多会梳当地称为"苏兰"的一种发型，即三条辫子，一条辫子盘在头帕上，身后垂下两条辫子，每条辫子上挂有称为"乃朵子"的银质圆盘，每个圆盘下就坠有一个擦萨饰品。也因此，"vphan tshar"一般成双佩戴，造型有蝴蝶形、蝙蝠形、花朵形等，尾端垂有三条或五条彩穗。"vphan tshar"最早由彩绳编织，后由于布料制作简单美观，现多为布料缝制，中间填充羊毛或棉花。

在康巴地区，"vphan tshar"多为男子佩戴，男子绑在辫子尖端，盘系在头上，显得英俊潇洒，也有的系在藏刀之柄，显得更加美观。白龙江畔的藏族妇女将其系在发辫尖端，随发辫在背后小垂，寓意麦穗下垂，麦粒饱满，丰收在望。

图 31 擦萨（李冬雪 摄）

（五）烟袋

藏语称"du khug"，"du"是"烟"的意思。"du khug"也是手工香包的一种，但随着工业香烟的普及，目前烟袋多为老人在使用。烟袋为竖口长方形，尺寸较大，袋口上端多为抽绳设计，包体外还留有一层小布袋，用来放置火柴。烟杆插到插袋里，绳口收紧，外面装着火柴，这就是我们常见的样子。据当地老人解释，山上多蛇虫，因此放牛或劳作时多会抽烟，他们认为抽烟除了解乏，还有防蛇的作用。

在当地的民间传说中，从前有人在山上放牛，突遇大雨，此人便到松树下躲雨，躲雨的同时拿出烟袋抽烟，树上有一毒蛇，本欲攻击放牛人，但被烟味熏晕了头，从树上掉了下来，放牛人躲过一劫。因此，烟能防蛇便流传开来。

（六）裁缝袋

藏语中称为"bzo khug"，为两片式长方形布袋，造型简单，功能类似针线包，但尺寸较大，里面除装针线外，还可以装布料、剪刀等缝纫相关物品。包身上端留有较长的布条，布条头上钉有纽扣，东西装好后，将裁缝袋卷起，再将布条缠绕在包身上起到固定作用。"bzo khug"主要有便携实用的特点。

图 32　裁缝袋（李冬雪 摄）

四、迭部香包的主要特点

（一）造型兼具农牧特色

在传统的农业社会，人们多用百子图、葫芦（福禄）、石榴等造型和意向来表达对于多子、多福、多寿的美好期待，如庆阳香包，仅葫芦造型就有多种式样。而迭部香包的经典造型，如奶钩形（或牛头形）、马鞍形、花朵形、蝴蝶形、蝙蝠形等，兼具农牧特色。尤其是奶钩（或牛头）、马鞍的造型在从事农业生产为主的地区基本不会出现。

（二）实用功能突出

与汉族香包的熏香、醒脑、传情达意等作用不同，产生于生产生活的迭部香包仅根据功用就可分为缝补、挑刺、防蛇虫、辟邪、置物、药用、装饰等多种功能，实用性突出。

（三）使用广泛

即使在当代，迭部香包也一直是迭部藏族女性不可或缺的日用品，其佩戴时间、使用场合并不限于端午节等特殊节日，年纪稍长的藏族女性日日都会佩戴针线包，针线包已经成为下迭女性民族服饰的基本配饰。另外，护身符、荷包等也使用广泛。

五、迭部香包的重要价值

迭部香包反映了迭部人民社会生活发展变迁的历史，展示着着装、节日、歌舞等民族风情，体现了迭部藏族人们鲜艳大胆、简洁明快的审美，流传出许多脍炙人口的歌曲、传说，具有极高的历史文化价值、民俗研究价值、艺术审美价值、实用价值及社会价值。

（一）历史文化价值

迭部香包的产生发展与迭部藏民族的生产生活密不可分，香包的变化发展从侧面反映了迭部人民的社会生活发展，可以说，香包的发展史在一定程度上就是迭部民众社会生活的变迁史。通过对香包材质、造型、技艺、功用以及文化等进行挖掘研究，可以探究和佐证迭部地区的历史发展和生产生活状况。

（二）民俗研究价值

从人们生产生活中发展而来的香包与民俗文化结合得十分紧密，如流行于下迭的针线包很少单独佩戴，往往搭配下迭服饰出现。对于针线包、荷包等，一般女孩子在 15 岁或 18 岁之后才开始佩戴，因为当地人们认为15 岁或 18 岁之后女孩子就长大了，可以拿起针线，到 70 岁之后，一般就不佩戴了，因为身体已经不便于继续干活了。人们放牧时佩戴放有麝香的荷包或者抽烟来防蛇，因为当地人们认为人身体的虎口位置是阴阳的分界线，惧怕蛇从虎口位置爬过。民间歌曲中也有"今天是个吉祥的日子，我们大家聚在一起，唱啊跳啊，唱得针线包里的针都掉了一地"这种唱词。

（三）艺术审美价值

迭部香包线条简洁，色彩丰富，对称和谐，平衡统一，极具艺术审美价值。迭部香包线条感强，一件香包制品上往往有红、黄、蓝、绿、桃红等多种颜色，简洁明快的线条与丰富艳丽的色彩碰撞出了具有当地民族特色的香包制品。迭部香包具有很强的平衡性，不管是针线包、荷包、护身符，还是擦萨、烟袋等，从外部轮廓到内部结构都呈现出左右对称性，包括包面的刺绣纹样也都追求左右分量的平衡。针线包、擦萨下端都有彩色的垂穗，垂穗数量多为3、5等单数，除了传统吉祥数字的寓意外，包体的中轴对称、协调统一也是其重要考量。香包包面上有纯手工的花草刺绣纹样，有的还用宝石点缀，制作精美，包体周围采用独特的绣边工艺，针脚细密，装饰性强。

（四）实用价值

迭部香包最先无疑是作为具有实用价值的工具包出现的，如针线包里放置针线，可以满足人们缝补衣物和挑刺的需要，荷包里放有麝香或蘸有麝香的艾绒挂在胸前，在山上放牧休息的时候可以防止毒蛇袭击，艾绒烧灰还能消炎止血等，实用价值较强。

（五）社会价值

除历史文化价值、民俗研究价值、艺术审美价值、实用价值外，迭部香包在社会交往、旅游消费以及带动经济收入等方面还存在诸多社会价值。

参考文献

[1] 宁学义. 迭部县志 [M]. 兰州：兰州大学出版社，1998.

[2] 杨高峰. 迭部史话 [M]. 兰州：甘肃文化出版社，2010.

[3] 夏婷婷. 汉族民间荷包艺术研究 [D]. 江南大学，2015.

[4] 徐成文. 漫话庆阳香包 [J]. 神州民俗，2015（9）：26-27.

[5] 渠丹丹. 传统服饰中的徐州香包研究 [D]. 苏州大学，2013.

[6] 赵涛，韦凯. 浅谈庆阳香包的艺术文化 [J]. 美术大观，2011（03）.

迭部青稞酒酿造技艺调研报告

刘　媛①

一、初遇非遗

2020 年 8 月 9 日，笔者坐着开往哈达铺的动车，第三次前往田野点——甘南藏族自治州迭部县。第一次去迭部县时，笔者还是研究生一年级的新生，现在已经忙着准备毕业论文。在此，笔者想记录下自己调研迭部非物质文化遗产，特别是调研青稞酒酿造工艺的成果和经历，也算给自己的这三次调研做一个完美的总结。

2019 年 8 月 12 日，由路旻师姐带队，我们先坐火车到岷县，后在岷县坐前往迭部的班车。之前一直听阿旺嘉措老师和师兄师姐们说迭部，但没有现实感，如今在前往的路上，笔者觉得很新奇，一路看山，看白龙江，看树。但是迭部真的好远好远，路也很窄很曲折，就这样摇摇晃晃，我们到达了迭部县城。我们住的宾馆对面是虎头山，笔者看过它阴雨天的朦胧模样，也见过白雪覆盖它的壮丽模样，当然见得最多的还是它在阳光明媚下憨态可掬的模样。

第一次到迭部时，也是笔者第一次接触非物质文化遗产这个研究方向，当时笔者还不知道，往后的人生会与它密切关联。在迭部非物质文化

---

① 刘媛：兰州大学西北少数民族研究中心 2018 级硕士研究生。

遗产研究协会老师们的带领下，我们参观了迭部县的博物馆、民俗馆，与迭部民俗专家杨文才老师进行了亲切的会谈。文化馆的工作人员给我们讲述了迭部非物质文化遗产的保护现状，大家都勉励我们对迭部丰富的非物质文化遗产进行学术研究。

迭部地处甘肃和四川的交界处，被称为"汉藏走廊的中心之门"，这里的物资更多是从四川采购的，饮食与川渝十分相似，每天的调查结束后，就能品尝到迭部的各种美食。每晚的总结会尤其难忘，大家一起讨论迭部的非物质文化遗产项目，一起观看非遗研究协会的老师们拍摄的纪录片，十多天的调研时光一眨眼就过去了。在十多天的调研中，最有趣也最令人难忘的是去迭部县扎尕那——咚哇村进行迭部榻板房的实地调研。

图33 扎尕那咚哇村榻板房（刘媛 摄）

扎尕那，藏语意为"石匣子"，距迭部县城28千米，地形既像一座规模宏大的巨型宫殿，又似天然岩壁构筑的完整古城，它雄居迭山山脉之间，平均海拔4000米，集石林、峭峰、森林、田园及村寨于一体，降水量大且多集中在夏季。我们一行在迭部非物质文化遗产协会老师们的带领下，来到扎尕那调研榻板房制作技艺。从迭部县城驱车将近40分钟便抵达了扎尕那咚哇村，村对面即是一座高山，山上是高高大大的树木，但木匠爷爷告诉我们，村里修房屋要再翻两座山头，那儿的树木更大更直，一般村里一家修房屋，全村都会出动帮忙。我们一行来到咚哇村中榻板房历史最悠久、保存最完好的院子里。这户人家住着一位老奶奶和她上三年级的小孙子。这栋房子的面积不大，其主要的建筑材料是泥土和树干。榻板房在正房平顶部另外架起两檐木椽屋顶，在木椽屋顶上顺斜坡再盖宽20厘米左右、长1.5米左右的松木榻板，上排压下排，交接处横放半圆形细长条木杆，然后有石块压住，以防风吹错位。房檐前后泄水处横架一条凹型木槽，倾斜伸向院外以引屋顶雨水。屋顶正前方一面敞开不隔，其余三面编藤条篱笆，抹上草泥隔成围墙，有的也不上草泥，或用皮板粗略钉住，里面堆放柴草及农具。榻板房架下的平房为正房，紧挨正房檐下分左右盖廊房，廊房平顶上盖一层厚厚的三合土，并与正房连为一体。正房高出廊房1米左右的部分装一溜长方形的花格窗用于正房室内的采光。左右廊房相距较近，与正房大门墙共同围成小天井，用一根木头做成独木梯，从门口斜搭至廊房檐，通向廊房顶。廊房顶部常清扫得很干净，供主人晒粮食、衣服或干零星家务活。在老师们的帮助下，我们有幸采访了两位年老的木匠，他们年轻时在扎尕那非常有名，修建了许多榻板房。他们身穿藏族服饰，手里拿着斧子，腰上别着藏刀，用藏语讲述着关于榻板房修建的过程。

图34　建造榻板房的木匠爷爷（刘南平 摄）

这是笔者第一次接触藏族的传统建筑，那是木和土结合的工艺，完全依靠藏族的传统智慧。住在古老建筑里的奶奶也让笔者觉得惊奇，她一点儿汉语也不会讲，笔者藏语又只会一点儿，我们的交流完全靠才让师兄翻译。她告诉我们，自己从来没有离开过迭部，我们与她拍照，也是她第一次拍照。奶奶的儿子和媳妇一年的大部分时间都在牧场，她一个人把小孙子拉扯长大，扎尕那咚哇等几个村子牛羊多，但草山很少，所以都是在卓尼和岷县等地借牧（在别人的草地上放牧），家里的青壮年一年四季除逢年过节或村子里有重大活动要回来以外，一般都在牧场。我们一大群人来到她家，让她有点儿局促不安，但还是友好地接待了我们。

二、村落青稞酒酿造工艺

2019 年的最后几天，笔者和李冬雪又坐上了开往哈达铺的火车，所幸我们在的几天中没有下雪，但是天气是格外冷，风是格外刺骨。这次调研之前，笔者已经申请去台湾铭传大学交换五个月，笔者当时应该是很期待去新的地方学习，所以环境很冷，心却是很暖和的。那时笔者还不知道人生充满了很多难以预料的事情。那次调研之行的最大收获，是在旺藏镇茨日那村加木草阿姨家实地调研了迭部青稞酒的烤制过程。阿姨家有四口人，阿姨 22 岁从邻村嫁到茨日那村，有一个女儿、一个儿子，女儿在迭部藏中当数学老师，儿子不喜欢读书，但也乖巧伶俐，在迭部干活。阿姨跟笔者说，她嫁过来时买的一块压陶缸的石块已经用了 27 年了，阿姨还拉着笔者详细介绍了茨日那村制作酒曲的过程。这次调研内容也撑起了笔者论文的田野调研部分。

12 月 24 日，在刘南平老师的帮助下，我们来到了旺藏镇茨日那村加木草阿姨家，阿姨给我们讲了酒曲的制作、青稞酒醅的制作和青稞酒的烤制。

（一）酒曲的制作工序

酒曲的制作一般在五六月，天气转暖的时候。要在大暑前后最热的时候做酒曲，不然很难发酵。等到山上的一种花（曲子花）开花时，便可以准备制作酒曲。迭部县旺藏地区的酒曲相较于舟曲地区，有它的独特之处。舟曲地区的酒曲中会加入很多药材，如党参、当归、柴胡、黄芪、芍药等，还加入了谷穗、高粱、南瓜、红枣、石榴、柿子、松塔、核桃、无花果和蜂蜜等配料。迭部县旺藏地

图35　家庭手工做的曲子（刘媛 摄）

区的酒曲中不放药材，只放一种叫作曲子花的植物，这种植物是制作酒曲最重要的原料，这种植物只在迭部县旺藏镇茨日那村附近生长，其他地方没有。旺藏镇茨日那村海拔低一些，气温高一些，有利于发酵。这种植物主要起发酵作用，每家每户都会上山去摘曲子花。酒曲里还加各种胆汁，有熊胆、麝香（过去加熊胆和麝香，现在用牦牛胆替代。熊胆和麝香都只放一点点，是做引子用的），以及牦牛胆、兔胆、鸡胆等，这些胆在先前杀牲口时储存起来，在做青稞酒酒曲时再放在水里化开。茨日那村关于各种胆汁还有歌谣："酒喝了脾气大，耍酒疯，拍桌子，熊的本事有的呢，胆子大；胆子小了悄悄坐下了，兔子的胆子有的呢；酒一喝早早起来了，鸡的胆子有着呢；喝下了花的酒，心情开朗好得很。"以前，迭部地区的青稞酒是不加藏红花的，一是迭部地区不产藏红花；二是交通不便，迭部地区也没有卖藏红花的。现在一些家庭中加藏红花，也是根据自己的需求而添加，藏红花对青稞酒的产量和颜色都有影响。

图36　挂在房梁上风干的曲子（刘媛 摄）

　　曲子花和各种胆汁与水、青稞面、麦麸的比例都有严

格的规定。制作酒曲的技艺是由家庭传下来的，但外面的人想学也是会教的。首先把曲子花放在水里煮开，然后将花和叶子取出，待晾凉（曲子水一定要放凉，如果水太热，最后出的青稞酒会酸掉）后，加入化开的胆汁水，然后按十斤青稞粉加多少水的比例搅拌。在加水搅拌青稞粉时也会加上往年的酒曲。迭部县旺藏镇茨日那村会做酒曲的人家不多，一年一季开始做酒曲时，村子里的人们会带上自家准备的青稞粉、曲子花和一些礼物（一小瓶自家酿的青稞酒，或买的酒，或一瓶饮料，或一袋茶叶等）到做酒曲的人家。在做酒曲的人家中，大家一起搅拌青稞粉，把它捏成乒乓球大小的小饼子，挨着摆在墙角。捏好的青稞饼放在用两种草铺的垫子上，草的味道也会渗透进青稞饼里，再在青稞饼上撒上之前酒曲磨成的面以促进发酵，用干净点儿的棉被焐着，让它发热长出霉，整整发酵 24 个小时。第二天，各家各户用背篓背回家中，再在阴凉处阴干两天，待完全干硬后，用绳子穿起来挂在阴凉的屋檐下。各家各户青稞酒的味道差别不大，

其差别主要在烤制过程，火太大会造成青稞粒粘锅、有煳味，火太小也会影响口感。旺藏镇的酒曲不外销，就本村人自己使用。村子里面的人不习惯喝舟曲酒曲酿出来的青稞酒，认为舟曲青稞酒药材的味道太大，压过了青稞本身的味道，影响口感，真正的青稞酒只有青稞的味道。

（二）酒醅的制作工序

制作酒醅的最好时间是每年桃花开的时节，没有固定的日子，在花期的一两个月内做都是可以的。各家各户将准备好青稞洗净

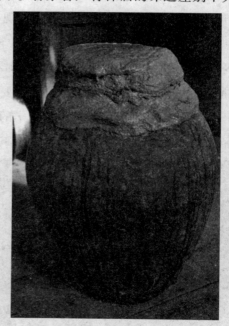

图37 储存青稞酒醅的陶缸
（杨任前老师 摄）

后倒入大的铁锅中，煮制七八分熟（青稞粒开花即可）后捞出，在房子里的阴凉地方用竹篾筐晾凉，不能放在太阳下暴晒。在煮熟的青稞上按比例撒上酒曲，再用棉被盖上，发酵一整天后即可装缸密封，一定要用泥巴密封缸口。在阴凉的房间静置七到八个月的时间，这样就成了酒醅。如果酒醅发酵的时间太短，酒的味道没有那么大和香。酒醅用 100~200 斤不等的大缸乘放，在静置的这七八个月中，封土是不能打开的，打开酒的味道就跑出去了。酒醅经过蒸馏工艺后就变成青稞酒。青稞酒是用 10 斤左右的小缸，静置 2 个月左右即可开封。在迭部县旺藏镇茨日那村 3 斤左右的青稞酿 1 斤左右的青稞酒，这是一种浓度和纯度都是最好的青稞酒，差一些的 2 斤青稞能出 1 斤青稞酒，它的青稞浓度不高，味道偏淡，不太辣。舟曲地区是 2 斤青稞出 1 斤青稞酒，这好像跟舟曲地区的曲子有很大关系，舟曲地区曲子药效大，人喝了后有轻微头疼、口干舌燥之感。一锅（30 斤发酵的青稞）一般是出 8 斤左右的青稞酒，把先流出来的 4 斤青稞酒放到一边，这个时候青稞酒的度数是比较高的，当地称为头道青稞酒。头道青稞酒一般在家中来重要客人时才拿出来喝，这时的青稞酒是一斤 30 元。酿酒时，头道青稞酒后面流出的 4 斤和 4 斤头道青稞酒用一个铜壶接，后面 4 斤的青稞酒的度数调和了前面度数偏高的青稞酒，使 8 斤青稞酒的度数整体偏低。

年轻一代做青稞酒的人很少，都是家里面的老人做，年轻一代大都选择出去上学、上班、打工。现在的年轻人都不太愿意做青稞酒，嫌青稞酒制作过程烦琐。现在买酒也十分方便，家中有事时，年轻人都喜欢在商店里买酒。现在做青稞酒的很少，一般是农村里的人家做，然后拉到县城去卖。在迭部县旺藏镇茨日那村，几乎家家都酿制青稞酒，村上会做曲子的有三四家，哪家闲着就做酒曲，然后全村一起去这一家做。自家酿的青稞酒也只有几家卖，因青稞酒的烤制太麻烦，从做曲到烤制成功所耗费的时间太长，家中人太少了，没人帮忙也做不出很多青稞酒。一般烤制青稞酒的多少会根据自家逢年过节的需求大小来定，烤好的青稞酒会储存在或大或小的坛子里。家里面的小孩都是从小帮忙，耳濡目染慢慢就学会了，没有特意去教。

（三）青稞酒的烤制工艺

迭部县旺藏镇茨日那村的青稞酒只烤制一次。来旅游的人想买走，村民就用塑料壶（一壶 5 斤或 10 斤）装酒卖给游客。过年时，家家户户都烤酒，这是自家消耗的，家中会多做酒醅，旅游旺季是青稞酒需求量大的时候，青稞酒可以现烤现

图 38　青稞酒（刘媛 摄）

卖。夏天也可以烤酒，就是夹层缸里的水要换得特别勤，以前之所以只在冬天做酒，是因为用水不太方便，现在用水方便了，夏天也可以烤制。铜锅和夹层缸是买的，夹层缸是舟曲、武都等地烧制的，铜锅的锅盖最早是用一块平平的大石块充当。锅与夹层缸之间的木头管子是用山上的一种树做成的，名叫乌龙头，别处没有。这种树的芯子软软的像海绵一样，用工具很容易把芯子疏通，充当一种管子。这种树什么味道也没有，也没有毒，一般的木头做不出来。这种树很直，有一米多长，用这种木头做成的管子一般能用五六年。现在先进了，也用塑料管子，塑料管子可能会有一点儿味道，不如木制管子好，但很方便。夹层缸与铜壶之间最早是用竹管连接，现在也用塑料管。不制作青稞酒时，用纸将木管和竹管两头堵住，不让虫子和灰尘进入。将夹层缸和铜锅洗净后倒立起来，石块锅盖也立着放起来，把这些工具都须放置在没有阳光、通风透气的阴凉处。

近年来，迭部县旺藏镇茨日那村因发展红色旅游，带动了本村经济飞速发展，各家各户都积极适应乡村"农家乐"的发展需求，收拾房屋，改建院子。每家每户在杀猪煮酒方面也发生了特别大的变化。我们采访的那家，主人在 10 月宰杀了 14 头蕨麻猪，院子里的小仓房里放置着 10 坛能储

存 180 斤酒醅的大坛子，两坛能储存 120 斤酒醅的小坛子，这 12 个坛子里都装满了发酵好的酒醅。这些酒醅的一小部分是为了自家逢年过节使用，一大部分是为了招待夏天来旅游的游客。现在，迭部县旺藏镇茨日那村已经把地里都种上了苹果树，没有地再种青稞，茨日那村的村民都是从别的地方买青稞来酿酒和做糌粑的。酿酒后的酒醅与糠面混合，最后成为家中猪的饲料。

图39　采访加木草阿姨（李冬雪 摄）

我们采访的加木草阿姨家为烤制青稞酒，做了两个专门烤酒的灶台，这两个锅只进行烤酒活动，不做饭。家中的女主人在空闲的时候会用两个灶台同时烤制青稞酒，一天每个灶台能烤制三锅，一锅能出 8 斤左右的青稞酒，所以一天她们家能出将近 50 斤的青稞酒。以前烤制青稞酒的工具有：铁锅、石块锅盖、木管、夹层缸、竹管、铜壶和铜勺。我们采访的这家人，家中的石块锅盖已经有 27 年的历史，现在的锅盖是铜锅盖，管子都是塑料的管子，勺子也是塑料的。

把酒醅放入锅中时，水的比重很重要。水太多了，烤出来的青稞酒酒精度数不高，酿出来的青稞酒没有什么味道；水太少了，锅底的青稞粒又容易煳锅，让青稞酒充满煳的味道。在烤制过程中，火候也有很多讲究，火太大会造成青稞粒粘锅、有煳味；火太小，青稞酒出酒速度慢，并且会影响口感。将酒醅倒入锅中并添好水后，要在锅边的四周粘上一圈揉好的面团——密封圈，锅与夹层缸之间的木管，夹层缸下的竹管也都要用揉好的面团密封，然后把石块做成的锅盖盖上，防止在烤制青稞酒的过程中漏气，以免青稞酒的酒气挥发。接青稞酒的铜壶要把上面的盖帽去掉，再把盖子翻转，只留一个小孔，这样是为了不让青稞酒的味道挥发出去。

在烤制青稞酒的过程中，一定要有人一直在烤酒装置旁边守着，以防热气冲破面粉做的密封圈。要随时观察夹层缸的水有没有变热，如果水变热了，那么就要马上把夹层缸中的热水换

图40　家庭作坊式青稞酒酿造现场（刘媛 摄）

掉，重新注入凉水。夹层缸里冬天放冰块，夏天放凉水。石块做的锅盖因为不是特别平整，火稍微大一点儿，面团做的密封圈就容易被热气冲破，使青稞酒的酒味挥发。我们采访的加木草阿姨家，这块石板盖已经用了27年，加木草阿姨22岁时嫁到茨日那村，第一次在新家做酒使用的就是这块石板。现在迭部境内都使用与铁锅、铜锅相配套的锅盖，这样烤制青稞酒时才不会漏气。烤制青稞酒这门手艺是在年复一年的重复中不断积累的，并不用特别教授。笔者做调研的这家人在公路旁有一个小小的门面，里面卖一些杂七杂八的日用品，自家酿制的青稞酒也会在那儿卖。在小卖部里放有一口缸，村里的人买一点儿，路过的人买一点儿，小卖部里的酒快卖完了就又烤一点儿。

烤制青稞酒的时间一般是快过年或家中有事时，烤制的时间不是固定不变的。年前空闲的时候，家中就会烤制青稞酒，烤好的青稞酒也会用专门的陶罐来储存。陶罐一定要用塑料膜密封好。长时间储存的青稞酒味道会不太一样，酒会更辣，没有了青稞酒的香味。新烤好的青稞酒很香，不辣，如果把新烤好的青稞酒与放置很久的青稞酒混合，这样的青稞酒会更香。

把青稞酒从陶罐里盛出来时，有时用一斤装的陶瓷罐，也有时用铜壶，这主要根据家中来人的数量而定。在迭部地区，本地居民都是用碗喝

图 41　迭部县旺藏镇茨日那村加木草阿姨家（刘南平 摄）

酒的，最早是木碗，后来是瓷碗、龙碗。当家中来了外地人，人们也会拿出酒杯来相互敬酒。家中的男孩子十几岁就可以喝青稞酒。亲戚家举行葬礼时，会给他家送 5 斤或 10 斤装的青稞酒，还有馍馍、蕨麻猪肉。亲戚家举办婚礼时，一般是送买的瓶装辣酒（迭部藏族对市场上销售的白酒统称为辣酒，因其味道特别辣），家中有青稞酒也可以送 5 斤或 10 斤青稞酒。

在加木草阿姨家，我们不仅喝到了用桃花开时制作的酒醅酿制的青稞酒，吃到了阿姨家自己风干的蕨麻猪肉和柿饼、米肠，还参与了青稞酒的烤制。

三、迭部县城的青稞酒酿造

2020 年 8 月 9 日，笔者第三次来到迭部，相较于前两次，这次笔者成长了很多，能更坦然地面对生活的磨难，这也是笔者最后一次来迭部做关于迭部青稞酒酿造技艺的调研了。当是，笔者正站在人生选择的十字路口，莫名其妙地带有一种悲情色彩。在这之前，笔者一直期待着这次调研，真的需要换个地方，暂时逃避所有事情。

这次调研我们的主体队伍一共有 10 人，李老师带领我们硕博 9 人，在迭部进行了 14 天的田野调研。我们去老乡家看了青稞酒酿造过程，听了他们讲红军长征时在迭部发生的故事，喝了储存了两三年的青稞酒，吃了树上的芭梨、葡萄、苹果。那些纯朴善良的人们感动了我们一行所有人。我们也趁天气好的时候上山去采了蘑菇，摘了野草莓。这次调研，笔者的主要任务是对论文中的细节部分做补充，还有就是去迭部的青稞酒加工厂做调研。这次调研最有趣的经历是在笔者去迭部县城利民路酿酒坊时发生的。老板是笔者老乡。当听说笔者要研究他们酿的青稞酒时，他惊讶地说："社会是不好研究的，你应该去研究原子弹。"

　　迭部县城利民路酿酒坊是由四川南充人在迭部开设的家庭作坊式酿酒坊。这家手工坊是由两兄弟经营的，他们是改革开放后来到迭部的。1982年，他们来迭部开酒厂，当时是从南充请了一位专业酿酒师傅，但由于各方面原因，1985 年，他们离开迭部回到了四川，之后于 1992 年再次来到迭部，经营着一家青稞酒酿酒坊。一开始，他们在县城租住房子，后来租房的主人要回四川，他们便把房子买了下来，小酒坊也就一直持续到现在。目前，两位老板都已过了六十岁，他们打算一直酿酒，等到以后自己年纪大了，没办法再酿酒了，就把小酒坊卖掉，回四川去。

　　他们用四川的酿酒方法，但原料是青稞。每年青稞收割后，他们便通过各种方式收购青稞，或去藏族村落收购，或在迭部县城的粮食收购站购买，他们熟悉迭部上迭的绝大部分村落。他们每天都要和藏族打交道，他们酿酒坊的门店上还悬挂着藏族朋友送给他们的哈达。8 月 11 日，吉西次力师兄带笔者去酿酒坊时，他们正在烤制青稞酒。烤制

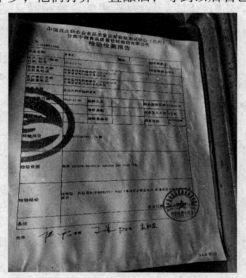

图 42　迭部县城利民路酿酒坊检验检测
报告（刘媛 摄）

青稞酒的房间在门店的后侧方，地上铺着厚厚的正在发酵的青稞粒。他们在制作酒醅即发酵青稞粒时，会使用快和慢两种酒曲，这样青稞发酵的速度会大大提升。

　　下午，老板在房子里和南充的老乡们打长牌，大家都很高兴，这些老乡都是在迭部工作的。和老板打牌的三个老乡都是木匠，他们在迭部主要是帮着本地藏族装修房子。在老板打牌的间隙，我与老板闲谈，他说，今年受新冠疫情的影响，他们的生意越来越差。下午5—6点，笔者在酿酒坊和老板闲谈，小酒坊共出现了3位购买青稞酒的顾客。

　　第一位是迭部本地居民（藏族），他购买了2斤（4元/斤）青稞酒。迭部县城利民路酿酒坊的价格梯度为4元/斤、5元/斤、6元/斤、7元/斤、8元/斤、10元/斤和12元/斤，这种价格梯度是按青稞酒的度数高低来定的。8元/斤的度数大约在40度，12元/斤的有60度。当时他进店时尝了一口青稞酒，

图43　迭部县城利民路酿酒坊（刘媛 摄）

笔者询问他青稞酒的味道时，他回答说，这青稞酒中有一种说不出的味道，不是纯纯的青稞，而是添加了其他的东西。老板娘说，这种味道是由于混用了快曲和慢曲的缘故。这位藏族居民说，他这是第一次在小酒坊购买青稞酒，他买青稞酒并不是自己喝，而是拿来"赶礼"（赶礼指随礼，即亲戚朋友或邻居家娶亲、建房等时候既要送钱，也需要送物）。他认为自家酿的青稞酒味道更好，因为是第一次购买，他没有带装酒的容器，而是找老板要了两个矿泉水瓶。一般从是否带瓶子就可以判断客人是不是第一次购买。

　　第二位购买青稞酒的顾客是四川人，他带了两个五斤装的瓶子，一个

是空的塑料瓶，另一个装有枸杞和一种黑色的药材。他跟老板关系很亲密，他们用四川话交流着，老板建议他再放一些冬虫夏草之类的珍贵药材。他们有说有笑，聊了很长一段时间。这位客人用空瓶装了5斤（8元/斤）大约40度的青稞酒，这瓶青稞酒是他准备平时喝的。另一瓶有药材的瓶子装的是5斤（12元/斤）度数高60度的青稞酒，他这一瓶是为了做药酒。

第三位顾客是本地人，她带了一个容积为1.25升（2.5斤）的塑料瓶，买的是10元/斤的青稞酒。在付款的时候还出现了一段小插曲，她通过微信付款的方式给老板付了50元钱，但老板娘马上指出她付多了，返还了25元现金。这位顾客拿着钱想了一会儿，说要把剩下的钱也买酒，最后老板只找到两个一斤装的塑料瓶，又退还了5元钱。这位女顾客是酿酒坊的常客，她自己不喝酒，买回去是为家人做药酒的。她表示等过段时间葡萄熟了，她再来多买一点儿酒回去做葡萄酒。当笔者询问她为什么来小酒坊买酒时，她说，她家就住这附近，上下班的时候总是能看见小酒坊，有时也能闻见烤酒的味道，之前买过一次，家里人觉得不错，从此就经常在这儿购买。

酿酒坊每次烤制青稞酒还要参考上次烤制的青稞酒的余量。酿酒一般是从当天凌晨2点到晚上10点，一次大约可以烤制1000斤青稞。平时没事时老板就与老乡们打打麻将。他们酿酒坊的顾客主要还是在迭部工作的外地人（汉族），本地藏族购买青稞酒的数量会少一些。在询问与本地酿的青稞酒的区别时，老板认为，本地自家酿制的青稞酒没有一个固定的标准，甚至每次酿制的度数也不一样，特别容易喝醉，喝醉后也会头疼。但他们酿酒坊是有标准的，并且有检验检测报告，是符合生产标准的，喝了之后不会头疼。他们的顾客基本都是回头客，如果质量有问题，顾客就会流失，所以他们一直有质量保障。

在对迭部青稞酒酿造技艺的调研中，笔者曾到村民家亲身参与青稞酒的酿造过程，曾去酿酒坊观察酿酒过程，也曾去扎尕那青稞酒业有限公司参观。在调研过程中，笔者也多次品尝了青稞酒。青稞酒给笔者的感觉是口感绵柔，酒味不重，但吞咽到嗓子时，会感觉到一丝辛辣。迭部的青稞酒不太容易醉人，即使喝醉也不会头疼。迭部地区的居民大都认为青稞酒有药用价值。在农村里，在地里辛苦劳作一天的人们回到家中的第一件事就是温一小罐青稞酒，然后大家坐下来畅饮，喝青稞酒能帮助人们解除一天的疲乏。肠胃不好的人，在晚上睡觉前，把自家酿制的青稞酒加热后喝下去，有利于肠胃的恢复。拉肚子的时候，喝热热的青稞酒有临时缓解的作用。迭部农村里，谁家怀上小孩子了，家中的婆婆要为孕妇专门做一坛生孩子后喝的酒，这缸酒醅加盖泥封后，一般要在储物室的角落放置八九个月，期间家中有再紧急的事，这缸酒也是不能动的。孩子快生的前几天才烤制青稞酒，小孩子刚生下来以后，会准备一龙碗（三四两的样子）热热的青稞酒，叫孕妇马上一口气喝完。迭部地区的居民认为生小孩后喝青稞酒有很多好处：一是减轻孕妇的疼痛，起一点儿麻药的作用；二是可以预防妇科病；三是对肠胃好。这种观点是迭部地区所特有的，跟现代医学不同。迭部地区的人家会拿青稞酒拌炒面喂几个月大的孩子，认为这样小孩子长大后肠胃好、不生病。迭部地区的青稞酒在充当药物时，会要求青稞酒是温热的。冬天时，主人拿自家酿造的青稞酒招待客人时也会把酒提前温一下，冬天不喝凉的青稞酒。

对迭部青稞酒酿造工艺的调研伴随了笔者三年的研究生时光，笔者在调研与反思的过程中不断改进自己的硕士论文，也不断调整自己的人生态度，以更积极的心态去面对未来的生活。在这三次调研过程中，多亏了很多人的热心帮助，笔者的田野调研才能顺利完成，笔者会带着你们的善良继续向前，继续关注我国非物质文化遗产的保护和传承。

迭部葬俗调查研究

如 它[①]

迭部县位于甘南藏族自治州南部甘川交界处，地处秦岭西延岷、迭山山系之间的高山峡谷之中。北靠卓尼，东连舟曲，东北与宕昌哈达铺毗邻，西南分别和四川若尔盖县、九寨沟县接壤，处于白龙江上游的高山峡谷地带，气候干湿两季分明，植被茂密且种类繁多。迭部藏族是早在吐蕃东征时随迁的蕃民后裔，自唐朝广德元年（763）并入吐蕃以来，至今已有1200多年的悠久历史。由于本地特殊的自然地理环境，形成了独具特色的地方藏族生活习俗，其中就包括了地方色彩浓厚的丧葬礼俗。丧葬礼俗在迭部藏民生活习俗中占有重要地位，由于受宗教信仰的影响，人们特别看重人生礼俗中的最后一部分。葬礼礼俗中有着浓厚的宗教色彩。迭部各地的丧葬礼俗基本相同，都是实行火葬为主，其他如水葬、天葬等丧葬礼俗只针对特定的少数人群，例如未成年的婴幼儿需要水葬。上、中、下迭只有在尸体处理和出殡时间等方面有所不同。整个丧葬过程大致可以分为报丧、念经、发丧、特殊丧葬和孝期五个环节。

一、报丧

在迭部境内中、上迭地区，人去世后三日之内一般不报丧，他们认为

---

① 如它：甘肃政法大学法学系本科生。

人去世三天后才是真正死亡，第一天只是外部的死亡，第二天是内部的死亡，第三天是核心的死亡。在这期间不能动尸体，也不能在尸体旁大声哭泣。他们觉得，这样就不会惊扰到死者灵魂，使逝者走得安详，从而表达对逝者的尊重。而下迭洛大、腊子口和桑坝这些地区因为气候原因，夏天特别炎热，尸体保存不便，便没有这个环节。

三日之后，由主家通知措哇死者去世的消息，接着开始着手商议之后的各项事宜。商议的主要事项是准备丧礼上要用到的青稞酒、油饼和糌粑等必需品，为减轻主人家置办葬礼的负担，死者村子的每户人家都会拿一定数量的小麦和青稞，其数量依村大小而有所不同。然后，这些物品由主家分发给措哇，开始安排工作，一部分人炒青稞并制作糌粑，另一部分人煮青稞准备酿青稞酒，剩余一部分人准备通知逝者的远方亲属。以前交通不便，主要的交通工具是马匹，于是给死者远方亲属传信的重担便落到了措哇的身上，主家会给他们准备路上要用到的食物和盘缠，以保路途顺利。

这样一套程序下来，少则花费十几天，多则花费二十几天，所以中、上迭地区的人去世后，会请活佛或者高僧算个比较靠后的出丧日期，以保证丧葬仪式的完成。在夏天，为了保证遗体的存放，事先会准备一个木槽子把遗体放进去，然后上面用河边的沙子覆盖住，再把白杨树的树叶、枝条蘸水，放置在最上面，从而使遗体在炎热的夏天也能撑到丧葬仪式的结束。冬天，如果天气偏热或者丧葬仪式的时间长，则用冰块来保存遗体。下迭地区夏季天气酷热，若有葬礼发生，则把遗体先在地窖存放，葬礼快速进行，最多不会超过七天。

中迭地区有人去世后，会为死者更新衣。为了防止灵魂在没有请来活佛或僧人前消散，死者儿子或至亲会用酥油把死者的七窍堵住，最后活佛或僧人在超度时，灵魂会从头顶飘出，去往活佛指引的方向。因为白色在藏语中也有顺利之意，所以会用白布把死者的脸包住，再用白哈达或者白棉绳把遗体捆绑成胎儿的形态——膝嘴相接，两手合抱于胸前，左手在里，右手在外，人怎么来到世上，就怎么离开。下迭地区的葬俗别具一格，更具特色。捆缚的尸体殓入木质的立体式灵轿内，灵轿做得精致，仿造皇宫庙宇，四周剪贴彩纸图案，用纸裱糊成一男一女两个纸人作为陪葬品，葬礼特别讲究。而上迭的习俗是一般不做灵轿，尸体用白布包裹缝封，其余程序基本相同，不同的只是出殡的时间。

停灵期间，供奉祀品，烧香、点油灯，随时添油，昼夜长明，并请活佛和僧人在家念经。遗体在家中停灵的时间不同，根据家中的经济状况，有的竟达二十几天，家境殷实的大办丧事，葬礼仪式非常隆重。

二、念经

在出丧的几天前，白天活佛和僧人念经，晚上7点多，全村每户都会派个代表来念六字真言或八字真言，为死者超度和祈祷。出丧前，置尸于堂屋右面或左面的木板上，尸体离门的远近分上下位，离门距离远的为上位，反之则为下位。根据逝者身份和性别的不同，分别有严格的置尸位置，僧人或德高望重的老人在最上位，男人和女人依次排列，身患残疾的聋哑人置尸于最下位。迭部地区多数为农业或半农半牧的地区，男性的地位相较于女性而言较为重要。另外，由于宗教原因和尊老爱幼的传统习俗，将僧人和老人看得特别重要。

丧葬期间，亲戚（sha nye）掌管死者家中的大小所有事，招待前来吊唁的客人，措哇给主家的人打下手，每天为前来诵经超度的活佛和僧人，以及晚上过来念六字真言和八字真言的村民准备青稞酒、油饼、肉、烟、茶等。

三、发丧

上、中、下迭地区进山砍柴的人数不同，下迭地区一般是7个人进山，而中、上迭地区一般是9个人进山。进山后选择一棵枯树，然后依照当地习俗砍成7段或9段，每段再劈成4瓣。进山前，主家会给他们准备吃的，一般有蕨麻猪肉、青稞酒、糌粑和油饼等，他们在野外午餐。中、上迭一般每个村子都有固定的火葬点，这就需要砍葬柴的人把砍好的拿到火葬点，把劈成四瓣的葬柴摞成"井"字形，然后用防雨的东西盖住，等待火葬的开始。与中、上迭地区不同的是，下迭地区砍完的葬柴要由他们7个人背回家来，下迭地区没有固定的火葬点，火葬点由活佛算出。

在发丧前，凡是来送丧的人们都要吃一顿丧饭，全村有份，最后一天的丧饭主要是由蕨麻猪肉丁和小麦或下迭的荞面煮成的粥，现在随着交通的便利和经济收入的提高，会往里面加入大米，提升粥的可口性。饭后，亲戚首先会感谢并赞扬活佛和僧人，感谢他们这几天来诵经超度死者，然后介绍死者的生平，要求讲得特别细致，会讲的介绍死者的五代以内的人和事，一般最少会讲三代以内的人和事。而且那一天死者主人家的伙食和桌上摆的东西要特别好，这是为了让死者走得安详，不用牵挂家里。结束后，有能力者还会念创世歌，创世歌即世间形成歌，是藏族一种古老的天地形成问答歌。有的地方在火葬进行时念创世歌。

在下迭地区，送葬时间一般是中午，亲生子女率先磕头烧纸，放声大哭，继之人们纷纷哭起。灵轿抬到大门外时，最小的儿子将烧纸用的瓷罐在灵轿前面摔破。一路上，僧人在灵轿的最前面敲锣打鼓，击钹、吹唢呐。其后是一条长白布，下面均是亲生子女和亲属，中间是灵轿，灵轿的后面是一般亲戚和亲朋好友。凡是属相相合者均回避，以防他人中邪。送葬队伍缓缓步行，灵轿稳稳向前，送葬队伍多则上百人，其场面十分壮观。灵轿到活佛选定的葬场后，僧人诵平安经，然后马上撤回。之后点燃灵轿，逝者本村的直系亲属和送葬队伍依次退场，选留若干老人看守火情，直到化烬为止。在中、上迭地区，送葬时间一般是早上，送葬时要在措哇里选两个属相相冲的人抬灵轿，属性相冲可以抵制住死者的怨气，达到辟邪的目的。抬灵轿的速度有所不同，德高望重的老人和年龄较大的速度较慢，以表敬意。但是被选到的抬轿手如果家里有婴儿未满1周岁的，可以拒绝这份差事，移交给其他符合条件的人。有的地方女子跟随到看见火葬点的地方就回，而有的地方女子不送葬，在家里准备丧葬队伍的伙食。女子性情柔弱，去参加亲人的丧葬大多会管理不好情绪，伤心落泪，而这是触犯丧葬的大忌，会使死者走得不安详，因此，女子一般不参与或不完整地参与发丧。其他发丧后的过程与下迭基本相同。死者家门口备一盆清水，点上柏香树树叶，以便送葬者洁身。之后每家会请几个僧人来自家念经，以此来辟邪。

四、特殊葬俗

特殊的丧葬针对特殊的人群。在迭部地区有这样几类特殊的人群，首先是死在村外的人不能抬回村里，不管是在外边病死还是自然死亡，都不能抬回本村，让死者家里在外自行解决丧事，有的在村外火葬或者抬到其他地方进行天葬，也有的进行水葬，这样保证了携带病毒的尸体不会进入本村，保护了村民的人身健康。其次是婴儿的死亡，大部分会选择水葬。70岁以上老人的葬礼，部分地区要从老人步入70岁开始准备，除了平时给寺院布施，在农闲时刻，还会请寺院的和尚来念经，祈求消灾平安，延年益寿，家人团圆。

五、孝期

服孝一般为三年，从死者离世之日起，家属子女除逢七念经、供灯外，"七七"内男不剃头，女不梳妆。服孝期内，不参加各种歌舞等娱乐活动，着装不华丽，腰带不能下垂。下迭洛大、腊子口和桑坝一带女戴白帆、腰系白腰带，周年念经、供食品、烧纸。相传藏族本无祭祀的服丧习俗，至唐代在金城公主的倡导下才有"四邻同哀""七七超度"的葬礼习俗。

六、重要价值

过去复杂的老习俗逐渐简易化，像人死后要由邻族唱创世歌，在迭部地区已基本消失。以前烦琐的丧葬过程使后人负担加重，难以传承下去，面临着消失的可能。迭部独特的丧葬礼俗与宗教中保护生态环境的意识，使迭部自然环境不被破坏，人与自然更加和谐。此外，迭部葬礼习俗中蕴含着重要的历史价值、民俗价值、礼仪价值和科学研究价值，值得我们认真挖掘和研究。

迭部俄吾吾节调研报告

王志豪①

秉承兰州大学“高校为社会文化服务”的办学宗旨，为了进一步推进甘南州迭部县非物质文化遗产的保护和传承，2020 年 8 月，受迭部县非物质文化遗产研究协会的委托，我们一行 11 人在兰州大学西北少数民族研究中心暨历史文化学院李正元副教授的带领下，对迭部县非物质文化遗产的某些项目进行了为期 15 天的调研。

本次调研，笔者主要负责调研迭部非遗项目俄吾吾节。俄吾吾节现已被列入迭部县级非物质文化遗产名录，调研发现，虽然迭部俄吾吾节被列入县级名录，但具体内容如项目简介、具体内容、项目价值、保护现状等基础资料都是空白的。经过调研，笔者基本摸清了迭部俄吾吾节的情况，并对调研内容进行了梳理和总结。

一、迭部概况

（一）地理位置

迭部县位于青藏高原东部边缘，甘肃省甘南藏族自治州东南部，甘川两省交界处。北靠迭山主峰，和本州卓尼县相依为邻，东以白龙江水带和

---

① 王志豪：兰州大学西北少数民族研究中心博士。

舟曲县串珠相连，东北与定西及陇南市的岷县、岩昌县毗邻，西、南两面与四川省若尔盖、九寨沟县接壤。县城建在县境西部电尕镇境内，位于白龙江北岸，古叠州城遗址西侧。北距州府合作市247千米，距省会兰州500千米。

（二）行政区划和民族成分

迭部县总面积5108.3平方千米，辖5个镇、6个乡、52个行政村、231个村民小组。据2018年统计，全县常住人口为5.43万人①，包括藏、汉、回、蒙等17个民族，其中藏族人口占总人口的79.59%，是一个以藏族为主体的多民族聚居区。

（三）地形和气候

迭部地处南秦岭西延岷、迭山系之间的白龙江中游高山峡谷之中。境内海拔在1600~4920米之间，高山峡谷多，天然植被非常好。处于大陆性气候与海洋性气候的过渡带，属非典型性大陆性气候，干湿季分明，季风气候特点突出。春季风多雨少，降水多集中在夏季，秋季阴雨连绵，沿河谷冬无严寒、夏无酷暑。7月太阳辐射量最大，12月最小，年平均气温在8℃~11℃之间。因地形高低悬殊，水平差异大，垂直变化显著。正是由于地势的原因，迭部的上、中、下迭气候差异较大，上迭凉爽，下迭较热，中迭则属于过渡地带。另外，气候的差异也使上、中、下迭俄吾吾节的风俗有所不同。

二、迭部俄吾吾节的调研过程

本次调研，我们走访了上、中迭的多个村寨。由于调研时间正值迭部的雨季，雨水形成的山洪造成中迭通往下迭的道路塌方和部分路段受损，致使到下迭的调研未能成行。于是，我们只能走访了住在县城的下迭老

---

① 迭部县人口数字引用自迭部县人民政府官方网站，http：//www．tewo．gov．cn/zjdb/rkqk1．htm.

人，访谈关于下迭俄吾吾节的情况，很有收获。

现简要叙述本次关于迭部俄吾吾节的调研过程。

2020 年 8 月 9 日上午 8 点半左右，我们从兰州出发去迭部，下午 4 点，我们到达迭部。下午 5 点，完么吉和如它也分别从合作和迭部的达拉抵达迭部县城，加上早已在县城等候的吉西次力，我们 11 人完成了集结。晚上 6 点，迭部非遗协会的几位老领导、地方专家和我们见了面，并热情招待了我们一行人。晚上 8 点多，大家在本次带队老师李正元副教授的房间开会，具体商谈本次调研的有关事情。主要包括：每个人对自己负责的调研课题的看法和打算、申报书的写法、调研要注意的问题等。李正元副教授对申报书的写法和调研做了针对性很强的发言，很有指导意义。

8 月 10 日早上，按照昨天晚上的会议安排，大家分两组行动。谭淇、才让扎西、如它、吉西次力和我 5 人去迭部县档案局。档案局的肖局长和张副局长是我们的老朋友了，我们在档案局受到了热情接待，档案资料的查阅也收获颇丰。档案局的张副局长是迭部下迭桑坝人，在和张局长的交谈中，我们获得了许多关于下迭俄吾吾节的资料。

8 月 11 日，迭部县下大雨。由于计划的下村调研工作无法进行，于是我们集中在李正元老师的房间开会，主题是非遗调研要关注民俗节日的文化意义和社会意义。

8 月 12 日下午，我们参观了迭部县"古象雄"艺术中心。年轻的格桑才让是艺术中心的唐卡画师，他以唐卡绘画为主，兼顾相关产业的开发，正在为迭部非遗的保护和传承做出贡献。我们在这里也收获了不少关于苯教唐卡的知识。从画室出来，我们一行 5 人去了迭部县城北郊的"古叠州遗址"。晚上召开例会时，完么吉提到她们在进行香包调研时，有报告人说到端午节，迭部的小孩子有手腕上戴红线圈的习俗。汉族地区也有端午节小孩子戴五色线圈的习俗，目的是祛灾纳吉。据查阅资料，小孩子手腕戴五色线圈的习俗起源于汉代，汉代崇尚五行。五色线圈代表金木水火土五行，可祛东西南北中五方灾祸。看来，迭部端午节的许多习俗和汉地的具体细节有很多相似之处，也应该有些渊源。

8月13日下午，刘媛联系到了迭部非遗研究中心的杨文才老师，我们下午3点到迭部文化馆采访了杨老师。杨老师绝对称得上是迭部的民俗专家，或者用人类学的称谓——地方性知识专家。我们一行人分别问了杨老师关于迭部的俄吾吾节（端午节）、青稞酒酿造、莱坞、香包、下迭服饰、丧葬仪式、摆阵舞等多个问题，杨老师都能清晰、明确地解答。杨老师简直就是一座迭部地方知识的宝库。我们对杨老师的采访从下午3点一直持续到五点半，中间杨老师一直没有休息，甚至一口水都没有喝，非常感谢杨老师接受我们的采访。

关于俄吾吾节（端午节），杨老师提供了很多有价值的信息。杨老师说，俄吾吾节在上、中、下迭的时间有所不同。下迭是农历五月初五，那天，村里的妇女在凌晨三四点就相约去村边的泉水边取水、洗脸，然后把取来的水带回家供家里人洗脸、饮用。因为这一天的水是天神撒了药的水，能祛除病痛。这一天，人们还要到山上或村边采野葱，用来包包子。男人们则会在前一天插箭，祭祀山神。插箭仪式要有莱坞主持，如果村里没有莱坞并且没有请到莱坞，由僧人主持也可以。中迭和上迭的有些地方也过类似的节日，有的地方时间是农历五月十五日左右，插箭的时间也不是前一天，有的插箭在4月就举行了。所以，插箭和俄吾吾节是不是一个有机的整体还有待调查。俄吾吾节没有亲戚朋友聚会的习俗，基本就是一家一户过节。另外，杨老师认为，俄吾吾节是迭部地区一年节日体系中的一个重要节日。

8月14日，我们走访了上迭电尕镇谢协村（自然村），采访了"古象雄"文化中心的格桑才让的父亲和姨父。在采访中他们谈到，上迭的俄吾吾节这天，人们会采玛载（藏语）树上的白花挂在门上。妇女们早早去泉水边朝水、打水，也会浪山。人们会给半岁左右的孩子头上洒些水，保佑他们健康成长。老年人不便去泉水边，就早上在村边的庄稼或草上摸一些露珠水洗脸。人们也会将艾叶、杨树枝绑到腰上，并挂到门上。我们还获得了一些上迭一年中主要节日的信息。在上迭，一年中的重要节日有春节（农历初一）、藏历新年（农历十二月初一）、垛节（农历十月、十一月）、牛月十五节（五月十五）。俄吾吾节（端午节）不是当地特别重要的节日，这让我们对俄吾吾节在当地藏族节日体系中的位置有了一个新的认识。

8月15日，我们调研了中迭旺藏镇茨日那村。村书记索南给我们介绍了中迭的俄吾吾节习俗。茨日那农历五月初五过俄吾吾节（端午节）。早上门上插柳枝。早先老年人也带孩子们去山上采一些露水，洗洗脸。洗了脸，这一年就不得病。这天如果家里有病人，就会走10个小时的山路祭山神。没有病人的家庭也在家里煨桑。现在茨日那也吃粽子。村里的插箭时间是3月11日，和俄吾吾节时间隔得比较远。

8月16日，在对县城老人的调研中，我们得到了当地人关于迭部上、中、下迭分法的解释。历史上的迭部，在明清杨土司时期分上迭和下跌14旗。电尕、益哇是上迭，达拉、旺藏以下是下迭。1962年迭部县成立后，分成了上、中、下迭，其中电尕、益哇是上迭，桑坝、洛大、腊子是下迭，中间是中迭。迭部上、中、下迭对俄吾吾节的重视程度也不同。下迭的俄吾吾节最隆重，上迭没有那么隆重。下迭的俄吾吾节会去临近舟曲的黑水沟瀑布洗浴，因为当地人认为黑水沟瀑布的水是神水，可以祛病消灾，其中端午节这天功效最好。

8月19日，我们有幸在电尕镇哇巴沟亚安村观察了哇巴沟18个村子的集体插箭仪式，对这里的插箭仪式有了一个感性的了解。

8月20日，我们调研了卡坝乡桃吾喀村和尼傲乡尼傲村。村里83岁的旺珠老人和71岁的贡布次丹老人给我们介绍了中迭俄吾吾节的风俗习惯。农历五月初五，村民会去村边的泉水边取水，主要是女人和娃娃。他们说男人比较懒，可以去取，但多不去。人们还会到山上取白杨树枝插到头上、身上、门上，在贡布次丹老人家的大门门框上，我看到了已经干了的白杨树枝还挂在上面。浪山是这天的主要内容，浪山的时候，亲戚朋友往往一起聚会。如果不去浪山，就在家吃饭，亲戚朋友不来。

8月21—22日，整理调研资料。

三、迭部俄吾吾节的历史与现状

通过在迭部实地调研和查找相关文献，基本厘清了迭部俄吾吾节的历史和现状。

《尚书·禹贡》记载，上古时期天下分九州，古叠州即属梁州之域。北周时，在今迭部区域置叠州。唐宝应元年（762 年）至宋熙宁六年（1073 年）间，叠州地区被吐蕃和后来的唃厮啰相继占领。历史上的绝大部分时间，迭部都在行政上归属中央政权管辖。俄吾吾节是迭部地区的传统时令节日，但在县志等汉藏资料上并未找到对其历史渊源的记载。据在上、中、下迭的调查，民间也没有始于何时的传说，其历史渊源待考。由于历史上和中央政权的关系，再从端午节的内容来看，迭部的俄吾吾节很有可能和汉地的端午节习俗有关。

调研发现，俄吾吾节这天，迭部藏族群众主要有插箭祭山神、早晨打露水、采艾蒿、插柳梢或者白杨树枝条、喝黄酒、浪山游玩等习俗。虽然迭部全境基本都有过俄吾吾节的传统，但迭部上、中、下迭的藏族群众过俄吾吾节的习俗有所不同。电尕、益哇的上迭地区，妇女们会早早去泉水边打水，人们用它来洗脸、饮用，也会给小孩头上洒一些打来的泉水，保佑孩子健康成长。人们会采一些玛载树（当地的一种树）的白花，也会采艾叶、杨树枝条，用来悬挂在门上或腰间。在旺藏、卡坝、尼敖一带的中迭地区，早晨女人们去取泉水，人们用取来的泉水洗脸，据说可以一年不得病。如果家里有病人，这天就会走几个小时的山路去祭祀山神。没有病人的家庭也都会在家里煨桑。这天，人们也会把从山上采来的艾蒿、柳枝或者白杨树枝条等挂在门上。桑坝、洛大一带的下迭藏族群众过得最为隆重，包括前一天插箭祭山神，农历五月初五当天到村边的泉水或溪水边取水、洗脸，采艾叶，吃野葱菜包子等。农历五月初五这天，迭部靠近舟曲的部分藏族群众要早起赶往迭部、舟曲两县交界的黑水沟昂让山下，去朝水观光，用神水瀑布洗浴，人们把这天称为神水节，意为"神仙降药水淋浴的节日"。

无论是上迭、中迭还是下迭的藏族群众，在这个节日都或者在家，或者浪山。在家的话，亲戚们一般不会聚餐。如果去浪山，往往会和亲戚朋友一起聚会。

俄吾吾节是迭部的一项时令活动，也是迭部一年中的主要节日之一。农历五月初五前后暑季来临，百病易生，人们在这个时候用净水洗浴、采艾叶等，虽然反映了迭部藏族群众驱邪祛疫、祈求健康平安的愿望，但也对迭部藏族群众增强卫生防疫观念具有明显的现实意义。

四、迭部俄吾吾节的保护价值和存续现状

（一）保护价值

1. 现实价值

迭部县处于大陆性气候与海洋性气候的过渡带。农历五月初，暑季来临，此时动植物的生命力都趋向旺盛。同时，各种毒虫也日趋活跃，于是百病易生。人们在这个时候用净水洗浴、采艾叶等，虽然反映了迭部藏族群众驱邪祛疫、祈求健康平安的愿望，但也对迭部藏族群众增强卫生防疫观念具有明显的现实意义。

2. 教育价值

民俗节日是进行民族文化教育的生动课堂。传统文化的精华往往被巧妙地置于节庆活动中。在俄吾吾节的活动中，迭部的藏族群众置身其中，特别是儿童在活动中耳濡目染、潜移默化。这对传统文化的熏陶和传承有重要意义。

3. 研究价值

（1）俄吾吾节包含丰富独特的文化信息，如洗浴、插柳枝、下迭神水洗浴等，具有很高的民俗研究价值。

（2）迭部的俄吾吾节和汉地的端午节有诸多相似内容，为民俗学和人类学比较研究提供了资料，为我国各民族交流、交往、交融也贡献了

素材。

4. 社会价值

在整个青藏高原东缘，过农历五月五（端午节）的习俗可以说是普遍存在的。从过节的内容来看，与汉地有着许多的相同之处，都突出了群众除瘟祛病的目的。迭部地处"汉藏走廊"的南端，以俄吾吾节为代表的节日风俗极有可能是历史上汉藏交流的结果，对它的研究可以为我国各民族交往交流交融提供活生生的例证。

（二）存续现状

虽然现在整个迭部地区基本都有过俄吾吾节的传统，但是和洛萨节（农历春节）、娘乃节、道吾供食节、香浪节相比，俄吾吾节不算是一年中特别隆重的节日。传统的俄吾吾节在上迭和中迭逐渐淡化，人们对俄吾吾节并不重视。当然，这就是当地人们的日常生活，应该受到尊重。

传统节日受到外来文化的冲击，开始加入了一些有别于传统的内容，如靠近县城的村子开始从县城买粽子作为俄吾吾节的节日食品，这是迭部传统的俄吾吾节所没有的。这对传统节日的延续也提出了一些新的挑战。

甘肃迭部建房民歌调查报告

张鹏远[①]

迭部位于甘南藏族自治州，甘南藏族自治州独特的生态、生计、历史和宗教孕育出多彩的音乐文化。迭部建房民歌就是在这样的整体音乐氛围中营造出的一种适应当地生产生活的民歌类型。因此，只有将迭部建房民歌置于甘南传统音乐和当地建房习俗中，我们才能更加深入地理解民歌的曲调和审美价值。

一、甘南传统音乐的类型

甘南藏族自治州在甘肃西南部，青藏高原与黄土高原过渡的甘、青、川三省接合部，南与四川阿坝州相连，西南与青海黄南州、果洛州接壤，东部和北部与陇南市、定西市、临夏州毗邻。境内山峦重叠，沟谷纵横，草甸、森林、峡谷、湿地等地貌纵横交错。南部岷、迭山区农林牧兼营，东部丘陵山地，农牧并举，西北部的高原草场属全国"五大牧区"之一。境内气候复杂多变，高原气候与东南季风气候在此交汇，平均温度低，常冬无夏，春秋短促。历史上，甘南属"汉藏走廊"、古丝绸之路和唐蕃古道的重要区域，是藏传佛教的主要流播区域，境内宗教文化浓郁，大小寺

---

① 张鹏远：西北民族大学音乐学院副教授，兰州大学西北少数民族研究中心 2021 级博士生。

院古刹100多座。一年中，藏历新年、酥油花灯会、娘乃节、插箭节、香浪节等与宗教有关的民俗节庆接连不断。藏传佛教对甘南藏族传统音乐文化的形式和内容皆有深远影响，不少民歌和说唱的歌词以六字真言贯穿始终。民间舞蹈的队形及变换路径都遵循着与转经筒、绕寺庙等宗教活动一致的方向。复杂的地貌、独特的气候、农林牧交错的生计方式、浓郁的宗教氛围共同孕育了甘南地区绚烂多彩的传统文化。一个个节庆活动将各种民俗文化和民间歌舞联结于同一时空。

甘南自然生态和人文环境共同造就了其传统音乐文化，也造就了能歌善舞的藏族人民。正如当地人所说，甘南藏族人会说话就会唱歌，会走路便会跳舞。民间歌舞是甘南藏族人民生产和生活的真实写照。

甘南的传统音乐包括宗教音乐、民间歌曲、民间歌舞、说唱音乐、藏戏音乐和民间器乐。其中，宗教音乐包括法事音乐，僧俗的通经音乐，羌姆法舞音乐；民间歌曲包括拉伊、勒、格尔、哇劳等；民间歌舞包括果卓、朵迪、沙目、尕巴等；说唱音乐包括格萨尔说唱、舍巴和佛诗儿等；藏戏音乐包括蓝面具藏戏、独脚藏戏、昌都藏戏、德格藏戏、南木特藏戏等；民间乐器包括扎木念琴、牛角琴、口弦琴、鹰笛等。

农林牧区的音乐形态和风格有所不同。譬如拉伊，流行于碌曲、玛曲一带的拉伊，旋律跨度大，风格高亢嘹亮，而在迭部、舟曲和卓尼等地，拉伊旋律舒缓，风格委婉雅致。这与两地的自然环境和生产方式有关。碌曲、玛曲、夏河海拔高，到处都是一眼望不到边的高原草场。在这种自然环境中要想让歌声传得更远，必然要提高音调，加大音量，于是，高亢明亮的民歌风格应运而生。而迭部、舟曲、卓尼地处白龙江两岸农牧交错带的山林地区。山谷幽林给歌声提供了自然的混响声场，唱歌者不需要太大声音就可以让沟里的人听到，这造就了包括拉伊在内的当地民歌较为舒缓的风格。

1. 与酒为伴的民歌文化

在甘南藏族人的生活中，有歌就有酒，逢酒必有歌。如被称为酒曲的勒，主要在甘南藏族人的各类节庆、聚会或婚嫁等仪式上伴随饮酒而唱。

勒的题材包括婚礼歌、赞颂歌、吉祥歌和祝福歌等。内容与藏族人民的生产、生活密切相关。

甘南各地的勒不尽相同。在迭部县，勒是所有民歌的统称，在上迭，勒则指山歌与情歌。迭部的酿酒技术和酒文化相对发达，作为酒曲的勒，其内容与形式都更加丰富多样，可站着唱，也可盘坐于炕头唱，有的带表演，也有的无表演。演唱勒时，不用乐器伴奏。歌者手持哈达和酒具，边唱边走，唱完将酒具交给下一位歌者，依次轮回。在一些规模较大的庆典仪式上也有两人或多人演唱的形式，一人端酒杯，一人持酒壶，大家齐唱的形式。

2. 边歌边舞、边走边歌的歌舞传统

歌舞不分家是甘南藏族歌舞传统的一大特点。格尔就是一个典型的例子，这种表演，可由两人或多人演唱。如果是由两个年龄相仿的男歌手演唱，或两人手拉手，另一只手持帽子；或两人相对，一手搭于对方肩上，一手握长袖，弯腰边走边唱。每句唱毕，向前三步，下蹲一次，接着后退三步回到原位继续演唱。如果二人成搭肩姿态，则会旋转半圈后换手搭肩。这种演唱形式有阿伽、东赛等。另一类则是主唱与男声二人齐唱的组合形式，主唱演唱主词，齐唱者只唱衬词。主唱演唱时，两位齐唱者双手叉腰，原地抬腿并摆头。郎塔便属于这种演唱形式。

3. 劳动中的歌声

甘南藏族人在各种生产劳动中都少不了以歌相伴。当地人把劳动中演唱的歌统称为哇唠。哇唠的题材内容与体裁形式与农、林、牧生产方式联系密切。大体来讲，建房歌、积肥歌、翻土歌、播种歌、割田歌、打垛歌、打场歌等主要流行于农区；挤奶歌、打酥油歌、擀毡歌、织褐子歌等主要流行于牧区；而狩猎歌、拉木歌、装木歌主要集中在林区等。在农牧林交错带，这些歌曲的分布也呈交错状态。哇唠的歌词多以即兴编唱的形式配合所从事的劳动场面或动作。没有具体歌词的哇唠就以六字真言或语气词等一些衬词代替。多数劳动歌的节奏与旋律与劳作动作相统一。

4. 见证民族交往、交流的洮州花儿

洮州（今甘南临潭）汉、藏、回等族群共用汉语演唱花儿的传统由来已久。清代洮州诗人有诗云："花儿绕比兴，蕃女亦风流。"当地人在砍柴放牧、耕田种地的山野乡间、田间地头，以及各地庙会、花儿会上都会唱花儿。临潭花儿会盛行，比较知名的有农历二月二扁都庵花儿会、三月三王旗洞花儿会、五月五新城大石山花儿会、六月六石山与铁占山庙花儿会、六月八洮砚甲麻沟花儿会等，其中影响最大的要数莲花山花儿会。每逢会期，周边歌手及爱好花儿的人们放下手头的营生来"浪会"。会期伴随着当地各族民众赶庙会、商品交易、骡马交易等活动。

洮州花儿的音调风格与结构形式受当地藏族传统民歌拉伊和勒的影响明显。旋律结构由引腔、主题、再现、变化重复和固定尾句五部分构成，属单乐章形式。调式以主音起收的五省商、徵调为主。相较河州花儿曲令，洮州花儿的曲令数量较少，常见的有《三闪令》《尕莲儿令》《莲花山令》《十二相》《尕联手》等。

5. 集世俗与宗教于一体的说唱艺术

甘南地区的说唱将口头传统与音乐艺术高度融合。其中最具代表性的便是格萨尔说唱。格萨尔说唱的唱词程式与音乐结构相得益彰。音乐的风格变化推动或暗示着人物的性格与剧情的发展。甘南民歌中常见的波音、颤音等典型的装饰音及拉卜楞地区"卓"舞的音乐节奏同样出现在格萨尔说唱音乐中。附点八分音符与十六分音符为主的节奏更贴近藏语颂词的诵读韵律。格萨尔说唱不仅是一部英雄史诗，更是承载着藏族人民的生产经验、生活规范、社会结构及精神风貌的活态集体记忆。

洮州"佛诗儿"来源于佛经"变文"。作为变文的佛诗儿最初在寺院举行。后来多在非宗教场所的佛事活动中颂唱，但仍然保留着浓郁的宗教色彩。在临潭县汉族村寨的一些民间活动中，佛诗儿信众和爱好者会经常组织佛诗儿唱诵。佛诗儿的内容基本以民间劝善故事为主，如《王祥卧冰》《十月怀胎》《十报恩》《目连救母》《八仙歌》《五更哭娘》《孟姜女》等。

二、迭部村民建房过程

迭部地处青藏高原东缘，是青藏高原、黄土高原与四川盆地过渡地，也是甘肃、青海、四川三省交界地。东北与岷县、宕昌县毗邻，西、南连接四川的若尔盖县，与九寨沟县接壤，北接卓尼县，东连舟曲县。境内有河谷滩地、高山草甸、森林雪山，台地农田纵横交错。

迭部古称叠州，历史上政权更迭频繁，先后聚居于此的氐、羌、吐谷浑、党项、吐蕃等部族依此地高山草场放牧为生。随着农耕文明的出现，农业与游牧并重，加之基于森林资源的林业经济，形成了农、林、牧一体的复合式生计方式。由于农业对定居的需要，房屋建造应运而生。建房技术与当地生态、民俗、信仰等因素又共同孕育了包括建房歌在内的建房文化系统。要理解迭部建房民歌，首先需要理解迭部人的建房过程，我们以迭部西北部扎尕那村民建房来呈现当地人的建房程序。

迭部扎尕那藏族人整个建房包括木料准备、选址、打地基、夯打墙体、立房、后续完结等工序。选址是迭部藏族人建房的第一步。藏族人对房屋位置的选择极为重视。一般来说，房子要建在坐北朝南、临近水源、阳光充足、离聚落与耕地近、山体稳固、地势较高的地方。选好房址后，主家要请僧人举行"埋宝"仪式，为新房祈福。

建房木料的准备早在选址前就已经开始了。木材是扎尕那建房的主材。尽管被原始森林环绕的扎尕那并不缺木料，但村规民约严格规定了取材林区的范围。木料从砍伐晾干到运回村寨都需要时间和人力。所以，木料的准备是一个较长的过程。当地人把这个过程形象地称为"攒"木头。除了木料外，主家还会提前准备好大小、形状合适的柱基石等材料。

材料就绪后，便开始夯打土墙。扎尕那村民夯打土墙时，以卵石与黏土打底，底宽为50~80厘米，在底层上会匀铺一层约5指厚的黏土，后泼水夯打紧固，整个打墙过程重复此工序。墙体内侧立面垂直于地面，外立面从下到上过渡逐渐内收，墙体横截面成上窄下宽的梯形。夯打土墙的人力主要是主家及其同一措哇的成员。

材料与墙体完成后，主家到寺里卜算立房吉日，并提前告知村民与外嫁的女儿，以便他们能按时来帮忙。这段时间内，主家要请木匠处理木料，将木头按照梁柱、顶板所需要的数量和规格进行铲平、开榫，处理备用。

做好前期准备后，等到立房的日子便开始主体建造。整个过程一般需要三天时间。第一天，主家与自家措哇成员一同安放好柱基石。当天，还会安排好措哇内部人员此后两天的具体分工。一般来讲，本措哇的人主要负责众人的饭菜、酒水及接待来客等后勤工作，并协助木匠调度搭梁上架的人员安排。

第二天，在木匠的主持下，全村前来帮忙的男性要依次完成立柱、连枋、架梁、搭椽等工作。扎尕那藏族民居通常为三、四开间。三开间为十二柱四大梁，四开间为十五柱五大梁。主梁上要凿洞"放宝"（一般放五谷或金银），并用彩色的绸缎封裹所在梁体。

第三天，主要由帮忙的妇女完成填土工作。填土前，男性会在木匠的安排下，在椽架上固定一层约两指厚的木板，并在上面铺一层桦树皮或柏树皮。妇女们将背来的黄土填到树皮上面后，男人们用板子将土推平整。填完土，房屋的主体框架完工，后续的门窗安装及屋内墙面处理等工作由主家陆续完成。

三、迭部藏族立房仪式中的建房歌

在迭部藏族人的观念中，建房被认为是一生中重要的事之一。家屋是当地人获得身份与生存资源的基本前提。对迭部藏人来说，建于半山农田、森林与草场结合地带的家屋不仅是防寒保暖、抵御猛兽与敌人侵袭的栖居空间，也是便利农林牧兼营的复合生产活动的需要。不仅如此，家屋在社会秩序和宗教信仰场域的构成中发挥着重要的功能，也是迭部藏人文化系统的符号表征之一。正因如此，整个家屋的建造过程充满了神圣感和仪式感。

2021年1月20日，我们正好赶上迭部益哇镇扎尕那咚哇村桑吉家的立房仪式。我们到时，全木结构的梁柱框架已基本搭建完成。柱子保留了树干的圆木形制，横梁则被木匠加工成了横截面为正方形的方木。房屋旁的空地上，木匠们正在加工这种方木，场院里有一个临时搭建的柴火灶，有人正在忙活着午餐。这是房屋主体建造的第二天。这个建房日程由寺院僧人卜算决定，并已向山神、地神煨桑献祭，取得了神灵的允许和庇护。按照当地的村规民约，立房时全村每户人家至少要有一个人来帮忙，属同一个措哇的至少要出两个人。出不了人的就按每天出一百元的标准出钱。按照传统，这两天，主家所有出嫁的姑娘都要带上婆家人回来帮忙，主要负责烟酒供给等后勤保障工作。

扎尕那藏族人立房过程中，木匠是最重要的角色，他们被尊称为"阿阻尼"。当房屋的基本框架搭建好后，木匠要举行"阿阻尼切嘎"仪式，即木匠颂词。颂词可长可短，主要赞颂房屋的材料、建房的过程、入住吉祥等内容（例1）。

例1

> 切……切……
> 去年打房墙，今年立新房。
> 支起金柱子，搭起银房梁。
> 红柏顶四周，五谷装满房。
> 夏天筑外围，冬天筑内墙。
> 风沙能抵御，豺狼难进入。
> 敬，一切顺利！①

当地有歌谣唱道："如果没有木匠，就连神住的地方都是石头做的。"在迭部藏族人的观念中，木匠是一个受人尊敬的职业。尽管如此，在建房

---

① 杨文才. 多彩迭部·民间谚语祝词［M］. 兰州：甘肃民族出版社，2010：111.

过程中，只要出现木匠没有处理好木材或榫卯工艺的情况，众人便会大声吆喝起哄，调侃木匠的技艺不精。这种藏式幽默伴随着整个建房过程，尤其在第三天，前来帮忙的妇女会集体调戏进入她们"领地"的男性。立房过程中，女人们具有戏弄男人的"合法"权利。

按照传统，立完房当晚，主家要请全村男女老少到新房里吃饭、喝酒、联欢。2021年1月20日傍晚，前来帮忙的人在桑吉家新房一层的地面上早早就生起了几堆篝火，主家准备好饭菜、烟酒、饮料及糖果。众人齐聚后，庆祝活动在一位民歌手的歌声中开场。这首歌就是"建房颂歌"，一般由大家认可的善歌者演唱，最好是本村辈分较长的人。当晚唱歌的人叫才让，他和桑吉属同一个措哇，是村里的"歌星"，村里人新房庆祝时多半会请他。他演唱的建房颂歌的大意为，"柱子是金子做的，横梁是银子做的，来这里的人都是善良的人"。据说以前这种歌会唱得很长，内容有歌唱建房石头、木料等材料或木匠各种工具来历的，有赞美木匠手艺的，有歌唱主家平安健康、祝福新房吉祥如意的，有称赞亲戚朋友帮助的，还会唱当地流传的有关建房的神话传说。建房颂歌可以说是迭部藏族建房文化地方性知识的活词典，生动地反映出当地人与自然、人与人、人与神、人与房的独特关系（例2）。建房颂歌普遍流传于迭部农区及农牧交错地带。

例2

修房的木料从哪里砍了？木料从尕儿的森林里砍。

房子木料？房料堆在赛马的地方。

从何处拉到往何处放？拉到放在村子的中间。

房子要修到什么地方？房子要修到村子中间。

房地要选到什么地方？房地选到金土银土上。

柱子朝天是支撑天穹，房子座石是压着四方。

粗梁细梁好比是骑士，大梁小梁顶撑九霄天。

正中的柱子是像活佛，边沿的柱子是像圣人。

椽子好比是蛇的肋巴，檩条好比是夹佛经的板，

压条好比是捆佛经的绳，压石好比是山鹰孵的蛋。①

这类建房歌实际上是当地藏族民间颂词（或祝词）的一种。不同的场合配以不同内容的颂词。有的颂词用演唱的形式呈现，有的则只诵不唱。这种建房歌不仅流行于农区建房仪式，牧区移地扎帐、缝制新帐篷时也会伴随请客、庆祝、唱诵这种祝词。汉族建房也有类似的仪式。笔者的家乡陇南武都与迭部比邻，当地汉族修建土木结构的新房时，在上"中岭"（相当于迭部建房的主梁）仪式中，也会在主梁正中朝下方向开孔放置金银珠宝或五谷杂粮之类的具有美好寓意的财物，并由木匠"吩咐"几句（诵祝词），祝福上梁大吉、入住平安、人财两发等内容。武都与迭部两地的建房工艺和仪式的形式极为相似。不同的是，迭部的祝词要唱，武都则只诵不唱。内容方面，武都主要以祝福主家建房大吉、入住幸福之类的祝语为主，而迭部则会歌唱一棵树是如何生长在山里，人们如何把它运到村里，变成建房木材，撑起了一座座房子，为人们遮风避雨的。最后祝福主家入住新房后人畜兴旺、五谷丰登。迭部建房歌的内容显然与当地的生态、民俗、信仰密切相关，住在森林边上的当地人对作为建房木料的树木的生长过程是再熟悉不过的了，他们深知一根木头从森林里运到村寨是何等不易，也知道木匠在建房中的重要作用，更相信这一切都是受神灵的庇护的结果。所以，他们在新房落成时会怀着一颗感恩的心来歌颂这些人、事、物。从这个角度来讲，建房颂歌蕴含着迭部藏族与其生存的自然生态及人文语境的深层关系。

据村里的老人说，以前庆祝房屋落成时，大家主要以演唱这种歌曲为主，现在的年轻人会唱的越来越少了。的确，当晚除了才让和其他两位中年人演唱这类民歌，多数年轻人演唱的是当地时兴的藏语流行歌曲。作为非物质文化遗产的迭部建房颂歌同其他甘南藏族传统民歌一样，面临着传

---

① 口述人：腊子口镇黑多村包代办，搜集人：何桑杰、杨淋多杰、康学功，参见迭部县人民政府网 http://www.tewo.gov.cn/info/1200/14865.htm.

承危机。

四、建房劳动中的歌声

立房仪式中演唱的建房颂歌可以说是迭部藏族建房仪式歌曲。除此之外，在建房过程的不同劳动场面都有歌声相伴，如背土石歌、拉木头歌、打墙歌等。在立房仪式的第三天，背土上房的妇女会以歌唱的形式调侃木匠的手艺不精（例3），木匠也会用歌唱的方式数落背土和运木板的妇女，或借歌声嬉戏回家帮忙的外嫁女子。

例 3

修 房 歌

道吉唱 杨文才记谱 杨加措记词

这些被统称为哇唠的劳动歌不仅可以活跃气氛、缓解疲劳，更起着激发干劲、协调劳作的作用。哇唠的歌词多以即兴编唱的形式反映正在从事的劳动内容。没有具体歌词的时候，大部分会以六字真言或语气词等衬词代替。如与建房有关的打夯歌、打墙歌等多为一领众和，领唱主词，众和衬词。曲调短小方正，多为单句式，有两个含有主词的乐节和一个衬词乐节组成。

例 4

打夯歌

1=♭B 2/4
中速稍快

达布唱 万玛道吉采集

哇唠的旋律和节奏有的只在劳作休息间演唱，不配合劳动，有的则配合身体动作。立房第三天，妇女们调侃木匠的修房歌（例3），属于前者，这类歌曲主要以活跃劳动气氛、缓解疲劳为目的。打夯歌（例4）、背土石歌（例5）则属于后者，这类歌曲的节奏、旋律与劳作者身体动作的幅度及频率相一致。劳动动作缓慢时，歌曲的节奏与旋律也较为舒缓，反之亦然，如歌曲为八三拍，动作快时，每拍完成一次劳动动作，动作舒缓是两拍完成一次，四二拍的则多为每拍完成一次。一领众和的劳动号子，众人的动作频率则统一于领唱者的口令。

例 5

背土石歌

1=D 3/8 2/8

南吉昂茂唱 杜秉哲采集

五、结语

特定的音乐形式与内容满足了特定仪式和情景中所需要的特定声音场域及氛围。甘南迭部建房仪式中的颂词需要音乐营造较为强烈的仪式感，而对仪式感的需要又与当地人的集体意识息息相关。劳动者在建房过程中，不但身体要承受负重带来的疲劳压力，更要承受不断重复劳动带来的枯燥与乏味，能歌善舞的藏族人在无形中借助了音乐的律动与其娱乐功能，有效活跃了劳动气氛，缓解了劳动带来的枯燥与疲劳。与此同时，对于作为表演的民间音乐艺术，也需要在建房仪式和劳动场所这样的特定情境中实现"表演"的释放。建房歌及建房过程从一个侧面反映出甘南藏族人的宗教习俗、劳动观念和音乐在其文化系统中的存在方式与功能。将迭部建房歌与整个建房仪式及劳动过程，放置于甘南地区传统音乐文化、自然生态与相关人文语境的大背景中，能有效解构甘南音乐文化现象，探究形态与区域文化、族群文化之间的内在关联，以及作为文化的音乐在整个文化系统中的结构功能。

环境、文化、信仰、习俗等因素共同孕育了区域音乐文化的形态与内涵。反之，音乐文化所承载的族群文化与地方性知识又是民族认同的重要文化符号，也是民族文化交流的声音鉴证。陇南武都及迭部当地建房工艺和仪式的相似性，以及洮岷地区多族群共用汉语演唱洮岷花儿的民歌文化现象都是白龙江流域多族群文化交往交流交融的有效旁证，有助于对甘南地区传统音乐文化现状与格局的整体把握与理解。

参考文献

[1]《中国民间歌曲集成·甘肃卷》编辑委员会. 甘肃卷编辑委员会编纂. 中国民间歌曲集成·甘肃卷［N］. 北京：中国 ISBN 中心出版社，1997.

[2] 李生贵. 甘南藏族传统音乐［M］. 兰州：甘肃人民出版社，2012.

[3] 王含章. 信仰空间中的人与社会［D］. 兰州：兰州大学，2017.

[4] 班马次仁. 迭部县扎尕那藏族榻板房制作技艺及传承现状研究［J］. 中国非物质文化遗产，2022（01）.

[5] 迭部人民政府网：http：//www. tewo. gov. cn/info/1200/14865. htm.

甘肃迭部扎尕那村规民约及其变迁调查

杨佳原①

俗语说："国有国法，家有家规。"村规民约就是这样一种与国法并行不悖并逐渐成为村民自治主要依托的制度。村规民约起源于乡野，以宗教、法礼为主体，以惩恶扬善、教育教化、维护团结稳定为目的，是自下而上由村民们自发性地、有组织地共同制定的，并共同遵守、互相监督，并且随着社会的发展进步，不断更新完善，从口耳相传到成为文本的制度。它涉及村民生活的方方面面，长期不断地实施，潜移默化成为当地特有的非物质文化，对乡村社会的运转和乡村社会的秩序维护依然起着重要作用，需要我们在乡村振兴中合理地挖掘、继承和创新。本文根据 2022 年春在甘肃迭部扎尕那的田野调查，分析村规民约的运行方式及其变化，从而更清楚地理解民族乡村社会治理的情况以及乡村社会变迁的逻辑。

一、扎尕那咚哇村村规民约基本内容

村规民约的本质是一种行为规范，是在人们相互合意基础上制定的，并且制定的主体是乡民，具有社会性，② 还包含了村落内人们劳作的互助

---

① 杨佳原：兰州大学西北少数民族研究中心 2020 级博士生。
② 董建辉．"乡约"不等于"乡规民约"［J］．厦门大学学报（哲学社会科学版），2006（2）．

性、个人对于村集体的依赖性等。另外，村规民约具有基层性，它是乡民们从自身利益出发对乡村社会秩序构建的一种尝试，主要用于规范乡民之间的行为。很多时候，这种私人秩序的边界就是乡村的范围，受约束的群体也主要是在同一乡村并加入乡约的乡民们。① 除此之外，村规民约是村民自治的重要手段，其内容囊括了村民自治的各方面，介于正式制度与非正式制度之间，具有道德约束和行为规范的作用。随着国家的重视，村规民约逐步发展成为基层治理的理论依据。它的有效性甚至能够外延，是各乡村社会中调整本村民与其他村民之间、两个村落之间社会关系的文本依据。

扎尕那咚哇村的村规民约是当地习惯法、民俗文化、村民自治的传承与发展。作为优秀的民族文化、传统文化，解决了世代人们生产生活的各类难题，并且以去其糟粕、取其精华的方式不断适应新的社会环境。时至今日，村规民约更是以经验性、地方性的特点成为乡村振兴的重要基础制度。以下根据民间法的制约对象，将扎尕那咚哇村的村规民约分为三类。

（一）违法犯罪

违法犯罪主要指触犯国家法律法规、当地民间法以及村规民约。在传统藏文化的影响之下，对于扎尕那咚哇村的人们来说，违法犯罪活动是让人们最为嗤之以鼻的，在村规民约当中更是加大对此类违规的处罚力度。惩罚的主要类型如下。

1. 偷盗行为

在村规民约中明确指出，偷盗行为不允许私自处理或两个家庭及少部分人进行处理，必须交由村集体进行处置。如若发现，推翻此案并处以罚款。在当时的社会中，人们崇尚劳动，且私有财产数量有限。因此，对于这种不劳而获的行为，处罚力度也就相应加重。当时的私有财产主要以牛羊为主，牛羊是人们重要的生产资料，更是食物的主要来源。因此，偷盗

---

① 刘津. 从"乡约"到村规民约：比较与反思 [J]. 长白学刊，2022（1）.

牛羊的处罚比其他物品的更为严重，核算标准是偷盗物品价值的 6 倍（其他物品为 5 倍），其中三份归被盗人所有，剩余三份上交集体。

2. 打架斗殴

扎尕那咚哇村的人口主要来源于 6 个措哇（藏语，意为氏族，是藏族传统的以牧民为主体的部落组织，一般由两个或多个有亲属关系、血缘关系的家庭构成）。因此，打架斗殴这类个人事件通常会上升到两个家庭的矛盾，严重影响了村落的稳定，不利于团结。村规民约中值得一提的是，第三方如若发现意外情况，必须进行劝阻，不劝阻者也会受到处罚。处罚力度主要依据作案工具（情节的严重性），如赤手空拳罚款 50 元，持有刀具未伤及他人罚 100 元，持刀伤人则加倍处罚。这类事件一般是由家庭中有威望的长者进行调解、处理的。在罚款的基础之上，为了村落的团结，一般会大事化小、小事化了。

3. 其他不道德的行为

这类行为主要包括不尊重老人、不善待老人以及欺凌妇女儿童。处罚制度具有累加性的特点。累加性主要指初次出现这种行为，并且情节不恶劣的主要以教育为主，如再次发生同样的问题，则以罚款为主、教育为辅，多次违反将会加倍罚款，并由集体责令教育整改。

4. 赌博行为

随着文化娱乐活动形式的丰富，以及棋、牌、网络游戏的传入，部分人会借此机会下赌注来寻求刺激，为了维护村集体的良好氛围，赌博行为被列入了村规民约。值得指出的是，为了更好地从源头上制止赌博行为，组织者、参与者都会受到惩罚，包括本村以及其他外来人员。

（二）公共事务管理

据 2022 年资料统计，扎尕那咚哇村共有 110 户家庭，6 个措哇，共同构成了一个社区，整个村集体是一个有机整体，个体事务如同水中涟漪一般，会波及家庭、措哇甚至整个社区。因此，建立公共事务管理机构管理公共事务活动是众望所归、不可或缺的。村规民约中公共事务的管理条例分为以下几类。

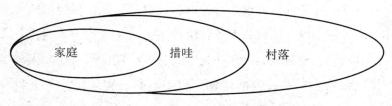

图 44　家庭、措哇和村落的关系

1. 生态维持

青藏高原地区生态薄弱，恢复能力弱。自古以来，扎尕那地区是一块封闭式的宝地，森林覆盖率高。随着社会的发展和人口数量的增加，木材市场价值高，乱砍滥伐行为屡禁不止，生态遭到了极大破坏。为了保持生态平衡，维护绿色的美丽乡村环境，村规民约中多条规定直指破坏生态的行为。如组那宝、扎玛、阿尼三地禁止砍伐，违反者大树罚款 500 元，小树苗罚款 100 元；草山不允许私自挖冬虫夏草、药材，需在村集体的组织下进行，而且需要缴纳草山保护的押金；严禁进行狩猎、渔猎活动。

2. 环境保护与防火

自古以来，干净整洁的村落环境是扎尕那地区的标签，人人应当是维系者，也是受益者。村落内有专职的监督人员（监督人员不是一直不变的，而是挨家挨户轮着参与，聘期为一年），村里的环境卫生责任分配到户，每户一个月内需要做两次卫生，清扫不洁或乱倒垃圾将会被罚款。以林为本的地区，森林火灾是最为致命的。古诗有"野火烧不尽，春风吹又生"的催青方式，在扎尕那是明令禁止的。扎尕那地区民居大多以榻板房为主，榻板材质为草、木。因此，严禁在榻板房周围堆放杂草，搭建架杆等。

3. 集体活动

集体活动主要包括婚丧嫁娶等的相互帮扶以及宗教节日。村落人口数量较少，多数人之间具有血缘或姻缘关系，属于熟人社会，邻里之间互相帮助，从制度潜移默化成为一种地方文化。除此之外，在独特的自然环境与藏文化影响之下，扎尕那咚哇村有诸多节日，这些节日具有地域性、宗教性、民族性、周期性等特点。前者以村民盖房为例，村规民约中明确规定：本村有人家盖房，从材料准备阶段直至盖房完成均需本村每户人家帮忙，若不到场者，全村点名批评并处以罚款。村规民约对罚款内容做了详细的分类，包括木材、石料的运输，整备材料，砌墙，上工上料，盖房等。节日文化以村内转经活动为例，村内农历每月初一、十五举行玛尼活动，规定凡18~60周岁的人都应参与（学生除外），并由奥拉（奥拉，藏语，是指专门组织村庄集体活动、监督参与人员人数、落实情况的人。）监督，无故不参与者将会被罚款，监督人员渎职将会受到双倍处罚。

（三）物权、生产制度

物权制度主要指对物的所有权，集中体现在土地的归属与流转，财产的占有、使用、受益、分配机制。生产制度包括土地种植时间安排、农作物种的指定以及一些互助方式。

1. 土地分配

土地分为集体共有土地及个人私有土地两类。个人私有土地可依据家庭情况自行建房，建房高度不得超过三层，住宅区外的耕地不允许有任何建筑物。土地具有明确的界线，任何人不得以任何理由占据他人一寸土地。村规民约规定：凡是抢占别人土地均以双倍赔偿，若发生冲突，将会数罪并罚。共有土地归村集体所有，用来建造基础设施以及盈利设施等。共有土地由村集体占有、使用，所得收益由村集体进行集中分配。

2. 生产制度

生产制度内容包括对种植作物的规定，为了保持水土营养不流失，执行隔年换种农作物，如今年种植大豆、青稞，明年就需要种植油菜花、土豆。具体种植时间与种植物的品种将会由村集体提前一周告知全村。扎尕那的畜牧业发展主要集中在距本村30千米之外的牧场，因此在家中仅留有产奶的母牛、协助干农活的公牛，每户留家牛羊数量共计不能超过4只。每年3月至5月是播种季节，如有家畜践踏农作物，将会视具体情况处以

2~3 倍的处罚；每年 6 月至 9 月是丰收季节，此时间段内有牲畜践踏农作物则处 3~5 倍的处罚。

二、扎尕那村规民约的运行方式

村规民约的有效实施离不开（自律）村集体内每个个体的承诺与认同、贯彻与落实，更离不开（公律）公平、公开、公正的明文规定，集体的监督与实施，有依据的赏罚分明。自律是公律实现的前提条件，公律是自律的最后屏障，只有二者有机结合，才能使得村规民约高效运行。

1. 从个人到集体：自律

村规民约与国家法律的不同之处在于前者属于"软法"，虽然能够产生社会效果，但没有国家强制力作为实施保障。① 这就要求村规民约顺应当地人的生产生活，村规民约制度本身的正当性；实施程序的理性；以及村集体对于村民诉求处理的合理性、合规性和合情性。自律与公律不同，自律是村规民约制度能够高效实施的基础条件，在大多数情况下，社会生产生活秩序依靠村民内在的自我控制，村规民约的实施依靠村民自觉遵守。以维护利益为基础，以教育作为手段，使村规民约内化为人们做事的底线，在规则之下做自己的行动。这是一个复杂且历时较长的过程，使我们不知不觉地内化了我们文化中的规范，使遵守规范变成我们个性中的一部分。②

案例一

2022 年 1 月 20 日，农历腊月十八，每家每户自发性地指派一人出门，背上经书（所背经文是般若八千颂与般若十二万颂），从家开始围绕整个村庄一圈。指派的人一般是每个家庭中的年轻男性。外界将此项活动称为"望果节"，望果为藏语，意为环绕村庄。背上经书环绕村庄，以祈福来年

---

① 姚俊智. 乡村治理视野下党规与村规民约的协同互动 [J]. 中共福建省委党校（福建行政学院）学报，2022（1）.

② [美] 伊恩·罗伯逊. 社会学 [M]. 黄育馥，译. 北京：商务印书馆，1990：77.

村落平安，风调雨顺。笔者询问了几位年轻人，其中有的不知其缘由，说是家长委派的，有的只知这一活动是他们爷爷辈就有，一直传承至今的。据悉，这种活动在迭部存在于上迭，原来是人们口耳相传并有一定制度，需要每个人都参加的，但后来成为一种必不可少的民俗活动，规则也就消失殆尽了。望果节的内容也不是一成不变的，在发展旅游之前，村落格局比较紧凑，当时需要背上经书绕村三圈。当下由于村落布局变宽，绕村一周就需要几小时，因此人们也就默认绕村一圈为规则。不得不在此提及数字三，三指对佛教佛、法、僧三宝的敬仰。规则本身是规范人们行为活动的准则，当自律将一种文化活动当成人们的必需品，规则将会隐隐退去。

2. "大家"保"小家"：公律

村集体是本村任何事件的见证者、认定者、仲裁者、劝说者，以及赏罚的执行者。村规民约的实施过程中选举出的监督人（奥拉）是流动性的，每年一换，每家一年，并接受全村监督。这也说明了村规民约的制定主体是全体村民，他们也是实施的监督者。[①] 每一件事都按村规民约的规定处理，处理过程中，由每个家庭的长者参与并留下记录。自律是依靠人们的思想意识、舆论压力，作为公律，村规民约成为符合村落集体以及个人利益的人们日常行为的最低标准。一旦越过这个标准，村集体将行使公共权力，按照村规民约进行惩处。因此，这种公共权力具有社会的强制性，这种强制性也反过来树立了村规民约的权威性。

案例二

2020 年 1 月 22 日，村内一家住户正在修建新房。除了少数木匠以外，前来帮忙的都是本村的人。他们分工明确，年轻力壮的搬运木料和运输沙料，年迈有经验的进行指挥或砌墙，妇女则做好大家的餐饮，儿童在一旁端茶倒水、喊加油。众人拾柴火焰高，人们齐心协力，短短两天之内就搭好了房屋的整个框架。搭好框架的当晚，修新房的主户就在新房内宴请全

---

① 陈森霖. 法治建设背景下习惯法适用研究——基于黔东南地区村规民约适用调查［J］. 山东农业大学学报（社会科学版），2017（1）.

村的人。人们依旧是有条不紊，搬运饮料酒水，制作晚宴，点燃篝火，载歌载舞。在修建房屋帮忙的人群中，我们发现了几个着装不一的小伙子，一问才知家里提前一周才把事情通知给他们，他们虽远在四川、西藏，但会想办法在指定时间到达本地帮忙，而这正是公律的作用。村规民约中明确指出，每家每户都得帮忙，凡不参与者，不但会受到罚款，而且将会被全村通报。通报看似是小事，实则通报之后，全村将不会为通报之人的家事尽心尽力给予帮助。这里需要指出的是，由于民宿等现代经济的影响，一些家庭会因分家而不合，甚至闹得不可开交。这些变化促使村规民约规定，一个家族内的人不仅需要到场帮助，而且需要扛下大活、重活，由于个人原因不到场的，将会受到双倍或更严厉的惩罚。

3. 运行价值

（1）传承本民族文化

村规民约作为一种行为准则，将民族文化强势推行。无论是实施村规民约的过程，还是实施的内容，都体现着民族文化。民族文化因村规民约而得以传承。宗教文化是藏文化的重要组成部分，煨桑、转经在藏族村落与人们形影不离。在重要的宗教节日，村规民约将村民整合在一起，共同参与其中。

（2）构建社会结构

村落的社会结构包括村集体组织、家庭模式、氏族部落（措哇）和人们之间的关系等构成的复杂的社会关系网。村落的社会结构是由自然环境、生产生活方式、社会历史、民族文化观念以及当下社会环境的影响而定的。① 扎尕那咚哇村的社会组织主要由两类构成：其一是家庭、氏族、宗教等传统的社会结构，其二是村民委员会、旅游开发公司、村民小组等社会结构。在村规民约与国家法的共同影响之下，建立了新型的成熟稳定的村落社会关系，人们之间的关系变得有规可循。

---

① 张晓辉. 法律人类学的理论与方法［M］. 北京：北京大学出版社，2019：415.

（3）维护个人、公共利益

村落是一张大网，网格里交错着各方的利益，包括村集体利益、家族利益、家庭利益、个人利益，等等。共同的利益构成了村规民约的群众基础，利益可分为集体利益与个人利益。使二者协调统一，并能维持健康稳定的发展是村规民约的必然要求。集体利益与个人利益是村民赖以生存的条件，二者在特定时间可能出现矛盾，而村规民约能够在国法之下，作为基层利益平衡机制更好地解决矛盾。个人之间的利益也有可能出现矛盾，而村规民约作为本土产物，在集体观念浓厚的民族村落中处理个人矛盾显得游刃有余。

（4）组织生产活动及其他社会活动

人们世世代代生活在这片土地，生产生活积累的经验让人们懂得怎样保持水土、合理利用水资源、避开生产禁忌。如当地特有的水磨，由于地形崎岖，水流湍急，当地人利用水能推动石磨进行磨面。除此之外，村规民约还能够保证国家法律和政府政策在村落进行贯彻落实。① 能够将国法很好地落地，实现村规民约与国家法律的对接。

三、扎尕那村规民约的变迁

村规民约的有效实施必须以当前的社会背景为前提。在一个变迁很快的社会，村规民约不是一成不变的，否则无法保证其效力。尽管传统的某一种制度可能对解决某问题最为直接有效。但随着社会环境的改变，传统制度逐渐出现弊端，因此不能依照老法子按部就班，必须与时俱进，迎合新的环境。

1. 内容变迁

村规民约的内容变迁主要是指随着社会的变迁，其中部分内容的消失、增加以及不同程度的修改。在中华人民共和国成立之前，如扎尕那地

---

① 吴毅. 村治变迁中的权威与秩序——20 世纪川东双村的表达［M］. 北京：中国社会科学出版社，2002：74-75.

区的村规民约原本是头人用来管理部落人们的日常行为，维护当时秩序规范的，与土司制度相结合来治理村落。社会管理权力归头人所有，除此之外，头人还拥有诸多特权。如土地分配制度的制定，生活禁忌、生产习惯的规定等。随着中华人民共和国的成立，头人的特权被完全取缔，村规民约的内容逐渐合法化。本文主要分析21世纪以来，扎尕那咚哇村村规民约的变迁。笔者根据田野调查所搜集的资料，为了方便比较，将扎尕那咚哇村三个不同时期的村规民约版本进行整理，摘录其中有变迁的内容如下。

表1　2005、2013、2019年的三个村规民约版本

2005 年	2013 年	2019 年
1. 持有刀、棍等凶器打人者，但未伤到受害者，罚款50元。 2. 村内有不文明礼貌行为，大声唱山歌者，无论男女老少罚款50元。 3. 本村任何家中如有牲口被盗的情况，收到消息之后，年满18周岁的男人必须持枪立马到达指定地点，迟到者罚款20元。 4. 任何人不许在家养殖绵羊	1. 持有刀、棍等凶器打人者，但未伤到受害者，罚款50元。 2. 村内有不文明礼貌行为，大声唱山歌者，无论男女老少罚款50元。 3. 本村任何家中如有牲口被盗的情况，收到消息之后，年满18周岁的男人必须立马到达指定地点，迟到者罚款20元。 4. 任何人不许在家养殖山羊、绵羊	1. 持有刀、棍等凶器打人者，但未伤到受害者，罚款100元。 2. 删除了这条规定。 3. 本村发生偷盗牲畜案件时，无论是哪家，都一律不得私自处理，应当交由全村人处理，处以偷盗者被偷物品价值的六倍罚款。其中三份上交村集体，剩余三份赔偿给被盗者家庭。 4. 旅游规划区内不得放牧，不得乱砍滥伐，肆意踩踏植被。 5. 对待游客要以礼相待，不得辱骂或欺骗。 6. 咚哇村旅游开发股份有限公司的23位负责人员有权裁决小事件，涉及村集体的大事件仍由村集体商议

综上所述，内容变迁主要集中反映在以下几个方面。

（1）随着人们生活水平的提高，在不同时期，村集体处理相同事件的处罚力度（尤其罚款）在变大。

（2）从合民间法向合国法过渡。处理家中牲畜被盗案件时，从持枪到

无枪，从部分人处理到村集体处置，违反国家法律者直接交给公安机关。

（3）旅游开发使村集体把制约重心向经济开发转变，安静的村落被打破，不允许大声歌唱的时代已不复存在。新增了诸多关于景区环境、接待游客的条例。

（4）随着新权威的出现，村集体拥有了共同的产业，共同的产业使得人们组建了旅游开发股份有限公司，关于经济利益的小事件完全交付新权威处理。

2. 话语权变迁

村规民约的权威性与话语权是其赖以生存和成功实施的基础，而随着社会的发展，话语权发生着更迭、交替甚至重大变化。老传统的话语权历经消失、恢复、复兴的过程，新的话语权正以一种顺应当地文化发展的方式逐渐介入，最终成为主导者。老传统的话语权包括传统的权威机构、宗教、家庭、老人等，这些话语权依旧存在，但其分量却发生了巨大变化。新的话语权指的是国家给予村集体的政治权利——村委会，以及旅游开发带来的新机构——旅游开发股份有限公司。随着现代化的发展，村落的经济结构、行政结构发生着巨变。从上到下的行政权干预导致村规民约的约束力逐渐丧失，因此必须重视乡约组织在村规民约实施方面的作用。① 村集体从此"双肩挑双担"，扮演双重角色，承担双重任务。

案例三　村民修房事件

2021 年 9 月，迭部县旅游局下达了政策，所有扎尕那咚哇村人家的大门需要整齐划一，为了迎合宅基地大小不一的情况，提供了 2.8 米、3 米两个方案。这时村集体承担了村委会一职，自上而下地传达并完成了任务。同时，这时的村委会依旧由原来的村集体人员构成，仍能发挥原本的职能。在选择统一规划木门的材质、雕刻图案时，依旧为了村落的利益，选择了经济环保的材质，并补助所需费用的一半。

---

① 张良. 乡村公共规则的解体与重建 [J]. 浙江社会科学，2016 (6).

　　案例四　修建助老场所

　　2022 年 1 月 22 日，村内正在修建集餐饮、歌舞、助老、住宿为一体的多功能厅。其中最引人注目的是养老问题，旅游带动了当地的经济发展，到了旅游旺季，全家齐上阵，孩童也要忙着打下手，老年人在家不能按时吃上饭的问题日益突出。旅游开发股份有限公司作为村落新的话语权拥有者，逐渐成为解决村落经济问题的唯一组织。为缓解这一矛盾，公司提议并开发建造了多功能厅，提出村内凡年满 60 周岁的老人都可以在多功能厅一楼免费享用一日三餐。这样既保证了老年人的饮食问题，又兴建了新的营利机构。

　　3. 社会变迁中的村规民约

　　（1）自足经济到市场经济

　　自古以来，扎尕那就是集林业、种植业、畜牧业为一体的复合系统，具有产业互补、节约资源、保护生态环境、有利于农业可持续发展的特点①，人们的衣、食、住、行都能够自给自足，很少走出村庄。在传统的村规民约内，逐出村庄更是最大的惩罚手段，只对于穷凶极恶之人使用。因此，村规民约的执行范围基本与村庄边界相吻合甚至重叠。村民以血缘、地缘为纽带进行互助、合作，对村集体的依赖程度较高。自 2017 年以来，村规民约增加了与相邻村落的协调发展以及与旅游业相关的内容。这反映了随着市场经济的浸润、经济利益的引诱，扎尕那地区旅游业逐渐崛起，改变了单一的经济成分，打破了自给自足的闭环。人、物、财各项资源流动加速，出现了旅游开发股份有限公司、民宿等多种盈利模式。

　　（2）封闭静态到开放流动

　　在传统与现代更替的现代化进程中，乡村社会正经历着裂变与新生。村民的生产方式、生活方式、思维方式、价值取向都在市场经济影响下发生着潜移默化的变化。扎尕那咚哇村耕地面积狭小，地形崎岖，牧业发展只能依靠邻县的草场，农业越来越无法满足人们的需求，于是人们不得不

---

①　李建华. 农林牧复合系统实践意义的探讨 ［J］. 古今农业，2016（4）.

另辟蹊径。比较三个不同时期的村规民约，最新版本中新增了诸多关于环境保护、旅游开发、村民对待游客态度的条例，减少了对农业保护的内容，规定了观光区耕地种植物种，如种植油菜花等。由此可见，旅游业在这一时期逐渐取代了农牧业，甚至为了迎合游客而成为一种观光农业；另外，牧业也遭受了重创，在现代化的冲击下，商品经济强制植入了不同的价值观，给传统的思想观念造成了强烈震撼，牧民们因此开始衡量年收入多少，甚至与他人攀比财产收入，不得不对原来生活中物欲低的观念再度思忖，一些家庭不惜卖掉牛羊，全力发展旅游业。旅游开发让游客打破了村落昔日的安宁，清净安逸的村落变得门庭若市，村民与全国游客的距离再一次被拉近。传统与现代在这里碰撞，各民族文化在这里交流，城镇与乡村在这里共存。

白龙江上游民间"才仔古巴"调查报告

吉西次力、德庆旺姆①

正如姊崎正治所言："任何国家都有有组织的一派正统宗教居上统一并感化民心，同时，在民间又有与该正统的被组织化的宗教多少相异的民间习惯。"② 其认为宗教现象的时态具有双重性。自 10 世纪开始，雍仲苯教和萨迦派、格鲁派等相继传入处于白龙江上游的迭部地区，开始居上并对当地民众的社会生活、伦理思想、风俗习惯等产生深刻影响。而作为民间信仰的"才仔古巴（thses bcu bskor pa）"多少与组织化的宗教文化相异，它的产生具有深刻的历史、社会、政治渊源。除此之外，它还具有一定的功利性，注重人的现实需求，对社会底层民众的影响不同于其他宗教文化。本文基于笔者近几年在白龙江上游地区的调查、访谈，结合相关文献资料，对"才仔古巴（thses bcu bskor pa）"的历史渊源、分布区域、传承与教育方式、法器和装束、经书及法会活动、内部结构、管理制度、活动场所及神灵体系、社会功能、现状、传承意义等做了介绍性的报告，旨在揭示这一文化现象背后的历史背景，勾勒出 18—19 世纪迭部地区的政治、信仰图景，从而阐述其传承和保护的重要性和必要性。

---

① 吉西次力：兰州大学西北少数民族研究中心 2022 级博士研究生；德庆旺姆：西安外国语大学英文学院。

② 铃木岩弓，何燕生译．"民间信仰"概念在日本的形成及其演变 [J]．民俗研究，1998：3.

一、概念释义

"才仔古巴"是迭部地区的藏语方言，"才仔（thses bcu）"是藏语"初十（thses bcu）"，"古巴"是藏语"bskor pa"，指以组织形式构成的信仰群体，意为"初十荟供组织"。"才仔"既有初十荟供仪轨之意，又指举行这种宗教仪轨的神职人员。此处指以举行初十荟供法会为主的民间宗教人士。个体称"才仔"，个体组成的组织称"才仔古巴"。他们每月初十举行莲花生"初十荟供"法会、每月十五日举行"马头明王"法会、元月初八举行"莲花生千供"法会、四月十二至十五日举行"跳神"法会、十二月二十九日举行"格垛（dgu gtor）"法会等。"才仔古巴"由"才仔""丹真（rta mgrin）""俄巴（sngags pa）"三种不同身份的民间宗教人士组成，以"莲花生神殿"和"马头明王神殿"为信仰载体，行使祭祀山神、超度亡灵、打卦算命、取名护身等法事活动。

二、分布地区

根据笔者的调查和统计，目前迭部地区有 5 个乡镇，25 个村子分布有"才仔古巴"，再加上舟曲 1 个乡 2 个村子①，九寨沟县的 1 个村子，共 7 个乡镇，28 个村子。具体如下：旺藏镇帕尕村、年朗尼巴村、曲子布卡村、旺藏村、花园村、西布古村，尼傲乡尼傲村，多儿乡宰日敖村、台尼傲村、然寺傲村、尼藏村、西让村次古村、白古村、达益村、然子村，阿夏乡白赛村、西居村、那盖村、阿大黑村、克浪村，桑坝乡桑藏村、卡曼村、班藏村，舟曲憨班乡赛布村、宾玛村，九寨沟达益村。

参加"才仔古巴"组织的民间神职人员约 476 人②。其中帕尕村 6 人，年朗尼巴村 10 人，曲子布卡村 10 人，旺藏村 14 人，花园村 5 人，西布古

① 当地叫"贡巴"（sgom pa）。据当地人口述，他们传自迭部，以前在举行法会期间会从迭部请一两名俄巴。

② 基于各种原因，具体人数有些许差错。

村 21 人，尼傲村 2 人，宰日敖村 35 人，台尼傲村 24 人，然寺傲村 15 人，尼藏村 32 人，西让村 38 人，次古村 23 人，白古村 62 人，达益村 76 人，然子村 41 人，白赛村 15 人，西居村 13 人，那盖村 6 人，阿大黑村 5 人，克浪村 11 人，桑藏村 10 人，卡曼村 6 人，班藏村 17 人，赛布村 8 人，宾玛村 6 人。"才仔古巴"最集中的地方为多儿乡，占 70% 以上，年龄在 30~60 岁之间的居多，且年轻人中基本没人学习。

三、缘起再探

民间一致认为该组织从卓尼地区传入迭部，但不知具体时间。一说卓尼扎巴谢周（co ne grags pa bshad sgrub, 1672—1748）和第一世阿木仓（Aa smon tshang）时期传入。民间流传在扎巴谢周时期卓尼土司的妃子没能育后，故请求大师。一次大师夜梦祥兆，便去告知土司，言只要在土司管辖之地建立"仁增董珠（rig vdzin gdung sgrub）"和"马头明王（rta mgrin yang gsang）"法会，王妃就能怀孕，于是土司便遵大师所言。

二说自二世阿木仓时期传入。五世达赖喇嘛时期，二世阿木仓旭奴巴沃诺桑（gzhon nu dpav bo nor bzang）前往卫藏孟珠林寺学习旧译密教，学成后，依五世达赖喇嘛的命令，回安多建立"仁增董珠（rig vdzin gdung sgrub）"和"马头明王（rta mgrin yang gsang）"法会。同时期，迭部等地在土司的命令下前往卓尼学习。

传说不能当作历史，需要找线索、挖文献、做论证。

第一种说法不可信。我们在有关卓尼扎巴谢周尊者的传记、卓尼土司的相关资料、第一世阿木仓的传记及其相关历史记载中找不出任何信息。比较有趣的是，"文革"前，在益哇上部当多、四川铁布区的占哇等地有一群类似"才仔古巴"的民间宗教人士，叫"赛芒（ser mangs）""赛第（ser sde）""仲贝（grong pan）"等。根据资料记载，这种组织与第一世阿木仓有关。《占哇森多寺志》中写道："水牛年，苯琼洛桑桑丹（dbon chug blo bzang bsam gtan）邀请阿木仓阿旺洛桑木朗（Aa smon blo bzang smon lam）到占哇，阿木仓为整个占哇地区建立'赛芒'组织。"又记载："'赛芒'组织有正月祈愿法会、燃灯法会、普贤持明法会、四月娘乃法会。"①

一世阿木仓圆寂于 1735 年，五世达赖喇嘛圆寂于 1682 年，所以二世阿木仓依五世达赖喇嘛的命令返回安多的说法是不可取的。但是，我们通过相关资料的整理，发现迭部地区的"才仔古巴"与五世达赖喇嘛和二世阿木仓之间有密切联系，而且可以断定该组织传入迭部地区也是在二世阿木仓之后。

《卓尼卡木钦俄巴扎仓志》中有："广授孟竹林传承的成列热旦和二世嘉木央、卓尼五世阿木仓益西丹贝卓美（Aa smon tshang ye shes bstan pvi sgron me）三人同时期管理扎仓，后期由贡鲁洛桑卡却（dgon li blo bzang mkhav mchog）管理。"笔者认为此处有误，成列热旦和二世嘉木央、卓尼五世阿木仓益西丹贝卓美三人不可能同时期管理扎仓。仁青吉在其博士论文《甘南俄巴文化研究》中写道："扎油喇嘛卦久哇成列热旦依二世嘉木央之命，前往卫藏孟竹林学习旧译密法，证得大成就。后返回安多地方广传密法，修建多处密法之修行静地，获众多持咒师的追随。在荣侃俄嘉（rong khams sngags brgya）等地方依孟竹林的传承建立夏季仁增董朱法会和冬季噶举善逝密集法会。"《安多政教史》中也记载："扎油阿拉卦久哇成列热旦（tsa yus Aa lags bkav bcu vphrin las rab brtan）入哲蚌寺郭芒扎仓学习经典，充任桑普寺的噶举（bkav bcu），依嘉木央二世之命到下密院学习密法，后成为精通显密佛法的大学者，去孟竹林掘藏师前问法也是因二世嘉木央的催劝。"扎油阿拉卦久哇成列热旦与二世嘉木央不但是同一时期的人物，而且是师徒关系。

另据《喇嘛噶尔布传》记载："此人曾为阿里法座，后来多麦，拜二

---

① 根据《卓尼扎巴谢周文集》《卓尼丹珠尔目录》《卓尼政教史》《卓尼文史资料》《甘南文史资料》《一世隆桑囊哇文集》《若尔盖藏传佛教寺院历史简述》《页曲仁青文集》等相关资料，一世阿木仓一生与历史上的上迭部地区关系密切，来往甚多，与一世隆桑囊哇、五世格尔登、赤钦嘉参桑格有很多交集，但看不出与下迭部地区有任何联系。

世嘉木央为师，著有安多教法史等多部著作。"《安多政教史》中有"其后出生于贡鲁的阿旺丹达哇或旭奴巴沃诺桑（gzhon nu dpav bo nor bzang）在前藏傲卡吉仲（vol kha rje drung）听闻密法"之说。由此我们可以看出，二世阿木仓不但对密法有所掌握，也是二世嘉木央的徒弟。所以，应是成列热旦和二世嘉木央、二世阿木仓三人同时期管理扎仓。

"才仔古巴"念诵经文中有一篇名为《敬供雪域地方神仪轨》（bod khams skyongs pvi yul lha rnams la mchod gtor vbul tshul）的经文，其尾记写道："叁桑朱古阿古旺布或密名旭奴巴沃诺桑者随心而著。"另有一篇卓尼持咒师增巴布达（btsun pa bud+h）所著的《启请三根本仪轨经》（dgongs vdus gsungs pvi rtsa gsum gsol vdebs），还有两部与五世达赖喇嘛有关的仪轨文①。五世达赖喇嘛自传中也有记载：为利于雪域人民安康而在各个地方建立"初十荟供"法会。笔者在民间找到了一个写在布上的"才仔古巴"规章文，里面写道："心怀此等大事，遂依卓尼大法王的命令，仁青丹增、宗哲贤扎西、拉木才让、台力傲卓玛扎西等为首的长者商议在多儿沟建立'初十荟供'法会。"

根据以上证据，笔者断定"才仔古巴"从卓尼传入迭部地区是毋庸置疑的，而且时间不会早于18世纪中期，应是18世纪后期，大概已有两百年之久，是卓尼土司统治迭部十四旗的重要政治手段，改宗当地原有的苯教信仰，大兴佛教。这些历史在《安多政教史》和《卓尼丹珠尔目录》中有详细的记载，在此不赘述。二世阿木仓与扎油噶具巴在卡木钦建立"初十"法会后，在卓尼土司的命令下，桑坝、多儿、阿夏、萨隆瓦等旗选人集中去卓尼学习，他们徒步从桑巴的"则力坡"到卓尼的大峪沟，再到卓尼口。起初所有"才仔"集中举行法会，一年在桑坝，一年在多儿，轮流举行。后期由于交通和管理的不便，将经书和法器、服饰等分成两份，分别在多儿和桑坝两地举行。桑巴旗及离桑巴旗近的"才仔"每月集中在桑

---

① 分别为"rig vdzin gdung sgrub kyi vphrin las bklags chog mthong ba don ldan"和"bsangs kyi mchod pa lha lam kun khyb"。

巴举行，多儿旗及离多儿旗近的"才仔"每月集中在多儿举行，到现在有些年长的"才仔"都能指出以前集体举行法会的地方。再后来，由于种种原因，变成了今天以村为单位的组织形式。目前多儿旗的参加人数最多，这也从另一侧面证明了最早在多儿和桑巴两地集中举行"初十"法会的说法。

四、传承和教育方式

"才仔"的主要传承方式为父子传承，另有叔侄传承、亲属传承、师徒传承等，且"才仔"传男不传女。据笔者调查，早期主要以父子传承和叔侄传承为主。父亲是"才仔"，就从小培养自己的儿子，如果家中没有儿子，就在家族里另找他人传承，亲属传承、师徒传承也是变相的父子传承。但是，近年来，由于九年义务教育政策的完善，以及人们观念的转变，很少有年轻人愿意去学习。于是有能力、有影响力的"才仔"害怕后继无人，就在完成九年义务教育后选择回家务农或者大学毕业后没能就业的年轻人中招徒弟，自己培养。所以，"才仔"在传承方面已经遇到了瓶颈，面临断代的危险。

据调查，家族内新入"才仔"组织的年轻人，还需经过系列考验。以多儿白古村为例，首先家人需准备一套新藏服，然后带孩子去找相关负责人〔当地称为"利内（las sne）"〕，告知想要加入"才仔"的愿望。在负责人的安排下，要充任一次法会的施主，负责制作朵玛等材料。其家人也需要在当天朝拜法会。法会结束后，要给每位参加法会的"才仔"献15个油馍馍。法会结束后，才能拜一名熟练各种经书和仪轨的老"才仔"为师，并学习经文的念诵和法器的使用，以及朵玛的制作等。两年内熟练基础知识，随后便可随长者参加法会，在具体实践中熟悉各种科仪。

以达益村为例。首先到负责人跟前去报名，报名完成后，找一位老"才仔"做证人，并为新人系护身彩线。之后，新人就可以拜一名老师，并跟他学习相关知识教育内容及方法，具体包括诵读经文、法器使用、朵玛制作、法舞等。据调查，对报名加入"才仔"组织的年轻人，需通过老"才仔"两个月的观察，观察期结束后，合格的年轻人才能在自己父亲前学习，或自己选一位老师学习。拜师学习时间一般为两年，没有具体的出师仪式。两年后便随其他"才仔"参加法会，在具体实践中学习。

教育方法上注重实际操作。师父教会徒弟简单的诵读经文和法器使用，以及朵玛制作后，便参加法会。从学徒到朵玛制作师，再慢慢到格盖、诵经师、喇嘛，都需在具体实践中一步步学习、提升。

五、法器和法会

（一）法器

法器有鼓、金刚铃、骨号、唢呐、钹、海螺、宝瓶、泰卜则（theb tse）、灯盏（mchod kong）、曼陀罗、金刚撅、香炉、刻有各种图案的木条、朵雄（gtor gzhong）、头盖骨、念珠等。装束包括黑帽、五冠帽、藏服、面具、褡裢、普格（phud ka）、昂热（Aang rag）、熊皮帽、野猪牙串等。

（二）法会

1. "初十荟供"法会①

"初十荟供"分为上弦月初十荟供和下弦月初十荟供。其中，上弦月"初十荟供"是为纪念和继承莲花生大师的功德和事业（莲花生大师的十二个辉煌业绩就出现在每个月的 10 日），为获得莲花生大师的加持，每月 10 日祈祷莲生佛保佑众生，天下太平；下弦月"初十荟供"是空行母活动的特殊日子，举行与空行母有关的仪式，时间为每月的 25 日。

---

① 甘南地区的俄巴组织有三种不同的满月初十法会仪轨传承：一种是著名掘藏师郭吉德赤坚在山南发掘的北藏仁增董珠（rig vdzin gdung sgrub）（迭部、霍尔藏、曲贝西），另一种是德达岭巴发掘的南藏仁增图图（rig vdzin thugs thugs）（合作俄芒、阿木去乎俄芒），还有一种是著名伏藏师久美岭巴掘藏的仁增堆巴（rig vdzin vdus pa），是为宁提传承（夏河拉卜楞密教扎仓）。

2. "马头明王" 法会

多儿乡的白古村和达益村每月 10 日举行 "马头明王" 法会，依《莲花生深密岔怒事业无畏金刚仪轨》（pad ma yang gsang khros pvi las byang gyes sgom vjigs med rdo rjevi sgra dbyangs zhes by aba bzhugs so）、《马头明王深密岔怒回遮降敌仪轨》（rta mgrin yang gsang khros pvi bzlog bsgyur dgra lam rnam rgyal zhes bya ba bzhugs so）两部仪轨经文，具体参加人员为 "才仔古巴" 中的 "丹真"。

3. 莲花生千供法会

每年正月初八的莲花生千供法会以《莲花生千供仪轨大持明师喜宴》（rab Ao rgyan rin po cher stong mchod vbul tshul rig vdzin chen mo dgyes pvi dgav ston zhes bya ba bzhugs so）仪轨文本为中心。

4. 跳神法会

每年四月十二日至十五日主要以 "才仔" 组织中的 "丹真"（rta mgrin）为主，跳 "八相古如" "十二生肖" "西藏游僧" 等法舞。通过 "马头明王回遮" 仪轨，送 "回遮朵玛"，除魔去秽、禳灾排难。

5. "古垛" 法会

为迎接新的一年，除去旧年中不干净、晦气的东西，每年十二月二十九日举行的 "古垛"，送 "垛杂"、烧 "垛杂"，辞旧迎新。

"才仔" 除了平时举行以上法会外，还在当地社会中践行为婴儿取名护身、占卜算命、驱除病魔、超度亡灵、祭祀山神及地方神、迥乃、祈雨等社会职能。

六、组织结构

以多儿白古村为例，"才仔" 是由 "才仔" "丹真" "俄巴" 三种不同身份的宗教人士组成的。"丹真" 是以马头明王为本尊，做法事时头戴五冠帽，身披 "普噶"，桑巴地区称其为 "ysng gsang sngags pa"。"丹真" 平时也会参加 "初十" 法会，但 "才仔" 不能参加 "丹真" 法会。"才仔"

中资历较高、学识较厉害的人才能加入"丹真",据当地人介绍,"丹真"是需要接受灌顶的。

"俄巴"属家族传承,不但参加"初十"法会和马头明王法会,还负责每年十一月举行的祭祀年神仪式,杀生祭祀"年"神。当地人认为"俄巴"就是杀生祭祀之人,头戴熊皮帽,手持单钹,脖套野猪牙齿串成的珠子。由此,笔者认为当地的"俄巴"应是传承了古老文化莱坞中的"班底莱坞(ban de levu)"。

"才仔古巴"跟寺院以及俄巴团体一样。法会时由喇嘛、翁仔、格盖、曲佑巴、利内、郭聂等角色组成,组织人员分工明确,纪律森严。笔者在民间找到一个写在布上的"才仔古巴"规章文,上面有对各个人员职责、组织纪律的详细说明,内容如下:"法会期间纪律跟平时一样,特别是年轻人要熟练对经文的读诵和音调,常练习鼓、唢呐、胫骨号子、白海螺、长号等的吹打。年长的要修习生起和圆满次第,多诵常用咒语。要时常温习'初十'法会期间经文诵读的快慢、鼓等乐器的吹打等。两名助手要注意卫生,需用香薰制作的朵玛、供品等。喇嘛、经师、铁棒喇嘛要维持纪律,其他人要遵守纪律,如果有违纪行为发生,比如顶撞诋毁喇嘛和管家,须转一百圈郭拉、供酥油灯、磕头百次、挂经幡等。同时,也会遭护法等神灵的惩罚。"①

1. 喇嘛(bla ma)

喇嘛是"bla ma"的音译,是上师之意,如同寺院里的活佛,是"才

---

① 藏文原文:"vdivi skabs su vgrigs lam thams cad sngar rgyun ltar dang, lhag tu chung chung rnam pas dpe cha bskod sbyang vdon rta dbyangs rnga rol rgya gling rkang dung dung dkar dung chen vbud dkrol sogs thams cad la kha byang sbyang gal che, rgan pa rnams kyang bskyed rdzogs kyi nyams len, kha ton bzlas brjod, tshes bcuvi skabs su vdon pvi dal brel rnga rol sogs vbud dk-rol thams cad phyag len ma nyamg par bskyangs dgos, mchod gyog gnyis kyis kyang, gtsang sbra-vi bdun spos ngad dang ldan pas gtor ma bcav gzo mchod gshams mchod vbul sogs phyag len legs par sbyang dgos, bla ma dbu mdzad dge bskos rnams kyis vgrigs lam bskol dgos, vgrigs khur rnams nas kyang vgrigs lam khur dgos, gal te mi khur mkhan, bla ma las sne la ngo ya dang gshag vdebs mkhan yod na, skor brgya, mchod me, snyan dar, brgya phyag sogs byed dgos, chos skyong rnams kyis kyang, tshar gcod byed par vgyur te."

仔古巴"中最具威望的。一般由资历较深、学识较高，且熟悉所有仪轨、富有责任心的人担任。法会期间头戴"黑帽"，任期时间一般为三年。多儿白古村"才仔"和"丹真"各有一名喇嘛，多儿达益村则是由"才仔"喇嘛在任期三年结束后担任"丹真"喇嘛。

2. 经师（dbu mdzad）

经师就是诵经师，一般由熟练经文诵读、乐谱、法器使用的"才仔"担任，任期为三年。法会期间主要负责经文的领诵。

3. 铁棒喇嘛（dge bskos）

主要负责法会期间的纪律，一般由善于办事且守纪律的人担任，任期为三年。桑巴各村因为人员较少，"才仔"没有"铁棒喇嘛"的职务，由喇嘛负全责。多儿白古村"才仔"和"丹真"各有一名"铁棒喇嘛"。多儿达益村则是由"才仔"喇嘛在任期三年结束后继续任"丹真"喇嘛。

4. 助手（mchod gyog pa）

助手负责法会的朵玛制作，以及法会期间供品的上供，一般由两人担任，法会的前一天要准备好法会期间需要的所有朵玛。

5. 管家（las sne）

藏语叫"利内"（las sne），也称"sna pa"，主要负责"才仔"组织的生活、一年的收入和开销、统计新加入和退出的成员等工作，一般任期三年。

6. 郭聂（dkor gnyer）

负责神殿每天的卫生，上供净水和酥油灯等，并在良辰吉日煨桑。

七、活动场所及神灵系统

"才仔古巴"的活动场所叫作"才仔神殿（tshes bcu lha khang）"，每村各一座，内供主佛莲师三尊（莲花生、空行母、马头明王），个别还供奉释迦牟尼佛、弥勒佛，以及当地的地方神像。经济条件相对落后的村庄，神殿内只装饰有古朴的莲师三尊唐卡，而没有佛像，另外还有甘珠儿、波罗蜜多十二部经等。多儿乡的达益（stag yul）、白古（spe dkar）、尼藏（nyin gtsang）三村有马头明王神殿，称作"tra mgrin lha khang"，内供马头明王。每座神殿四周都装有转经筒，供信众朝拜。

"才仔"供奉的神灵主要是莲师三尊，每月的"初十"法会也是为祈祷和纪念莲花生而举行的。他们相信每月初十莲花生会降临雪域大地，保佑人畜平安。"丹真"（rta mgrin）供奉本尊神马头明王，是帮助修行者降魔除障的忿怒神形象。另外，还供奉地方神，比如桑巴地方供奉当地的麦老神山。

八、社会功能

"才仔"平时参加生产劳动，与普通的劳动者无异，举行法会时才穿戴法服。他们首先是俗人，然后才是仪轨的践行者和传承者。"才仔"没有僧人那样严格的戒律清规，可以娶妻生子，但不能有偷东西和抢劫等行为。

"才仔"通过念经和举行仪轨消除人们心中的阴影，能给人们的心灵带来暂时的慰藉，对平衡其心态有一定帮助。所以，"才仔"在信仰群体中很受欢迎。

"才仔"是民间信仰的载体，也是传统文化的主要传承者，是俗人当中的知识分子，是人们请教文化知识、学习藏文的老师，历史上对当地"扫盲"起到了至关重要的作用。

"才仔"的活动与人们的生产生活密切相关。遇旱灾时，他们会"祈雨"；为保人畜平安、庄稼丰收，他们会祭祀"年"神和地方神；为超度亡灵，他们会在逝者家里举行"初十"仪轨。

九、现状分析及保护和传承的必要性

（一）现状分析

近年来，由于现代经济浪潮的冲击和老百姓思想观念的转变，传统的东西慢慢发生变化，在一些受经济浪潮冲击较大的村子，"才仔古巴"开始解散，有些地方从原来每月初十举行法会变为在正月前后举行。从教派来说，除多儿的白古村属萨迦派外，其余地方都属格鲁派，每年宗喀巴大师的圆寂日他们也会举行"初十"法会。地势相对偏远、受经济浪潮冲击较小的多儿沟则是保存最为完整的地方。但"才仔"年龄普遍偏大，年轻人无人传承，传承断层的危机越来越重。

（二）保护和传承的必要性

1. "才仔"劝人向善，努力奉行"十善戒"，忌偷、忌抢、忌赌博、忌吸烟喝酒，并身体力行，对净化社会起着一定作用。其价值观符合党和国家建设和谐社会的宗旨。保护和传承这种民间信仰等于传承这种价值观，有利于当地社会的良性发展。我们务必跳出"迷信"的圈子，以宽容的心态认识宗教对于社会的作用。

2. 民间"才仔"都参加劳动，农禅并重，生产劳动和法事活动两不耽误。"才仔"带徒弟学习文字，熟悉经文，践行仪轨，练跳法舞，一代代传承着这种文化，对藏族传统文化的传承起到了推动作用。

3. 民间信仰是一种普遍的历史文化现象，其产生和存在既有社会物质根源，也有主观认识根源。研究"才仔古巴"，对研究民间信仰，厘清18、19世纪迭部与周边地区的政治、经济、文化等关系有非常重要的作用。

4. 如今，随着人们需求的转变，文化旅游成为旅游热点，受到越来越多人的追捧。文化旅游的关键就是文化，旅游只是载体。文化包括历史遗迹、建筑、民族艺术和民俗、宗教等方面。迭部地区文化旅游资源丰富，特色鲜明，主要由红色文化、绿色文化、宗教和民俗文化组成。近年来，县委县政府大力挖掘"红色文化"，主打"红色文化"品牌，取得了很好的成绩。绿色文化也得天独厚，被外界评为"天然氧吧""避暑圣地""中国最美休闲乡村""十大非著名山峰"等，同时扎尕那农林牧复合系统入选全球重要农业文化遗产保护名录。然而宗教和民俗文化的挖掘和开发还处于初级阶段，未能很好地发挥其应有价值，从而服务当地群众。相比邻近的夏河、郎木寺、玛曲等地方，民间"才仔古巴"是迭部地区的特色，未来必须在保护和传承的基础上，深入挖掘，提升文化资源的优势，更好地服务旅游业的发展，从而提升经济效益，促进社会发展。

甘肃迭部县莱坞调查报告

次仁拉姆[①]

一、莱坞的分布

苯教在安多南部地区历史悠久，早在赞普时期，就曾有大量吐蕃王朝军队前往安多地区保卫领土边疆。其中就有许多陪同边防卫队的苯波，他们为协助部队取得胜利，会举行占卜、行医、祭祀、解秽、招魂等活动。这些祭祀者的出现使得司巴苯教在边远地区得以发展传播。而这些践行古老传统宗教仪式的苯教徒就被称为"莱坞（lha bdag levu）"或"苯布莱坞（bon po levu）"。

在 2019 年莱坞访谈调查的基础上，笔者于 2020 年 8 月又深入村庄进行了为期一个月的田野调查，收获颇丰，在此加以补充。历史上迭部县境内藏族村落基本上是苯教信仰地区，莱坞人数众多，但是具体人数已经不得而知了。据调查，莱坞人数出现较大变化和浮动主要是在 20 世纪 60 年代期间，笔者在旺藏镇茨日那村做调查时了解到当地在 20 世纪 60 年代左右还有 4 名莱坞、2 名才子贡巴和 4 名俄巴。如今，当地的莱坞已经断代，无人继承，其中现存的莱坞亲人子女均未能保存莱坞的法器和经文，已经全部遗失。此外，村民尕让爷爷还提到 20 世纪 60 年代旺藏的哈吾卡村和

---

① 次仁拉姆：兰州大学文学院 2023 级博士生。

174

旺藏村两个只有十几二十几户的小村庄中都有 5 名莱坞，可见当时莱坞人数之多。20 世纪 60 年代后，整个旺藏镇再也没有莱坞。类似情况也发生在迭部电尕镇地区，电尕镇白云村曾经有一位法力高深的莱坞，民间关于他的传说非常多。著名的苯教活佛智美熬色在其传记中也提到自己在孩童时期曾深受这名莱坞的影响。此外，笔者在电尕镇恰告村做调研期间，还访问了村民老让："以前我们村有个非常厉害的莱坞，听家里长辈说，只要家里有任何不顺需要念经的，要么结婚需要祭拉则的时候，大家都会去找他，后来他怎么去世的我也不知道，那时候我年龄非常小，而且我听说他的子女也没有好好保存他的法器和经文，现在那些全都找不见了，太可惜了。"

根据笔者的田野调查，目前迭部县莱坞的年龄主要分布在 40~65 岁之间，多是仅受过小学教育的农民，分布地区主要在中下迭地区，分布的主要行政区域有：尼傲乡、腊子口镇、卡坝乡。尼傲乡分别有尼傲、尖尼沟、巴藏 3 个大队，其中尼傲大队以地理区域为界限，将村划分为尼傲一队、二队、三队，目前该地区的莱坞人数最多，分别有"苯甘（bon rgan）"1 名，年轻莱坞 3 名。尖尼沟因地处兴尼库而得名，共有 10 个自然村，这 10 个村子中，西尕卡和库底卡是由亚力卡分出去的两个村。雷玉卡和东尕卡则是由组组卡分散而成的，代玉卡和干厦卡本是一个村。苏鲁卡和牛拉卡原本不属于尖尼旗，是后期划分进入尖尼卡的。"卡（khag）"这个词在表示"村庄"这一含义时，从不单独出现，其使用范围似乎也仅限于口语中。① 尖尼沟共有 2 名莱坞：苏鲁卡的"苯甘（bon rgan）"九高和西噶卡学徒次仁塔。另外调查到卡坝乡的安子沟也有莱坞 1 名，其主要活动场所就在卡坝乡苯教信仰的村庄内，但是在此次调查中，笔者暂未能与其取得联系。腊子口镇黑多村的莱坞李赛九是目前迭部县内年龄最长、经验最丰富的莱坞，他保存有大量经文。由于下迭莱坞较少的原因，

---

① 王含章. 信仰空间中的人与社会——迭部藏族宗教的象征人类学研究［D］. 兰州：兰州大学，2017：99.

他的仪式举行范围也不同于其他几名仅局限于本村庄的莱坞，故下迭腊子口镇黑多村、康多村、桑坝乡达拉村都有李赛九的信徒。但是目前黑多村也仅存这一名莱坞，没有传承人。调查发现，目前县内可知的莱坞共有8人。而且人数呈递减趋势，仪式的保存完整度也逐渐降低。莱坞的传承除了老龄化严重以外，还面临断代危险。莱坞的经文以及仪式的保存完整度降低，一些年轻学徒不能完全获悉莱坞的所有仪轨，其中存在的问题如何解决，这也是需要一众学者思考的问题。表2是笔者统计的迭部县目前的莱坞人数①。

表2 迭部县莱坞人数统计

村名	人数	莱坞人数	
		以前数量	目前数量
尼傲乡尼傲村	422	5	4
尼傲乡尖尼村	1086	3	2
卡坝乡安子村	444	1	1
腊子口镇黑多村	533	1	1
旺藏镇哈吾卡	329	5	0
旺藏镇旺藏村	381	5	0
旺藏镇茨日那村	241	4	0
电尕镇白云村	112	1	0
电尕镇恰告村	122	1	0
总计	3670	26	8

二、莱坞的宗教场所以及法器

作为民间宗教的执行者，莱坞所使用的法器不多，主要有饶钵、号子、帽檐、木条等。

饶钵，一种铜钵，广泛地应用于莱坞的各种仪式仪轨中，是莱坞在诵

---

① 此表系笔者在2019年至2020年期间的人数统计结果。

经过程中，用来掌握节奏和时间的法器，其摇的方式不同，意义也不相同：左右摇摆意为供奉山神，上下摇摆则是在举行驱鬼仪式。在不同仪式中，饶钵所起到的作用也各不相同。另外，这种法器在藏传佛教各教派中都存在。

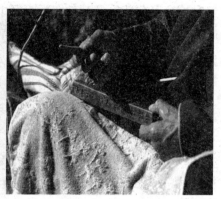

图 45　木条（次仁拉姆 摄）　　　　图 46　饶钵（次仁拉姆 摄）

号子，是用野牦牛的角制成，是莱坞在诵经煨桑的时候用来吹叫呼喊山神的法器，相当于一种召唤物。曾经民间也广泛使用号子，如男性民众在祭山神时都会使用号子，现在的苯教寺院中多改用海螺。笔者的访谈对象尖尼沟莱坞九高告诉笔者："号角是野牦牛的角，主要是在煨桑的时候吹的，呼喊山神，告诉山神自己到了，只要煨桑的时候去吹都是可以的，这样山神才会听见和高兴，然后才会庇佑我们。"

帽檐，是用熊脖子上的毛皮制成。据说，这是因为每个人的额头顶都有佛祖庇佑保护，而又因为山神畏惧佛祖，所以戴上帽檐后能够防止被佛祖看到，这样山神才敢来找莱坞，与其进行沟通。

木条，刻有各种图案，呈四方形且4面都有不同的图案，如12种野生鸟类的模型等，在诵经或举行仪式时使用。在诵经之前，先把糌粑和酥油揉在一起，之后再将揉好的图案压在木条上形成朵玛，它们既可上祭天神也可下抛给鬼怪。

鼓，以前主要是羊皮或者纸包成，可敲击发出声音，现在多购买，很少自己制作。据调查，以前在迭部县境内的苯教徒家庭中，每家每户都有鼓。莱坞的鼓一般在举行科仪诵经时使用。现在的普通仪式中不会使用鼓，只有在举行大型拉则时方才使用。另外便是服饰，迭部县境内的女子服饰各具特色，但是男装普遍相同，特征并不是很明显。上迭莱坞举行科仪时均会着藏装，尤其是在举行祭山神的拉则时要穿着较平常而言更为华丽的服饰，据说这是为了博取山神的欢喜，从而促进山神帮助民众达成心愿。后来，这种宗教活动逐渐转化为民俗活动，民众纷纷着盛装出席，是一个极具当地风格特色的民俗活动。下迭地区民众日常着藏装较少，腊子口镇莱坞在举行各种仪式时也较少穿藏装，只有在祭山神时或婚礼之上才会着藏装。

虽然莱坞发挥着无可替代的社会功能，活跃在民众的日常生活中，但没有特定的宗教场所。只有在举行村庄的集体拉则仪式的时候，会有固定念经、煨桑的地点。笔者在尼傲乡做调查时发现尼傲村子有四个拉则点："日吾自加""西给拉则""卡坝拉则""拉则敲"。这四个拉则点分别在不同地点和不同仪式中使用。在与访谈对象旺藏镇茨日那村的尕让爷爷聊天时，也获知当地有两个不同的拉则点，分别是"扎西闹日更九拉则"和"阿尼巴格拉则"。其余的仪式仪轨或者占卜算卦都在信众的家里或者说莱坞自己家举行即可，"每一个传统的家庭都是宗教祭祀的场所"。

正如杨庆堃先生在《中国社会中的宗教》中提到的一样："传统从事巫筮职业者与老百姓的日常生活息息相关，并在很大程度上发挥了这方面的作用和影响。他们的宗教活动代表着传统宗教的一部分，而传统宗教从世俗制度的功能和结构中分离出来，并以一种宗教制度的形式继续存在。但是这些巫筮职业者多数以个体活动为主，不是以有组织的团体成员的形式。"[1] 据笔者调查，莱坞没有自己相应的组织，不论举行仪式还是占卜，他们往往都是个人的行动，除了有时候同村的莱坞之间会互相帮助以外，各地的莱坞之间都不会联系，彼此没有沟通交流，正如莱坞九高所说：

---

① 杨庆堃. 中国社会中的宗教 [M]., 范丽珠, 译. 成都: 四川人民出版社, 2016: 237.

"各煨各的桑，各供各的神。"

值得一提的是，在尼傲乡做调查时，笔者发现，从前每家房屋建构中都有莱坞自己的专座——"则如"，其位置在正厅炕角的下面。但是如今，人们盖房子已经不将其纳入房屋设计考虑的范围之内。现在如果出现莱坞和僧人共同举行仪式的情况，他们二者需分开坐，和尚坐在炕上，莱坞坐在"八股（bar gong）"①或凳子上。至于莱坞为什么坐在"八股"上，莱坞九高做出了相应解释：

"莱坞一般坐在'八股'上，因为炕角那里摆放拉则需要的箭和其他东西的时候比较便利，在炕上的话，考虑到箭的长度问题不太容易摆放；还有一个原因，从神的角度来说的话，炕上放的基本是神位较高的一些神，而拉则祭祀的是山神，山神的神位相对于炕上的神来说，其地位比较低，所以不适宜放在炕上。而我们坐的地方是在'度'（矛，mdung）、'达'（箭，mdav）之下的，要比山神更低，不得坐在它的上方位。如果坐在炕上的话，拉则都在炕角，那我们坐在炕上是不合适的，是对山神的不敬，像以前的话，建房子的时候会专门在炕角留个空位置，在里面倒上草和青稞、麦秆，以防止莱坞寒冷，但是现在的房子都没有这个布置了。"

在藏族家屋中，佛所在的位置是最尊贵的，民众会根据身份地位依次坐在佛龛前。上迭地区民居的炕上会供佛龛，但腊子口附近民居的炕和佛龛分开。平日，如若家中所举行的仪式活动中没有僧人参与，那莱坞可以坐在佛龛前诵经，举行仪式。但若仪式需要僧人和莱坞共同出席，那么莱坞此时只能退位到炕上，佛龛前的位置由僧人专属。因此可见，僧人的地位要高于莱坞。

三、莱坞的相关传说

神话是有关神灵对象、神灵观念、崇拜仪式的合理性的解释性故事。在笔者的调查和现有的诸多参考资料中都描述了莱坞具有相当久远的历

---

① "八股"是藏语 bar gong 的音译，一般指传统中迭部藏族家庭的炕角处。

史。作为一种悠久的文化传统，莱坞一定不乏相关的历史传说。在调查中，采访对象讲述的各种传说都证实了笔者的这一猜想。以下是笔者从民间搜集的几个传说和故事。

1. 据说，很久以前，有个管辖藏地的国王阿尼益西旦增，位高权重。有一天，他的小儿子生病了，大臣们找来各路神医，都无可奈何，谁也不知道病因。后来有人提出有可能是被鬼附身了，俄巴（sngags pa）赶来用各种咒术驱鬼，但是小儿子依旧一病不起，没有丝毫好转。这时有位智者提议，民间的莱坞有可能治好小王子的病。国王本是十分不相信苯教徒的，但是事到如今，他也只能派人前去请莱坞来举行仪式。最后，奇迹出现了，自那场仪式后，小王子终于恢复原样，活蹦乱跳。国王大喜，将莱坞置于尊位，并下令举国上下都要尊重且信奉莱坞。自此之后，莱坞的谱系便开始传承发展下去，当时不管大小村落都有莱坞。

2. 民间老人们口耳相传一个跟莱坞相关的古老故事。据说有个怪物"咋（gzav）"① 欲祸害人间，一口气吞食了太阳，瞬间，整个世界陷入了一片黑暗。因为怪物"咋"法力高深，常年行走于天界，不轻易下到凡间，大家一筹莫展，不知道如何才能恳求"咋"放出太阳。这时莱坞登场，他奋力将自己的法器铜钹扔向空中的"咋"，铜钹一下子划破了"咋"的脖子，太阳掉落出来，世界再次恢复光明。否则太阳要在"咋"的肚子里待足足七天，而天界的七天就相当于人间数年，在这期间，人间将是一片黑暗。后来有时候也有太阳不小心被"咋"吞掉的情况发生，但是自莱坞解救了太阳以后，"咋"吞食太阳的时间变得很短。自此以后，大家都知道了阿尼莱坞的厉害，将其放置在神之下、人之上的尊贵位置。尼傲乡尖尼沟的老人给给草向笔者解释道："现在我也见过'咋'吞食太阳或者月亮，但是时间都不会太长。"（备注：即日食、月食现象。）

3. 流传在迭部县尼傲乡的一则小故事："有一次，阿尼莱坞去信徒家念经，结果兔子趁其不备将布袋里的粮食偷了个干净。被莱坞发现后，兔

---

① "咋"是藏语 gzav 的音译，指星曜，民间认为"咋"是一种魔鬼，主要吞食太阳。

子祈求道：'你今日留我一命，他日必将助你。你整日求善积德，我帮你阻止老鹰。'莱坞同意后，他们找到了老鹰，兔子用激将法骗老鹰：'你要是能把这块酥油戳碎，我就相信你能杀人，要不然我坚决不信，如果你不能弄碎酥油，那我们约定你以后不能再杀人了。'老鹰觉得这对自己来说太容易了，就飞上天准备冲下来用自己的嘴巴弄碎酥油，于是在老鹰飞上天的时候，兔子和莱坞偷偷把酥油换成了白色的石头。老鹰失败后，惭愧不已，今后再也没有对人类造成伤害。"

4. 以前，白云有一名法术非常高强的莱坞，他 60 多岁的时候突然逝世，村民们悲伤不已，齐聚在灵堂前。莱坞逝世后的第二天下午，民众听到灵堂前的棺材中发出一阵响动，白云莱坞竟然从棺材中坐了起来。民众们瞬间惊慌失措，误以为有鬼或什么不祥之物，一个个避而远之，甚至拿起锄头、榔头等驱赶他。莱坞没有一丝慌乱，还安抚民众，并解释道："我自知道寿命没有到期，见到阎王后问他为何要将我带走，原来发生失误，我还有五年的寿命，期限未到，阎王查明真相后又特许我返回人间。"民众依旧半信半疑，向他提出一些问题，结果他通通解答无误，还告知曾经与民众们在一起发生过的事情。他的回答使大家对他产生了信任。后来这位白云阿尼莱坞果真在五年后才过世，这又增强了民众对他的信奉。电尕附近的村庄中无人不知白云阿尼莱坞。

在早期社会里，由于物质生产力水平极其落后，人类难以理解大自然的各种现象，所以口头文学特有的思维方式与人们的生产生活方式产生了联系，人们"用想象和借助想象以征服自然力，支配自然力，把自然力加以形象化"①。各种不同类型民间故事的流传经久不衰，无一例外都体现着人民群众对莱坞的信仰。除了这些传说故事，在日常生活中，人们对莱坞的尊重也足以体现莱坞在民间的重要作用。比如，在路上见到莱坞，人们会主动让路，待莱坞通过之后再走；集体劳动中，不会让莱坞干太重的

---

① 中共中央马克思恩格斯列宁斯大林著作编译局．马克思恩格斯选集（第二卷）［M］．北京：人民出版社，2012：224.

活，大家拿了好吃的东西会先分享给莱坞等。

四、莱坞的日常

1. 饮食禁忌

莱坞作为民间的神职人员，在沟通神人的时候，虽然没有像佛教僧人那般戒律森严，但是其在饮食上也有相应需要遵守和注意的戒律，他们一般在举行拉则仪式的前几天或者当天不可食猪肉、大蒜。莱坞九高说道："在举行拉则（祭祀山神）的时候，一定不能吃蒜，不吃猪肉。像我们的话，本来就是供奉山神的人，平常一年四季不吃这些，而举行仪式的信徒们在祭祀山神当天也不可以吃，又或者说平常转山、煨桑都不能吃。蒜在举行仪式的六天前就不能吃，因为蒜的味道会一直保留在肠胃中，不会轻易散去。如果是去别人家祭祀山神，首先自己要对自己的山神绝对信奉，然后有信徒们的信奉。像以前举行'垛'仪式的时候，不能杀猪。"另外，腊子口镇莱坞的饮食禁忌较其他地方稍有不同，他们对猪肉没有禁忌，但是不能吃犏牛。至于其中原因，笔者还未得出答案。访谈对象莱坞李赛九告诉笔者："我们不吃蒜、犏牛，因为犏牛的肉有味道，吃了就会不干净。然后就是马肉、驴肉都不能吃，猪肉和牛肉是可以的。酒什么的都可以喝，像山神也喝酒，有时候人们也会给他们供奉酒的。"

2. 婚姻和丧葬禁忌

因为莱坞的特殊身份，他们的丧葬仪式是否如同佛教僧人一般与普通民众有所区别呢？带着这个疑问，笔者进行了调查。"莱坞的丧葬仪式和普通人是一样的，之前不允许在不干净的地方火化，但是现在都和普通人火化的地方一样了。像以前有专门火化残疾人或者患重大疾病的人的地方，这个地方就算是不干净了，莱坞是不能在这里火化的。"作为普通人，莱坞也不存在个人禁欲，他是可以娶妻生子的。笔者的访谈对象尖尼沟村民给给草告诉笔者："阿尼莱坞是应该结婚的，他要结婚，养孩子，要参加村里的日常活动，不能跟和尚们做比较。在仪式中，孩子要帮他拿矛、剑、弓，所以必须生孩子。因为要传承莱坞，如果不结婚的话，便会断了莱坞的血脉。阿尼莱坞娶妻生子的要传承血脉。生下的儿子、孙子在以后都要成为莱坞。"

3. 信仰方式

莱坞的主要信仰方式"就是磕头，在他念经的时候就可以开始磕头了，但这不是磕给莱坞个人的，而是对他所念的经文和他所请的山神的跪拜与信奉，是请求山神保佑我们平安健康，而莱坞就是向山神传达我们渴望被他庇佑的愿望的"。

4. 职业性质

据笔者走访调查，莱坞只有在举行仪式时，才是沟通神与人的神职人员。其余时间，莱坞就是普通的务农百姓，也需要赡养父母、照顾子女、参加村里所有集体的活动。因此关于其是专职还是业余这个问题，笔者难以做出正确判断。莱坞的生活中无时无刻不在准备着，只要有村民需要举行仪式或占卜，他就得马上前去，绝对不能由于个人原因耽误村民们的请求。在笔者看来，他更像是一种服务者，义务服务大众。笔者的调查对象莱坞加保曾经去外地出差，但是因为村里有老人去世，他不得不连夜赶回村庄，为死者举行相应的禳解仪式。但是，这种情况也不具有代表性，因为有时候一年到头除了村庄的集体性活动以外，只有少数几户人家需要莱坞帮忙占卜或举行祭祀山神的仪式，那这一年，莱坞就基本处于非常空闲的状态，可以一心忙于农业劳动。等有空闲的时候，会从事家中的劳务活动。但是不论村子里谁有需要，自己都要去帮助。只要有好日子，都会需要举行仪式的人，这个时候，莱坞就得放下自己手头的事去帮助别人举行仪式。莱坞不能因为自己有事，就把别人的事情给推迟，那是坚决不行的，他只能调节自己的时间来配合别人的时间。

五、莱坞的报酬

在各种民间活动中，莱坞对民众的生活给予了许多帮助，也为自己挣得了相应的报酬。因此，莱坞的经济收入相对于普通民众还是较优渥的。

阿尼莱坞的经济收入会比常人好一点儿，毕竟邀请莱坞去举行仪式的人很多，所以他的收入当然相对较高。普通老百姓只从事农业劳动，没有那么多的收入可言。阿尼莱坞只要举行一次仪式就会获得"给杜"（装粮食的盒子）、仔（一种酥油和糌粑做的食品）、青稞等。

莱坞的信徒也有很多，为了感谢莱坞的帮助和付出，每家每户多少都会请莱坞去家里做一次客，又或者按现在的话来说，就是会请客吃饭。现在大家都不给莱坞粮食了，而是给钱。所以，一天的收入大概有两百元吧。

随着社会的发展与变化，莱坞收到的报酬类型和数量也随之发生了改变。以前，莱坞通常会收到粮食作为报酬。因为农作物以青稞为主，所以粮食的种类也以青稞为主，至于青稞的数量，以村子里约定俗成的习惯而定，各地没有统一的标准。现在大量农村人口进城务工，农田被搁置或出售，粮食产量大大下降，给莱坞的报酬也由粮食改为了数额不等的金钱。尼傲村对金钱甚至有了明确的规定，即举行个人家庭拉则的时候给莱坞的报酬是 30 元，但是村庄的集体性拉则的报酬为 50 元。但是尖尼沟和下迭的黑多村还是根据信众的家庭条件而定，没有什么特定的规矩。尖尼沟村民布告告诉笔者："主要是看个人的信仰程度和家庭条件状况。家庭经济条件较好的就会多给点儿，不太好的适当给一点儿就可以了，没有什么规定可言。如果不给的话也是可以的，莱坞也不会说什么。"

六、莱坞举行的仪式

宗教现象可以自然而然地分为两个基本范畴：信仰和仪式。信仰是舆论的状态，是由各种表象构成的；仪式是由某些明确的行为方式构成的。近年来，阿旺嘉措教授在研究白龙江上游的民间苯教时发现，当地被称为"莱坞"的苯教法师举行的主要仪式有驱除病魔、占卜算命、招魂、解秽、招福、为婴儿取名并护身、主持婚礼、主持葬礼、诅咒怨敌九种。另外，据王万平教授调查，白马藏人的"北布（bon po）"为村寨或者村民举行的宗教仪式基本上跟"莱坞"一致。他把这些仪式分为两大类：为村民举行的祈福禳灾、驱邪治病仪式，以及为村寨举行的祭神驱魔、清污净化仪式。人们相信，如果参加了这些仪式，自己就能免受邪恶力量的伤害并且能清除鬼怪带来的不祥。在此，笔者采取此类分法将仪式分为为村寨举行的集体仪式和为村民举行的个人家庭仪式，并对每个仪式的过程进行简述。

1. 村寨仪式

莱坞是仪式活动中的主人。举行各种祭祀仪式，他的主要任务是通过占卜和历算识别对人有害的鬼怪和疾病，然后通过举行垛（gto）、堆（mdos）仪式祭祀龙神、年神和土地神来驱除鬼怪并行医、招魂，举行各种丧葬礼仪（vdur thabs）。简而言之，就是上敬神灵、中调家事、下伏恶魔。

莱坞作为村民集体认定的神职人员，有责任和义务为整个村寨举行祭神祈福、祈求平安的仪式。其中拉则仪式是最重要的仪式，即祭祀山神，与当地的民俗文化以及生产活动有着密切关系。拉则在当地人话语中有"大拉则"和"小拉则"之分。大拉则就是整个村庄集体性的活动，每家每户的男性必须参加，如若家中有事无人参加，必须上交罚款。如今，越来越多的男性进城务工，到了拉则时间，往往没有时间返回，笔者在调查期间发现，尼傲乡有些家庭为了免去罚款，也逐渐默许女人参加。据当地老人们讲述："女性身上不干净，在以前是绝对不被允许参加拉则仪式的，但是现在社会发展得快，女人地位上升了，这也是没有办法的办法了。"

拉则的时间通常在四月左右，每个村庄的具体时间不一样，在腊子口镇黑多村，拉则时间为农历四月十一日，而尼傲乡尖尼沟则是 4 月 13 日。在举行拉则仪式之前，村民们要提前在家中备好"读（mdung）""的（mdav）"，即箭、弓矛之类的武器，以及"所在"（bsang rdzas，用糌粑、酥油和青稞混合而成，是献给山神的贡品）、风马、经幡。第二日上午 10

点多的时候，男人纷纷身着华丽的藏服，拿着准备好的"读"和"的"，陆续赶往指定的拉则地点。其中，莱坞准备的"读""的"最大，装饰也最为精美。到了拉则地方，大家开始用糌粑和黄酒揉制"日楼"（ril bu，糌粑和酥油混合揉制而成的小圆块），作为煨桑时敬神的祭品。莱坞祭山神时最主要的当属"夏当"仪式。"夏（bya）"指的是鹏鸟，"当"指的是鹏鸟栖息的树木。鹏鸟在莱坞的话语中具有极其重要的意义，莱坞经文中常说"鹏鸟是山神之鸟"，最著名的战神也出自鹏鸟。① 莱坞用木棍制作成鸟的形状，再将木棍削制成蛇的形状放在鹏鸟的嘴里。

图47　尖尼沟莱坞九高制作的夏当（次仁拉姆 摄）

据阿旺嘉措教授在《甘南苯教历史与文化》中所述："鹏鸟是龙的克星，其口中常含一条蛇，蛇又是龙神的代表。山神是男性的代表，水神是女性的代表。男性祭祀山神，女性祭祀水神。在经文中，山神的配偶均来自水神，也有'山神压迫水神'的说法。"在迭部县尼傲乡仍然保留着这种仪式传统，男性在早上祭山神，女性则会在下午祭水神。在白龙江沿岸流域的民间信仰观点中，蛇、蛤蟆、龙都是水神的化身，所以祭龙神，也等同于在祭水神。在迭部县下迭的腊子口镇仍然会有血祭仪式，不论是村

---

① 阿旺嘉措. 甘南苯教历史与文化［M］. 北京：中国藏学出版社，2013：87.

庄集体，还是个人家庭，举行祭祀山神仪式都会宰杀羊或者家鸡。之所以祭祀家鸡，很有可能有以家鸡代替鹏鸟的意思。在迭部县苯教信仰地区，家家户户都会举行"夏当（bya rdang）"仪式，目前许多地区都已失传。但鹏鸟崇拜仍然深深影响着人们，体现在人们生活的各处。在电尕镇谢协村的旅游景点也有鹏鸟的标志性建筑。

图 48　迭部县景区中的莱坞图（次仁拉姆 摄）

此外，民间还有大量与鹏鸟相关的传说，尼傲乡尖尼村村民把秃鹫当作鹏鸟的原型："秃鹫是鸟中之王，它的鸟爪非常锋利，并有敏锐的嗅觉，据说以前有匹马在随主人赶路时受伤死在半路，秃鹫离马的距离是我们平常走九天才能走到的路程，但秃鹫能准确找到马的位置。"村民们还告诉笔者，秃鹫什么肉都吃，天葬台周边常有秃鹫盘旋，也不会被驱赶，据说这是因为秃鹫为山神的坐骑，象征着吉祥。因此人们在转山时，偶然遇到秃鹫盘旋在天空就会充满感激之情，认为这是山神听到了他们的祷告后派秃鹫来示意。

拉则仪式中莱坞诵经，村民们将矛和箭插入拉则台中，在拉则台旁的煨桑台上用柏树枝架起火堆，然后在上面倒上提前准备好的供品，并在口中大声呼喊"切、切、切"，然后诵唱出自己对山神的赞颂和祈求，诵唱内容长短不一，但是现在会唱词的年轻人已经很少了，一部分中年人和老年人仍然不同程度地记着那些唱词。祭完山神后，村民们会举行浪山活动，大家自备美食，选择一处地点聚会欢庆。目前，这一宗教节日也逐渐变为民俗宗教活动，许多地方还将这一节日申请为非物质文化遗产项目。

"尕目仪式（bgegs mo）"是帮助村寨占卜来年收成的卦数的仪式。新年过后几日，村里的田间管理者需要去找莱坞占卜未来一年的庄稼收成如何、种哪种庄稼的收成大，以及有没有什么大的自然灾害等跟农业生产相关的事宜。田间管理者由村中男性轮流担任，负责管理一年内村中与农田相关的任何活动。如果占卜结果不是很好的话，根据占卜结果，要找莱坞或和尚举行禳解仪式：有时候需要祭神、供奉山神，有时候需要举行驱鬼等仪式仪轨活动。民间歌曲《青稞的来历》唱道："青稞长到一寸二寸时，我叫来三个僧人，煨起大小三个桑，是为了驱赶老鼠。青稞长到二寸三寸时，我叫来三个莱坞，做起各种垛的仪轨，为使青稞不受影响。青稞长到与矛齐时，我叫来三个喇嘛，给天空做了囊结（snang brgyad）仪式，防止冰雹和霜降。"① 为了使青稞长势好，不受外界自然灾害的影响，人们便邀请僧人、莱坞、喇嘛做法事，这也说明莱坞与人们的生产和生活有着直接关系。

2. 生命礼仪

莱坞举行的法事活动始终贯穿着一个人的生命，新生儿的名字也是由莱坞取的，出生、成人、婚姻、立房、丧葬等各个过程都有其相对应的仪式。格西却吉扎巴（dge bshes chos kyis grags pa）在著作《格西曲扎正字法》（brda dag ming tshig gsal ba）中提到，"所谓的'莱坞（levu lha）'其实就是小孩子的守护神，又或者说，因为在苯教术语中 leu（levu）有'九'的意思，所以他是经过了九代的神"。给小孩取名、净身、赐护身符等都是"莱坞"的主要任务。因此，莱坞也被称为从小就开始保护人类的神。

"波子（spor rtsis）"是有关新生儿的占卜术。需要占卜的信徒将婴儿的出生年月告诉莱坞，然后莱坞在经文中对照相应数字月份占卜结果。民

---

① 阿旺嘉措. 甘南苯教历史与文化［M］. 北京，中国藏学出版社，2013：187.

间经文中有大量有关星象历算的内容。因此，莱坞根据幼儿的生辰和属相等取名。莱坞所取人名多与司巴苯的神灵有密切关联。在司巴苯的三界观中，上有天神，中间有年神和空间神，下有水神等众多神灵。① 给孩子起的名字多与苯教神灵体系中大量存在的山神、水神等自然神相关，如南秀（gnam skyabs），意为天神护持；年修（gnyan skyabs），意为山神护佑；录它（klu thar），意为水神保佑历险等②。阿旺嘉措教授通过研究敦煌古藏文苯教写卷和民间苯教文献，认为"年"（gnyan）是山神中的男性，女性山神被称为"曼"（sman），如措曼嘉姆（mtsho sman rgyal mo）是一个女性化的山神形象，而其名字中恰好有"曼"。③ 但是下迭地区的莱坞名字中多带"金、银"二字，如李金花、李银女等。在"波子"中占卜和计算出孩子的"给干"（gos skal，相当于幸运色、衣服的颜色）、"色该"（zas skal，对应的某种粮食，即吃了这种粮食的话，会更身强力壮）、"黑该"（shing skal，幸运木种）、"了该"（lha skal，幸运神）、"其该"（chos skal，幸运经文）等，都由莱坞从其经中找出并告诉民众。另外，腊子口镇黑多的莱坞李赛九告诉笔者，他还可以根据经文占卜出小孩的寿命，以及小孩在几岁的时候有"尕"（bgegs，灾难），他把这个会发生"尕"的年龄告诉小孩父母后，父母要在小孩有"尕"的前一年请他去为小孩举行禳解仪式，既可以举行拉则，也可以只在家里念经等，以不同方式来禳解。除此以外，莱坞还会根据生辰为婴儿举行解秽仪式，譬如占卜中主要还有"次子"（tse rdzi，护命仪式），以及一个小孩一生需要举行几次"次子"（tse rdzi）仪式等内容。"次子"是莱坞占卜出的新生儿在成长过程中有可能面临的灾难后所举行的解秽仪式。举行"次子"（tse rdzi）仪式同样需要准备"贼噶"（酥油、糌粑等混合制作的食品）等供品，在煨桑时，倒入火堆来祭山神。婴儿的父母要用草或麦秆扎成小人模样，用占卜出的

---

① 阿旺嘉措，州塔. 浅谈白龙江上游民间苯教经典中反映的文化信息［J］. 宗教学研究，2013（3）.

② 阿旺嘉措. 甘南苯教历史与文化［M］. 北京：中国藏学出版社，2013：104.

③ 冷周，浅谈迭部藏族人名［G］. 迭部非物质文化遗产学术研讨会会议论文集，2019.

"给干"——对应颜色的布做成衣服模样包起小人。这种小人的制作数量不一定，制成后，莱坞把一个小人扔进水里，其余放在门槛上。根据占卜出来的"次子"次数，每年在孩子的生日时举行一次，直到次数够了，小孩这一生的所有重大灾难才算全部清除。目前这种仪式仅保留在尖尼地区。"顺"（srung，护身）仪式是莱坞主持婚礼的仪式，不同地区的莱坞有不同的特色和流程。在民间歌谣的对唱中有："请问白头红尾的水鸟，是由哪个莱坞护身？"另外，"护身彩线"其实是莱坞给妇女的护身。笔者在为期一个月的田野调查中有幸参加了尼傲乡和腊子口镇康多村的两场婚礼。在尼傲乡婚礼中，举办婚礼的家庭需要提前准备充足的酥油、黄酒（黄酒是村里每户人家来庆贺时所带来的，基本上是每家一瓶），以及"贼噶"（btsas dkar，牛奶、酥油、糌粑捏制而成的食品），另外需要找到两名唱祝酒词的人，以及找两名属相相同或相近的人。表3是民间流传的相近的属相（横向表格中为相近属相），民众以此为基准在婚礼或者丧葬上使用。

表3　属相相近

猪（phag pa）	兔（ri bong）	羊（lug）
龙（'brug）	鼠（byi ba）	猴（sprel）
鸡（byade）	牛（ba glang）	蛇（sbrul）
狗（khyi）	马（rta）	虎（stag）

　　表4中相对立的属相表述绝对不和谐（横向表格中为相冲属相）。① 因此，一旦家中青年的恋爱对象属相与其不合，他们的婚姻会遭到家中长辈的极力反对。故年轻人们会在择偶时将其作为标准之一，结婚时绝对不会找与自己属相不合的伴侣。

---

　　① 表3、表4均是根据笔者访谈对象给给草老人的口述整理所得。（采访时间：2020年8月28日）

表4 属相相反

虎（stag）	猴（sprel）
猪（phag pa）	蛇（sbrul）
狗（khyi）	龙（brug）
鸡（byade）	兔（ri bong）
牛（ba glang）	羊（lug）
鼠（byi ba）	马（rta）

每一个需要举行婚礼的家庭还要提前告诉莱坞婚礼的时间，以给莱坞充足的时间去安排。婚礼之初，要派家中成年男性前去插箭台或者家中的煨桑炉煨桑、供奉山神，另外还要举行祭祀山神仪式，这一仪式可以是大型的，也可以是小型的。如果决定进行大型仪式的话，仪式中需要准备的东西就会较多，莱坞也得提前一天去新人家中诵经。但是如果举行小型仪式的话，过程则较为简单，前期所需要准备的东西也会少一点儿，只需准备5个刀、矛、箭作为箭旗即可。等到凌晨三四点鸡鸣的时候，莱坞会赶去主人家念经，并在9点之前念完经，携新人家中的亲戚朋友去山上指定的地方插箭煨桑。结束后，众人下山回到家中，插箭的亲戚们额头要涂抹酥油"顺（srung）"。然后在家里举行叫魂仪式，再给招魂的那些亲戚涂抹酥油"顺"。等这些流程结束后，主人要把招魂剩下的供品分享给大家食用。休息片刻后，莱坞念诵经文，中途需要再次在家中的煨桑炉中煨桑，再给举行婚礼的这家人重新涂抹酥油"顺"。这些婚礼的前期工作，不管是招魂，还是插箭，都必须由"哈尼"（sha nye，一种社会组织，由村里的几户人家组成，有氏族、亲戚之意）安排进行，主人家无须操劳。

等到将新娘接来家门，莱坞便开始唱祝酒词（也可以由亲戚唱祝酒词）。之后，两个同龄人将麻钱蘸三次黄酒和酥油煮沸而成的溶液喂给新郎和新娘。自此，新娘的容颜才可以正式被大家看到。此后，伴娘还负责重新给新娘洗漱，象征着洗去所有的不净。接着，一对新人要给莱坞磕头、听莱坞念诵招福经。中午12点的时候，莱坞为新娘涂抹酥油"顺"。

191

涂抹"顺"的程序分别是：首先在新娘的头上涂抹三次，紧接着右肩膀和左肩膀上各涂抹一次，最后需要在房内的正厅炕台左下角的柱子上涂抹。之后村里所有"哈尼"轮流邀请新人到自己家做客，认亲戚。

莱坞涂抹完"顺"意味着新娘正式被迎娶过门，能够得到村民们的认可。莱坞涂抹"顺"的仪式在婚礼中至关重要。尖尼沟的莱坞九高告诉笔者：

"像以前的话，没有举行'顺'仪式之前，新娘的容颜是不可以被别人看到的，亲戚朋友们在举行'顺'仪式的时候才能真正看见新娘的真容。有一句俗语说：'白色的酥油头上抹，肉要红红的时候吃（意味着在当天的活动中，肉不能煮得太熟，看着得是鲜红的状态）。'因为以前没有政府法律，没有结婚证，而擦'顺'的仪式就意味着自此之后新娘子不能随便跟别人走，别人也不能再对这个女子有想法。要是没有举行过'顺'仪式，新娘子嫁给某一人家后又改嫁了的话，也不会有人对新娘子指责或追究。但是要是举行了婚礼上的'顺'仪式之后，新娘子就不能乱跑了，否则整个村子、大队都不会同意的，其实就相当于起到了证婚的作用。"

"顺"在婚礼中的重要作用显而易见，然而随着社会经济条件的发展，受现代化影响程度的加深，婚礼程序正在逐渐简便化。当今即便是农村的村民，也会把婚礼举办在县城的酒店内，如此一来，婚礼便省下了许多人力。为方便起见，村民更倾向于这种简便的婚礼形式，莱坞的宗教功能就不能够得以体现。随着时间的流逝，这种仪式可能渐渐失传。

正所谓"百里不同风，十里不同俗"，笔者在腊子口镇康多村参加的婚礼中，莱坞除了念诵招福经以外，婚礼的流程和形式与中、上迭有所区别。在下迭，婚礼前，莱坞需要根据一对新人的生辰八字来占卜决定婚礼的时间，尔后要根据新娘的属相决定伴娘的人选。在下迭，伴娘也需要由男方安排，必须是由父母健在且父母没有身体残疾的年轻女子担任。婚礼当天，莱坞会在家念诵招福经，新郎、伴娘等一行人前去接亲，在此期间，莱坞捏制朵玛，并将捏好的朵玛放入金盆中。到新娘家中后，新娘需要按照莱坞之前占卜的方向而坐，并由伴娘为其梳妆。笔者参加的这场婚礼中，新娘杨梅花属狗，莱坞根据属相占卜后告知其要坐北朝南，并且莱坞还要根据其属相占卜出进门的吉时。接亲的一行人必须按照莱坞占卜的时间点进入家门，不同属相的时间不同。莱坞李赛九告诉笔者："时间各不相同，有早晨6点、6点半、7点、7点半、8点、8点半等，每个属相都有对应的进门时间，有些属相进门的时间是一样的。"新娘在进门之前要在准备好的金盆中洗脸擦拭、烟熏，并将洗完脸的水倒在放有朵玛的金盆中，然后倒在地势较低且与门口相反的地方。这是给孤魂鬼怪的祭品，表示婚礼是大喜的日子，要给鬼怪们献祭，使世间万物都开心，才能保证新人家庭生活得吉祥顺利。由于下迭地区连锅炕和佛龛是分离的，故莱坞坐在佛龛下方，待新人进门后要面对莱坞方向磕头，并跪在莱坞面前听其诵赐福经。之后，莱坞还必须在新娘额头上涂抹"顺"，以此来认可新娘身份且保佑新娘嫁入男方家庭后一切平安顺遂。接下来，莱坞会为一对新人献唱祝酒词。婚礼中莱坞的地位非常高，连活佛也无法取代。根据卡尔梅桑旦的研究，藏传佛教中对这一世俗婚礼仪式并没有什么教义和经论，而原始苯教的传承中对此却有一番解释，一篇名为《兄妹分财与祈神》（Ming sring dpal bgos dang lha vdogs）的经文描述了人类最初的婚礼。① 不同于上迭的是，下迭祝酒词必须由莱坞唱诵，一般人不允许唱诵婚礼祝酒词。

　　虽然不同地方的婚礼流程有差异，但是，婚礼中最重要的都是招福仪式。福在当地藏语中是"央（g-yang）"，如若"央"离开某家，这个家庭就会衰败。在苯教经文中有"人需要'夏'，畜需要'央'"，"央既能招之即来，来了能安之。"所以要招福，留住夫妻，即使离开，也要招回来。婚礼中，男女双方都会招福。以前招福仪式由莱坞举行，如今由于莱坞人数较少等原因，故婚礼当天的招福经都会请僧侣清早在家中念诵。民

---

① 王含章. 信仰空间中的人与社会——迭部藏族宗教的象征人类学研究［D］. 兰州：兰州大学，2017：77.

间还有许多关于防止"央"出走的说法，譬如，婚礼当天，新娘家中必须有人待在家，以防止福气出走，因为这天新娘是拥有最美丽的容颜、最华丽的服装和最多祝福的人，所以身上满是福气。如果不注意或者不念诵招福经的话，福气就会出走。笔者在调查时听到了一个小习俗，即如果当地人见到有人举行婚礼，需要朝地上吐唾沫，这是因为新娘带着所有的福气，所以身后不光有吉祥的福气跟随，还有许多不吉祥的鬼怪通通出现而觊觎新娘身上的福气，因此要吐唾沫赶走鬼怪。

3. 招魂仪式

招魂是莱坞仪式中的重要一环，迭部地区的苯教徒认为人的生命由"拉（bla）""宇（yid）""散（sems）"三者组成，若被其他鬼怪拐走，就需要举行招魂仪式把魂请回来，这种仪式在民间很普遍。[①] 招魂仪式在莱坞的各个生活场景中都是必不可缺的一部分。招魂仪式分为丢了魂后的招魂和作为仪式中固定程序的招魂。倘若仅仅作为仪式的一部分，招魂的步骤和活动相对简单，大家只需唱喊出固定的说辞即可。要是占卜结果是某人的魂已经走丢，需再招魂的话，步骤就会略显复杂。民众往往会由于常梦到自己裸露行走或者旧病不起等原因猜测这些症状有可能是"拉"出走的征兆，故前去找莱坞打卦断定"拉"是否还在体内，如果占卜结果显示"拉"已经不在体内，则需要呼喊"拉"回归。招魂仪式中，首先需要招魂的人家提前准备毛线，毛线颜色必须是当事人在婴幼儿时期莱坞占卜其姓名时算出的吉祥色。尼傲乡的房屋建筑一般是二层的土木结构的藏式房屋建筑，一楼住人，二楼则用来堆放干草杂物，通常煨桑炉和麦架都会安置在二楼。莱坞将毛线绑在房顶的木梯子或者麦架上，从二楼窗户拉进正屋客厅里（据说，这是顾虑到大门前往往有人流聚集还有猪狗等一些家禽，灵魂不敢从他们之间穿过返回，而二楼的窗户缝是比较隐蔽的地方，因此顺利将灵魂招回的可能性也就更大），然后绑在客厅里当事人手上，再把余下的毛线绑在莱坞座位前的桌子腿和莱坞的法器铜钹上，

---

① 阿旺嘉措. 甘南苯教历史与文化［M］. 北京：中国藏学出版社，2013：186.

最后毛线尾由莱坞握在手中。等所有前期准备工作结束后，莱坞在家念诵招魂经文即可。这时候，主人家会请来亲戚朋友们，大家站在街道、房顶（二楼，储放杂物的地方）和院子里分别呼喊被招魂人的名字，再配以对应的说辞。一般来说，前来帮忙的亲戚们不分男女都可以招魂，但是这一点在腊子口地区略有不同，腊子口地区因靠近岷县，故与岷县的宗教文化交流较多。岷县是集娘娘、阿婆神等民间信仰以及藏传佛教于一体的多元文化交往交融地区，故其招魂仪式也体现着这一特点，当地莱坞一旦招魂，必须邀请会招魂唱词的年龄较长的女性来进行这一仪式。笔者猜测这与婆婆神信仰有密不可分的联系，具体原因有待探索与思考。莱坞经文《斯巴章甘》（srid pa drang rgan）中记叙道："如果你确定了莱坞（levu lha）要来的时间，那么今天是通过举行垛（gto）仪式来驱逐魔鬼、赞鬼，为众神献祭，给民众剩下祭品，给鬼彩线花盘的好日子。"从这段摘录中我们可以看出，莱坞举行驱鬼、向神献祭等主要仪式都属于苯教九乘中的四因苯：夏新乘、朗辛乘、楚辛乘、司辛乘。①

4. 占卜

苯教九乘中的第一乘"恰辛乘"包括四部分内容，即占卜、历算、垛和医术。其中占卜术分为360种之多，又可总结为4种，即圆光卜、梦卜、绳卜、扎拉预测卜。《格言智者项饰》中："恰辛乘包括垛、械疗、绳卜、圆光卜、元音卜、天文医药等，能够近期利益众生，示以各种隐含的苯和明显的苯。"莱坞多半是打卦的能手，他们实施的主要卦书有：骨卜、鸟卜、石卜、数字卜、念珠卜、图形卜、圆光卜、箭卜、唱卜、铜钱卜、鸡蛋卜、语狮卦、巴乌拉杰等多种卜法。绳卜是最具苯教特色的卦书，其内容纷繁复杂，绳结共有千余种，每种结都有一种特定的意思。吐蕃聂赤赞普时的十二智慧苯中就有会绳卜的苯教徒。在苯教《大藏经》中有一卷象

---

① Charles Ramble，The Lhadag Leu（lha bdag levu），Ritual Specialists of the Black Water Bon of the Phenomenal World in Southern Amdo：A Brief Introduction［J］. *archiv orientální*，2016（84）.

珠南卡坚赞编辑的绳卜。民间还流传着很多的小型绳卜。①

以上是笔者在调查中得出的莱坞最重要、最普遍的占卜形式。但是，笔者也发现有些占卜不具有普遍性，腊子口镇的莱坞是目前迭部县境内年龄最大、仪式完整度掌握最高的莱坞。因此，其举行的占卜和仪式较其他地方莱坞更为充分。目前莱坞李赛九会进行的占卜主要有以下几种。

（1）建房占卜

"建房前会有人来我这里占卜，看立房子的时间，如果我说今年不能立的话，老百姓们也不敢不听我的话了。"建房过程中，最后立大梁的时候和房子建成后，莱坞都需要前去念诵不同的祝酒词。

（2）婚前占卜

"还要帮助新人算合不合，比如说，两个年轻人谈对象，两个人的五行合不合，这要提前一年算。如果算出来合的话，就可以结婚了；不和的话，就得告诉他们家里人。就像水跟火就是完全不合，水一洒，火就灭了；土和木比较合，现在算这个的人很少，我们那儿有算的，别的地方算得少。像这个都是父母悄悄算的，要不然害怕儿子们不高兴。"

（3）日常琐事占卜

老百姓们不管啥都要找我算，老百姓家一头驴丢了，都得找我算，几月几日丢了，去了东面还是去了西面，都可以从经文里找出来。一般都是准的，十个里五个准，五个不准，有时候他们自己要是把具体的经文忘了的话，那个算出来就不准的。还有老百姓睡梦、眼皮跳等都会由我们帮忙计算占卜。

莱坞举行的以上仪式包括了人一生中的所有重大活动，从新生儿到生命的终结，都是民众们特有的重要人生礼仪，并且以上仪式和占卜都只能由莱坞完成，和尚或者活佛无法替代。因为这不可替代的重要性，民众们也用自己的方式表达着对莱坞的信奉和敬重。尖尼沟村民老奶奶给给草告诉笔者："如果在村子里有集会的话，不管男女，都会站起来以表尊重；

———————————

① 阿旺嘉措. 甘南苯教历史与文化 [M]. 北京：中国藏学出版社，2013：186.

在路上偶遇时，女人们也会自觉移动到路面的下方位。"在调查过程中，笔者的访谈对象乔虎材（男，23岁）告诉笔者，莱坞在他们的生活中无比重要，相当于上师，不敢轻易违背他或者对他不敬。另一访谈对象说："莱坞对我们来说是生活中不可缺少的，我们不管干啥都得找莱坞，无论是家中人生病、有人结婚，还是生小孩，都需要找他。但是可惜的是，现在他竟然连一个徒弟都没有，所以我很难想象，要是等他年纪大了、去世了，那我们该怎么办。"①

七、莱坞的传承现状

1. 传承方式

笔者在调查中发现，迭部县莱坞的传承方式有两种：一种是有血缘关系的传承，另一种是无血缘关系的传承。

有血缘关系的传承一般是以莱坞世家为主，家中的祖父将莱坞的经文和仪式方法传给父亲，再由父亲向儿孙传承。笔者调查中的尖尼沟莱坞九高和他的徒弟次仁塔都是这种情况。莱坞九高告诉笔者：

像我的话，因为我家从爷爷开始两代人都是莱坞，一直供奉山神，中间有一段时间，我们家没有人继承，然后每次占卜都需要做很多仪式来供奉山神，家里也时不时会有一些小的不顺的事情发生，其实就是我们家的两代人一直在供奉山神，中间突然断了的话，山神有可能就不习惯了。

无血缘关系的传承多半是因为莱坞家中没有直系亲属可以继承，所以才通过收徒传授。笔者发现，这种情况在如今的莱坞传承中较多，且多是休学在家的务农青年，像上述提到的尼傲莱坞加保的三个徒弟均是此种情况。他们多半由于是家中的长子或由于各种原因无法出门打工，为了兴趣或为了多一门技能才学习莱坞经文。另外，笔者还发现了一个有趣的特例：莱坞九高是入赘到师父家中的女婿，后因为无人继承，师父本着传内

---

① 笔者访谈对象杨海山，腊子乡康多村，男，39岁。

不传外的原则，传给了莱坞九高，但实际上九高与师父之间也并无血缘关系。拜师学习的方法也不意味着能够传给所有人，莱坞对于学徒的自身条件和家庭条件也有一定要求。尼傲莱坞加保告诉笔者：

> 我们的莱坞绝对不能传给残疾人，眼睛不太好的、腿有残疾的、身体有残缺之类的都不可以，还有就是村子里品行不端正的人也是不可以的。

> 像以前要等到所有经文都学成之后，杀一头牛，到时候所有亲戚都要前来，像有些人家里条件要是不好的话，随随便便杀不起牛，没有那个经济条件，也就不敢轻易学习了。

此外，不同于其他地方的是，尼傲村对于莱坞的认定还与村民的意愿有关。在村民们集体商定后，学徒才可以正式拜师学习。

2. 传承内容

民间的莱坞常说："想要知道莱坞是什么，除非拿来一碟蚊子的脑浆，拿来用蚯蚓骨头制作的拐杖，才可以告诉你。"① 据阿旺嘉措教授的总结分类，莱坞的教授内容主要有诵读经文、法器使用、主持科仪、法舞、教育方法五种类型。莱坞传承主要以口头传授为主，教授的时间较长且不易学习，除了经文的内容以外，还要学习念诵经文的腔调以及停顿。迭部县的方言又极具特色，各村落乡镇都有自己的特点，故无法完全知晓其内容，仅世代口头相传。莱坞的法器不多，主要教授的内容也只有铜钹、木条、鼓、号子。饶钵、鼓、号子的使用时间、频率在不同经文的念诵中并不一样，需要老师（毕干）为学徒指导腔调声音的强弱、节奏的快慢等。木条的使用主要是在各种仪式中，方法简单。莱坞仪式繁多，科仪的举行方法只有在具体的实践中讲授和学习，他们一边帮助莱坞举行仪式，应付繁杂的科仪，一边自己学习掌握，等到学会所有仪式仪轨时，民众也会产生认可。在祭山神仪式中，莱坞加保总会带着弟子，吩咐其做好拉则之前的准备工作。学徒的学习时间一般固定在每日晚饭后，因为白天要去田间干

---

① 阿旺嘉措. 甘南苯教历史与文化［M］. 北京：中国藏学出版社，2013：87.

活。腊子口莱坞贡巴告诉笔者：

> 当时白天要干活，只有晚上才有时间学习。一晚上就学两句，学完就回去了，然后每天晚上学两句，大概就是这样的。当时都是口传，如果有经文的话，就非常方便了，我自己也会藏文。多半都是口头上学的，经文的学习很简单，看着学就可以了。

莱坞会负责学徒所有的生活，不论是干活，还是吃饭，一直到学徒按时学完经为止。"在学习的过程中，莱坞会像对待儿子一样照顾和指导学徒的学习。在此期间，家人们不可以随意以任何理由带走学徒，比如说，'家里要干活，让孩子回去帮忙干几天活'这种理由是不可以的，除非经过莱坞的同意，他才可以回去。如果学徒的家人愿意带一些粮食到莱坞家也可以，但是不带也没关系。作为师父，莱坞会照顾好自己的徒弟，教授他所有经文。"学徒与莱坞之间强烈的情感支撑和维系也在一定程度上促进了莱坞的传承。

3. 认定仪式

直到莱坞认可学徒的学习成果之后，他才会给予学徒成为莱坞的权利。学徒学成之际，莱坞要找机会亲自带着徒弟去举行一次祭祀山神仪式。之后，莱坞会选一个"好日子"，届时，亲戚朋友们都会到场，杀鸡和羊、煨桑、祭祀山神，等所有活动结束后，莱坞把他的经放在学徒的头上，为学徒戴上哈达，然后唱祝酒词。最后在所有人面前宣布已把举行各种仪式的权利交给他。这代表着学徒的学习正式结束，成为一名合格的莱坞，可以在今后承担为村民们举行各种仪式的责任和义务。

4. 传承的困境及原因

历史上，佛教文化还没有传入迭部地区时，莱坞在当地民众心中的地位非常高。莱坞是民间最高的知识分子，帮助人们举行种种禳解仪式，获得了人们的敬重。但是如今，在种种因素的影响下，莱坞的生存空间狭小，继承困难。例如，迭部县尼欠的莱坞文化已经失传，目前当地已经没有莱坞了。另外，据笔者调查，历史上莱坞人数最多的腊子口镇黑多村，现在也仅剩一名莱坞。现存的这些莱坞的职能和仪式也越来越简单。笔者通过此次田野调查总结出导致莱坞传承困境的几点原因，具体如下。

（1）迭部作为甘南地区苯教文化分布较为集中的区域，在历史和当前都有众多的苯教寺院和神山圣迹，还有众多的苯教信众。迭部地区藏传佛教其他教派的大规模传入约在 18 世纪大小金川事件之后，不仅使以雍仲拉顶寺为中心的嘉绒地区的苯教遭到大规模的打压，而且整个涉藏地区的苯教寺院从这一时期开始被大量地毁坏或改宗为其他教派。白龙江上游的达仓朗木格尔底寺开始沿着白龙江向下拓展自己的教区，今四川若尔盖的铁布地区以及迭部的众多苯教寺院和静修地被改宗为格鲁派，人们也改信佛教。位于北部的卓尼土司既掌握着世俗权力，也担任卓尼禅定寺的僧纲，在土司杨朝梁和杨威执政时期，为了统治迭部地区，多次出兵迭部镇压反抗者，消灭苯教势力，威逼人们改信佛教，随之改宗中下迭地区的部分苯教寺院和修行地为格鲁派，并建寺传教。据阿旺嘉措教授统计，甘南地区苯教寺院数量大幅减少，一些地方高僧和头人将改信佛教作为行善积德的事，使很多苯教寺院改宗佛教。随着当地群众改信佛教，许多原来由莱坞举行的占卜和禳解仪式都渐渐被和尚和喇嘛等宗教职业人士所替代。这也在笔者的调查中得到了证实。采访对象尖尼沟村民告诉笔者：

以前所有仪式都是由莱坞举行的，那时候哪有僧人，只不过现在僧人算的卦多，信的人慢慢变多，使得所有活动能请到僧人成为一种流行。

从前，举行垛仪式时，村子里的每家每户都需要举行。现在，举行不举行都一样，没有什么特别的规矩，我觉得主要是因为现在和尚、活佛多了，大家对莱坞可能没有之前那么信奉了。像之前的话，只有莱坞，所以大家必须相信他。

等到以后，渐渐没有了莱坞，它的工作很有可能完全转移到僧人们身上。我听说，现在很多莱坞消失了的地方，像祭祀山神或者招魂仪式都是由僧人和喇嘛来替代的。渐渐地，咱们这里也有可能变成那种情况。

莱坞的许多仪式在藏传佛教的发展中受到了较大冲击，如今电尕卡坝地区的祭祀山神仪式均由佛教僧侣主持。

（2）随着社会的发展，在现代化的影响下，民众接受外来文化的能力增强，对于传统信仰仪式活动表现淡漠，祭山神的活动越来越少。特别是村里祭祀山神的集体活动，参加的人数在逐年减少，曾经婚礼中必须举办的"顺"仪式也仅仅在尚有老人的家庭中举办。据笔者采访：

现在的信仰程度大不如从前了，像现在好多小孩出去上学工作，有很多相关的事情他们也不知道。除非家中有事，请莱坞来帮忙举行仪式后，他们才知道莱坞的重要性，要不然一般都不知道的。

如果社会像现在这样发展下去的话，莱坞有可能消失。但要是社会发展得不好，说不定莱坞又会重新被大家信奉，这跟社会的发展有很大关系。

（3）莱坞的继承人数在不断减少，出现这种情况的原因有以下几种：

①如果莱坞不能在血缘体系内找到传承人的话，只能等有人拜师学习，但是现在孩子们都在学校接受了现代化教育，对传统文化不感兴趣，因此现有的几名莱坞的徒弟数量都非常少："我的孩子都在上学，目前还没有人学习。现在很多小孩都上学了，基本没有时间来专门学习这方面的知识。"

②另外，莱坞经文内容多，科仪类型多样，仅垛仪式就多达 360 余种。因此，学习时间跨度长，一名莱坞真正要出师的话，最起码需要三四年的时间。腊子口镇莱坞李赛九广受人们尊重的一大原因也是他同师父认真学习了数年，掌握了各种不同科仪的举行方法和口传经文的诵读。

③大量的口传教学增加了学习难度。

现在孩子们大多跑出去打工，并且学习莱坞这些东西的话，多少是有点麻烦的。不管是晚上还是忙碌的时候，这些仪式道具都是自己一个人制作。而且需要在别人约定的仪式举行时间内按时完成，不得推托。如果要学习，十五六岁是最好的年纪，孩子年龄小，比较听话，孩子们长大后都去了学校上学，等到上完学要毕业了又得再找工作。总的来说，孩子们学习了汉文，学校也都是义务制教育，必须一直学习直到正常毕业，也不能一直在我身边学习。像我们的这些经文大多是口授的，像拉则涂抹'顺'时要念诵的经文基本都是口传，没有书本，所以一旦要学习的话，必须一直在我身边，天天教授。

④莱坞的职业束缚性太大，缺乏自由。面对现在大量的职业选择，自然很少有人愿意选择这种报酬低的事情。

大家不愿意学的主要原因就是怕学习这个会耽误时间，因为只要有人要举办仪式，莱坞就得去，有时候自己可能也有要忙的事情，像我之前好几次在合作市，村里有人要办活动，我就连夜赶回来了。我是村子里认定的莱坞，所以不能耽误村民们。

随着社会越来越好，大家都上学、上班了，都认为莱坞就是农村人，没有什么前途，不愿意当莱坞或者主动学习莱坞的经文了。而且成为一名莱坞需要非常刻苦和认真，花的时间也长，当了莱坞，大家需要的时候，你得马上跑去念经、举行仪式，不能推托和耽误。但除此之外，莱坞一辈子都要从事劳动，不能出去打工，所以其实莱坞跟农民没有太大的区别。但是上学后工作了就又不一样了，再也不用从事繁重的劳动，生活水平也会提高，这也是越来越少的人愿意当莱坞的主要原因。并且莱坞不同于僧人，僧人们可以一辈子学习经文，念经礼佛，当知识分子，还有自己的寺院，除了自己以外，什么都不用担心，但是莱坞就不一样了，没有什么可以学习的经文，而且要是没人找莱坞举行仪式的话，他自然就没有了收入。他和"拟写"（普通人）一样的，也要抚养子女，照顾家庭。

从以上资料中可以看出，莱坞这种"工作"具有极大的不确定性，这种极大的不确定性也是导致现在的年轻人不愿意学习莱坞文化、成为莱坞的一个重要原因。

综合以上种种理由，笔者认为，如果不对这种传统文化加以保护，其有可能在未来面临失传甚至消失的危险。莱坞作为沟通人神的中介，对它的研究对于研究民间传统文化有重要作用，虽然当下面临失传的危险，但它在以往的生活中为人们带来了重要的影响，并不会立马、轻易地消失，仍然有一大批群众需要且对其保持信仰。随着传统文化的复兴，出现了许多有志之士在积极推动对其保护和传承的研究。

八、莱坞的研究价值

1. 文化价值

任何对苯教的研究都必须注意到民间莱坞，他们是苯教的活化石。莱坞是民间苯教和传统文化的传承者，作为俗人中的知识分子，他担任着在民间传授知识文化的主要职责。莱坞举行的众多仪轨与当地民俗有着紧密联系，与人们的日常生活息息相关。从莱坞举行的众多仪轨中，我们能充分看出民间信仰与民俗间的密切关系。阿旺嘉措教授认为，在葬礼上唱诵的《司巴拖亦》是最典型的例子，其内容涉及世间起源、人神鬼的出现，与丧葬仪式紧密相关。

2. 实用价值

莱坞是苯教的活化石，其价值观对于净化社会起着一定作用。诵经和举行各种科仪，能消除民众心中的阴影，为其带来心理慰藉。民间信仰共同体具有整合地方社会、规范乡村治理的功能，在仪式举行中增强地方认同、规范日常行为、维护基层社会合理秩序。中国民间宗教的实践和信仰构成了中国文化的重要部分，不仅有着令人骄傲的过去，更对中国人面对现代社会的挑战有着极为重要的价值。同时，我们还有机会在研究中观察中国民间宗教在剧烈的社会变迁、人口迁移过程中如何进行策略上的变化。由此可见，莱坞的研究也是人类学家帮助国家或政府更好地了解民间社会，推动社会文化建设政策的重要方法。

3. 生态价值

在司巴苯的三界观中，上有天神，中间有年神和空间神，下有水神等众多神灵。格勒在《论藏族苯教的神》一文中提道："藏族苯教经典《白、黑、花十万龙经》中，把世界分为三个部分，即天、地、水（地下）。这三个部分各有其神主，这就是年、地、龙三神，年神居天空，地神居地上，龙居水中。人世间各种苦难，包括疾病、自然灾害，都与这三种神有关，他们以绝对权威的姿态主宰着天、地、水三部的万事万物，所以人类对他们只能供养，不能触犯。"莱坞供奉天神、山神、龙神，敬畏自然的观念渗透在民众心中，对自然生态环境的保护有着重要作用。

4. 研究价值

如果我们要研究苯教，必须特别注意早期苯教仪式的主持者——莱坞。而目前，只有在安多边境的一些地方还有少数莱坞，其他地区已经没有其存在了。研究莱坞仪轨及其经书对研究藏族早期历史、文化、宗教等都有重要意义。近年来，苯教作为研究热点，有很多优秀的论著和研究，但是历史文献较多，而莱坞作为司巴苯教的活化石和宗教实践，对其自身及其在现代社会发展中流变的研究也会促进苯教、藏文化的发展，为现代中国的藏学研究发展提供新方向和重要视角。

迭部红色文化遗产传承与开发调研报告

谭　淇[①]

　　"红色文化遗产"这一概念最早出现在《2011—2015年全国红色旅游发展规划纲要》中，纲要指出要尽快建立"红色文化遗产"保护体系。[②]在2019年第五批国家级非物质文化遗产申报过程中，"红色文化遗产"首次被纳入非物质文化遗产保护体系中。蕴含和体现"红色文化"的民间文学、民间美术、民间音乐、民间舞蹈、民间手工技艺、戏曲曲艺和文化空间等多种类型的非物质文化遗产开始逐级申报并设立相关传承人。甘肃省甘南藏族自治州迭部县位于甘肃省南部的甘川交界处，秦岭、岷山、迭山环绕，白龙江贯穿其中。迭部主要居住人口以藏族为主，多民族文化在此交汇融合，形成独特的自然风光和人文景观。1935年9月和1936年8月，中国工农红军长征先后两次途经迭部，留下了腊子口战役遗址、俄界会议遗址、茨日那毛泽东旧居和崔谷仓开仓放粮遗址等一系列红色印记，红军队伍与迭部各族人民鱼水情深的故事被传诵至今。由红色遗址遗迹、红色人物和红色故事组成的红色文化资源成为迭部的一张亮丽的红色名片。

---

①　谭淇：高等教育出版社有限公司助理编辑。
②　魏子元. 红色文化遗产的相关概念与类型［J］. 中国文物科学研究，2020（01）：12-16.

一、调研概况

此次调研受迭部县非物质文化遗产协会之托，于 8 月中旬进入迭部。此时阴雨连绵，天气状况极不稳定。道路塌陷，行进困难，因此我们未能沿红军行军路线进行考察，于是将调研重点集中于迭部县城、旺藏镇茨日那村、电尕镇尼石村、谢协村等地。红军长征途经此地亦是八九月时夏秋交替之际，青藏高原边缘在经历雨季后逐渐转凉，空气潮湿阴冷，自然灾害频发，对于刚从雪山草地走来的红军队伍而言，恶劣的自然环境无疑是雪上加霜。无论是红一、红二或红四方面军，进入迭部地区后，语言和文化习俗差异、自然环境挑战和峡谷激战等都是对他们的巨大考验。但也正是在这样的条件下，俄界会议统一思想，腊子口战役以少胜多，茨日那崔谷仓军民鱼水情深，流落红军安居乐业——迭部由此成为非物质文化遗产传承和民族间交往、交流、交融的乐土。

非物质文化遗产传承和民族间交往、交流、交融均以人为主线。在调研过程中，我们以流落红军这一群体为调研重点，通过档案记载和口述访谈资料，搜集了由红军两次途经迭部串联起的战役、会议情况资料，进而探寻红军这一具有明显身份标签的"异乡人"如何在沟壑中的藏族村寨生存和生活，这一特殊身份和历史记忆又对其后代和所生活的村庄产生了怎样的影响，由他们所建构起的文化空间和传承的红色民间故事、民间手工技艺等非物质文化遗产是如何保护开发的。

表 5　调研时间安排

时间	地点	小组人员	调研内容	主要收获
8 月 10 日	迭部县档案馆	王志豪、才让扎西、如它、谭淇	访谈	主要报道人信息
8 月 11 日	迭部县邮政局	档案馆张永海、谭淇	访谈	访谈笔记约 7000 字
8 月 12 日	迭部县妇幼保健站	档案馆张永海、谭淇	访谈	访谈笔记约 8000 字

续表

时间	地点	小组人员	调研内容	主要收获
8月13日	迭部县史志办	李正元、来毅、谭淇	访谈、查资料	访谈笔记约3万字、赠书
8月14日	电尕镇谢协村	全体成员	访谈	村中建县初期老干部信息
8月15日	旺藏镇茨日那村	王志豪、才让扎西、刘媛、如它、谭淇	访谈	访谈资料约2万字
8月16日	迭部县城	/	整理材料	/
8月17日	迭部县档案馆	谭淇	查找资料	文史资料
8月18日	迭部县城		整理材料	/
8月19日	迭部县城西社区	档案馆张永海、来毅、谭淇	访谈、抄档案	访谈资料5000字
8月20日	迭部县档案馆	谭淇	抄档案	1966—1969，电尕乡
8月21日	迭部县档案馆	李正元、谭淇	抄档案	1961—1966，电尕乡
8月22日	尼石村、谢协村	李正元、谭淇、如它	访谈	访谈资料8000字
8月23日	非遗评审会	全体成员	/	/

二、调研资料情况

目前学界对于"红色文化遗产"这一概念没有确切定义。就迭部而言，"红色文化遗产"研究与以下几方面均有关联：一是对于红军长征途经民族地区的研究，二是对于俄界会议的研究，三是对于腊子口战役的研究，四是对于红军群体构成及其流落人员的研究。在调研过程中发现，除学界已有出版研究成果外，在迭部县县志党史办公室和档案馆均有内部研究资料刊出，其中包括重要的档案及电报电文资料，以下为具有代表性的重要资料。

1. 迭部县委组织部、宣传部，迭部县档案馆：《迭部老红军档案汇编》，2017年10月出版，内部资料。《迭部老红军档案汇编》是目前对迭部红军研究最翔实的档案资料合集，分为上下两篇，上篇为甘南州迭部县关于老红军的档案资料，主要是关于红军身份审定、红军流落人员安置问题、红军流落人员定期定量补助等方面的原始档案；下篇为迭部县老红军个人档案材料，涉及红军流落人员43名，其中红一方面军1人，红四方面军42人，连长1人，排长2人，战士40人。个人档案材料中含登记表、个人自述、函调材料、现居地证明材料等，其中完整的个人自述及证明材料29份，能较为清晰地展现20世纪二三十年代红军参军、战斗及长征的相关情况。在部分材料中，亦有红军流落人员来到迭部后的部分生产生活情况，是研究红军长征和汉藏居民交往、交流、交融的重要材料之一。

2. 迭部县党史县志办：《红色记忆——红军长征在迭部史料选辑》，2015年7月1日出版，内部资料。《红色记忆——红军长征在迭部史料选辑》一书编于长征胜利80周年、俄界会议召开80周年之际，与其同时编撰的有《长征路上的不朽丰碑——纪念俄界会议80周年研讨会论文集》。①《红色记忆——红军长征在迭部史料选辑》一书分为将军回忆、学术纵横、长征记录、红色名片和文物考证五个部分，搜集了关于红军长征在迭部的亲历者回忆和各类研究成果，对俄界会议的历史作用和历史地位、攻破腊子口具体时间和详细过程、重要文物"中华苏维埃共和国中央执行委员会人民委员会财政人民委员"印章留存等事件进行了考证论述，整合了2015年之前关于迭部红色文化研究的多数成果，是一份非常完善的、值得参考的资料合集。

3. 给曼编：《峥嵘岁月——长征与迭部》，2015年9月出版，内部资料。《峥嵘岁月——长征与迭部》一书短小精悍，以宣传册的形式多角度展现了红军长征在迭部的情形。书中分为遗址遗迹、电报电文、红色故事、回忆录、流落红军、交流研讨和网络文摘七部分，其中以电报电文为

---

① 中共甘肃省委党史研究室、中共甘南州委党史研究室、中共迭部县委、迭部县人民政府：《长征路上的不朽丰碑——纪念俄界会议80周年研讨会论文集》，中共党史出版社，2016年11月，北京。此论文集收录了纪念俄界会议80周年研讨会中的重要论文，提出了"俄界会议是中共中央在甘肃召开的第一个最高级别的会议，是继遵义会议后又一个具有转折意义、一次决定红军命运和长征未来方向的重要会议，是党和红军北上抗日新的里程碑"的重要论断，进一步充分肯定了俄界会议的历史意义。

数量之最，收录电报电文 20 条，虽未完全收录，但基本还原了俄界会议召开的历史事实。在"流落红军"部分，完全引用了《迭部县志》[①] 的记载，收录了流落红军信息 25 条，在数量和详细程度上均有不足。此书不足 50 页，但是地方文献资料中收录原始一手材料最多的一本，与新旧两版《迭部县志》信息重合度较高。

4. 档案资料。迭部于 1962 年建县，建县后，档案工作稳步推进，现存档案资料较为完整。同样因档案管理转接和保存时间等多方面限制，除较为整合的红军档案外，现有迭部县内档案资料多集中于建县以来红色文化遗产中遗址遗迹遗存的保护开发利用和部分流落红军参与地方生产建设的资料。其中遗址遗迹遗存的保护开发利用累计 53 条，其内容显示，从中共中央宣传部至迭部县各级单位均有参与。迭部县是较早进行红色文化遗产保护工作的地方之一。上述档案资料一方面展现了长征后迭部的红色文化依然备受重视；另一方面则为我们展示了中华人民共和国成立初期迭部地区的生产生活场景和生产发展变化过程。

三、红色文化遗产中的人与物[②]

"人"作为非物质文化遗产传承的主体和文化的活态载体，在文化的传承和传播中起着至关重要的作用。同时，在举世瞩目的长征这一历史事件中，红军群体作为亲历者，是红色文化的早期追随者和践行者。因此，对于人的研究更需存有温情和敬意，这样才能得知文化的传承和交融过程。

（一）红色文化中的人

1. 档案自传中的亲历者

迭部县现存档案中留有一定数量的红军自传，多数成稿于 1979 年，分

---

① 迭部县地方志编撰委员会办公室. 迭部县志［M］. 兰州：兰州大学出版社，1998 年. 在《迭部县志 1991—2010》中，记载流落红军仅 19 人。（迭部县地方志编纂委员会办公室. 迭部县志 1990-2010［M］. 郑州：中州古籍出版社，2017：559.）

② 主要依据 2020 年 8 月 9 日至 24 日笔者田野访谈资料整理而成。

为个人自述、现居地证明和籍贯地函调证明三部分。同时亦有红军流落后参与生产队、公社相关工作的记录。在自传内容中，明确提到红军本人在何时何地经何人介绍或因何理由参加红军、是否有当地亲友能为其证明；在行军过程中，加入哪一番号部队、从事哪一兵种职务、由于什么原因未能跟随大部队继续前进、在何地流落、是否有当地居民能为其证明；流落后在何地生活、从事何种生计、是否婚娶、家中人口、有何需求等。通过这些详细信息，我们便可得知红军其人一生的生活轨迹，加之部分红军流落人员在迭部参加工作、积极入党，因此还留有他们在此工作的记录。这些以自传为主的信息为我们勾画出一个个生动的亲历者，也从侧面反映了民主革命和社会主义建设时期迭部地区生产生活样貌和汉藏民族间交往的场景。

2. 子女后代身边的长辈

因迭部流落红军均已离世，其子女后代是我们能够接触到受红色文化家族传承影响最深的一个群体。在其子女的回忆中，部分是由父辈讲述的长征故事，多数包含有籍贯地的生活情况、参加红军的情况、行军过程中雪山草地的情况和流落的原因，另一部分则是与父辈相处、共同生活的家庭场景。作为档案资料的补充，这些充满生活气息的回忆使得以时间为主线的生活轨迹更加丰满充实，也使得"红色文化"这一概念成为切实的体验。如红军唐明久因在草地行军过程中落下腿疾，未得到及时医治，掉队流落至迭部县洛大乡。因此在女儿读书时坚持建议女儿学医，并在每个假期让女儿在村中义务坐诊，得到了村民的肯定，也了却了老红军的一桩心愿。在子女的回忆中，父辈的勤俭品质和吃苦耐劳精神占了多数，反映出长征和行军生活给这些战士留下的深刻烙印。

3. 同事邻里眼中的朋友

长征是民族间交往交流交融的一次契机，当红军进入迭部地区后，语言和习俗差异并没有阻隔人与人的交往。流落红军定居迭部地区后，与村寨中居民的交往和生产生活、工作往来亦是交流交融的过程。在同事邻里的回忆中，"外来"的红军有见识、有能力，能够在中华人民共和国成立后领导生产，发展生产。如红军罗明元自 1958 年起担任所在公社（大队）主任，得到群众认可，人们都尊称他为"阿爸罗他"。在没有现代通信工具的年代，白天修梯田、建水渠、架桥，晚上便给年轻同志讲述战斗故事。与他交好的藏族小伙丹智不仅学得一口流利的汉语，还学会了做黑板报，后在部队中担任翻译，成为中华人民共和国成立后甘南地区早期的共产党员。这样的故事在迭部数不胜数，成为民族团结的一段佳话。

4. 红色村庄中的传承人

俄界会议后，红军队伍继续前进，在迭部茨日那村稍做休整准备攻打腊子口。几十年后，当年的茨日那毛泽东旧居成为全国重点文物保护单位，茨日那村也由此成为红色旅游中的特色村寨。在茨日那村庄中成长起来的党员索南嘉措从小听奶奶讲红军和毛主席的故事，对红军途经茨日那的故事熟稔于心，更对毛主席有无限崇敬。一次偶然的机会，他结识了徒步长征路的朝鲜族朋友，由此燃起了徒步重走长征路的斗志和期许。十年时间中，他从江西瑞金出发，每到一处便去当地宣传部和史志办盖章留存。他将这样的经历称之为"我的长征"，一路磨炼意志、结识同好、增长见识、学习知识。他也是目前唯一一位走完长征路全程的藏族党员。

（二）红色文化中的"物"

1. 基于档案资料的遗址遗存保护与利用

自 1966 年首次以迭部县委的名义向甘南州委汇报《关于筹备腊子口长征点宣传、接待工作的初步计划》以来，各级党委政府高度重视工农红军长征路过甘肃时的旧居、纪念地保护宣传工作。以腊子口战役遗址、俄界会议旧址、茨日那毛泽东旧居和崔谷仓粮仓为核心，形成了几个具有浓厚红色文化氛围的文化空间。在《2011—2015 年全国红色旅游发展规划纲要》《2016—2020 年全国红色旅游发展规划纲要》的指导下，以四个文化空间为核心，大力发展红色旅游并建成 AAA 级景区一个。俄界会议旧址所在的高吉村发展集体经济，建成村史馆、游客服务中心和统一管理的民宿，成为可接待党性教育、红色教育和旅游度假的藏族特色村寨；茨日那毛泽东旧居所在的茨日那村以"旧居"为核心，建成民俗文化博物馆、红军驿站、特色民宿等极具红色文化标志的场馆区域，夏季日均接待游客数千人。

2. 基于田野访谈的遗址遗存活态传承

茨日那毛泽东旧居和俄界会议旧址是迭部红色文化遗产中重要的文化空间，其被认定为文物保护单位后，仍由房屋原主作为看护人和讲解员进行接待宣传。以茨日那毛泽东旧居为例，该房屋建于1911年，是沙土和木质混合结构的传统藏式房屋，已有百年历史，经细微改变，已传承三代人，现看护人桑杰夫妇至今仍在主屋居住生活，负责接待讲解工作，夏季、暑期参观人数众多，桑杰之孙、5岁半的索南旺吉也加入讲解，说"我的家是毛主席住过的家"。红色文化遗产与传统藏族生产生活融为一体并世代相传。正如毛主席所说："过雪山草地以来，在这里我感受到家的感觉。"

四、迭部红色文化资源的保护

自1936年红军离开迭部后，红色故事广为传诵，红色精神代代传递。中华人民共和国成立后，中共中央宣传部、甘肃省委省政府、文化厅、甘南藏族自治州州委州政府、迭部县委县政府、白龙江林管局迭部县林业局等多个单位数十次发文批复，要求保护红色文化资源，大力弘扬红色精神，为迭部县红色文化资源的保护开发做出了突出贡献。

1966年12月，迭部县委首次向甘南州委发文汇报《关于筹备腊子口长征点宣传、接待工作的初步计划》①。同月，甘南州委做出批复②，要求以"办好腊子口长征点毛泽东思想宣传站"为主，解决了宣传接待工作的物资及资金问题，由此开始了对迭部县红色文化资源的保护和宣传工作。1975—1978年，腊子口公社、迭部县委、迭部县革委会先后发文，上交

---

① 迭部县档案馆资料，迭部县委《关于筹备腊子口长征点宣传、接待工作的初步计划》，1966年12月10日。

② 迭部县档案馆资料，甘南州委《对迭部县委"关于筹备腊子口长征点宣传、接待工作的初步计划"的批复》，1966年12月28日。

《关于维修腊子口长征纪念厅的报告》①，下发《关于成立腊子口红军长征文物筹建领导小组的通知》② 和《关于保护革命文物地区腊子口的决定》③，抽调人员着力建设，划定革命文物重点保护区，禁止修筑建筑物和砍伐捕猎。1978 年 8 月 25 日，甘肃省文化厅正式发文，向甘肃省委省政府上交《关于复原毛主席率领工农红军长征路过甘肃时的旧居、纪念地复原方案的请示报告》，首次以总览全省红色文化资源的高度，对迭部境内相关红色文化资源做出详细统筹规划，申请"修复茨日那毛泽东旧居、修建腊子口南北纪念碑"④。这份请示报告得到甘肃省革委会的迅速批复，同意其请示内容。一个月后，甘南州革委会正式发文《关于修复毛主席率领工农红军长征路过甘南的旧居、纪念地的通知》，要求"修复茨日那毛泽东旧居、修建腊子口战役纪念碑、树立俄界纪念地标志"⑤，迭部县红色文化资源首次得到省级、州级的高度重视，逐渐借助改革开放的春风，将红色文化资源进一步推广。与此同时，迭部县流落红军的寻访与认证工作也逐步开展，经个人登记、公社或单位及个人证明、原籍寻访认定等步骤，最终先后认定西路军红军老战士、流落红军数十人⑥，其中部分由民政部门定期定量发放补助费。2016 年，由迭部县委、档案局共同策划，收集整理迭部流落红军档案并结集成册，成为迭部红军人物研究的重要资料。

1980 年 7 月，中共中央宣传部就甘肃省委《关于在腊子口建立红军长

---

① 迭部县档案馆资料，腊子口公社、腊子口革委会《关于维修腊子口长征纪念厅的报告》，1975 年 8 月 1 日。

② 迭部县档案馆资料，迭部县委《关于成立腊子口红军长征文物筹建领导小组的通知》，1978 年 6 月 10 日。

③ 迭部县档案馆资料，迭部县革委会《关于保护革命文物地区腊子口的决定》，1978 年 6 月 15 日。

④ 迭部县档案馆资料，甘肃省文化局《关于复原毛主席率领工农红军长征路过甘肃时的旧居、纪念地复原方案的请示报告》，1978 年 8 月 25 日。

⑤ 迭部县档案馆资料，甘南州革委会《关于修复毛主席率领工农红军长征路过甘南的旧居、纪念地的通知》，1978 年 9 月 23 日。

⑥ 在流落红军及西路军红军战士的认定过程中，由于时间、年龄、语言、特殊历史环境等方面的原因，部分红军暂未被认定，因而红军数量在各类档案或地方志记载中均不相同。

征纪念碑的请示报告》做出批复，同意甘肃省委请示报告①。同年 11 月，甘肃省文化局发文《关于立即动工建立腊子口战役纪念碑的通知》②，要求立即动工开建纪念碑，碑的样式照 1978 年 9 月讨论设计方案施工并附碑文。自此，迭部县红色文化资源的保护工作步入正轨，各级单位及领导多次批复工程建设情况，甘肃省林业厅、文化厅及白龙江林管局为各类工程建设和文物修复工作做出了极大贡献，腊子口战役遗址、腊子口战役纪念馆、腊子口战役纪念碑、俄界会议遗址、茨日那毛泽东旧居、茨日那红军桥、崔谷仓开仓放粮遗址等极具特色的红色文化遗址遗迹得以完好保存，其中多数被确定为国家级或省级文物保护单位，并由政府与当地居民共同保护管理。

五、迭部红色文化资源的开发

20 世纪末，腊子口战役纪念碑等一系列红色遗址修复及建筑工程完工，各级爱国主义教育基地相继正式挂牌，迭部红色文化内涵得以发掘，红色文化精神得以传播。借助"绿色迭部"和"红色迭部"同时并举发展民族地区旅游业的思路，迭部县年接待游客数量由 2016 年的 82.086 万人次逐年增长，至 2018 年，年接待游客数量已达 110.23 万人次，其中 7 月的游客数量达到 25.98 万人次③，仅茨日那毛泽东旧居一处日均接待游客数量就超过 800 人④。迭部县以红色文化为精神内涵的旅游业蓬勃发展。

（一）"红色村寨"的特色发展之路

以迭部县达拉乡高吉村的"红色文化资源+非物质文化遗产"特色发

---

① 迭部县档案馆资料，中共中央宣传部《关于在腊子口建立红军长征纪念碑的批复》，1980 年 7 月 26 日。
② 迭部县档案馆资料，甘肃省文化局《关于立即动工建立腊子口战役纪念碑的通知》，1980 年 11 月 26 日。
③ 数据来源于迭部县文体广电和旅游局《2016 年旅游数据统计》《2017 年旅游数据统计》《2018 年旅游数据统计》。
④ 数据来源于迭部县旺藏镇茨日那毛泽东旧居游客登记处，2019 年 8 月。

展之路为例，迭部红色文化资源的开发开始逐步迎合现代化发展思路，并取得了一定成效。

2008 年起，迭部县委、县政府委托华侨大学旅游学院编制了《迭部县腊子口景区修建性详细规划》①，在此规划中，腊子口景区的景观设计及各项设施服务均有所提升。2012 年，迭部县委、县政府委托四川省旅游规划设计院编制了《迭部县俄界会议旧址景区俄界会议旧址、茨日那毛主席旧居、崔古仓开仓放粮遗址修建性详细规划》②。2013 年，位于高吉村的俄界会议遗址保护和修缮建设项目正式开工建设，该项目新建了游客服务中心、长征文化广场、主体纪念文化园、英杰大道、景观梯步、"红军在俄界"主体浮雕墙、景区停车场、三星级旅游厕所等，依托于红色文化的基础设施与旅游接待能力基本具备。次年，俄界会议旧址景区被评为国家AAA 级旅游风景区。2017 年，高吉村党支部注册登记村级集体农民专业合作社，与俄界旅游开发有限责任公司共同协商注册登记了迭部县俄界文旅综合体运营管理有限责任公司，先后建设完成 151 亩芍药基地、高吉村红史馆、高吉村巷道花池和旅游村提档工程。2019 年 7 月，迭部首个"网红"红色民宿俄界民宿在高吉村开门迎客，首批共计 30 间 60 个床位，以打造中高端休闲度假红色游为核心，将具有迭部特色的文化元素如榻板房、原木梯、牦牛毛手工制品、传统农具等融入民宿的外部装修和内部装饰中，将红色文化资源的开发与非物质文化遗产、传统生活方式和现代互联网技术相结合，实现了新突破。

（二）开发的对策与建议

目前，我国以红色文化资源为核心的各类文化产业蓬勃发展，以红色旅游为核心的景区和线路更是数不胜数。要实现在大规模的保护和开发中保持活力、打造特色，可通过以下几种途径。

---

① 资料来源于迭部县文体广电和旅游局，2019 年 8 月。
② 资料来源于迭部县文体广电和旅游局，2019 年 8 月。

1. 红色文化资源开发与主题教育相结合

迭部红色文化资源的核心与内涵是在俄界统一思想、激战腊子口后凝练出来的，既有我党我军不畏艰险迎难而上的决心与果敢，也有面对分裂动摇时的初心不负、砥砺前行。因此，要传承红色基因、弘扬红色精神、讲好迭部的红色故事，就要将俄界会议中的抗日救亡初心、腊子口战役中的为国为民使命与"不忘初心、牢记使命"主题教育相结合，重温共产党人为何"不怕远征难"，为何"过后尽开颜"。

2. 红色文化资源开发与红色故事收集讲述相结合

红色文化资源的载体除了有大量文物和遗址遗迹外，更重要、更直接的载体便是与其相关的人和宣传品。在迭部流传着大量与红军相关的民间故事和宣传标语，流落红军及其家属后代、曾救助过流落红军的家庭或个人都是我们生活中的红色文化宝库，在他们身上所发生的真实故事将带给聆听者更多真实的触动。在红色遗产地加强对红色宣传品的收集整理、对红色故事的讲述或访谈，是从另一个角度对红色文化资源的深度挖掘，力求要做到"故事有实体，标语有实物"。

3. 红色文化资源开发与传统生活方式、非物质文化遗产体验传承相结合

农林牧复合生态系统孕育了迭部多彩的民间文化，也将众多传统生活方式与非物质文化遗产结合起来。红色文化资源的开发离不开孕育其产生的热土，是与众不同的关键所在。因此，在开发过程中要融入文化体验、劳动体验和参与体验，使红色文化资源开发与红色教育更切合实际，更有参与感和获得感。在平常的生活中感悟文化熏陶，在有意识的设计和活动中领悟精神内涵。

2006—2019 年甘南藏族自治州非物质
文化遗产保护发展报告

刘　媛①

一、甘南藏族自治州非物质文化遗产现状

甘南藏族自治州（以下简称甘南州）位于甘肃省西南部，总面积为4.5 万平方千米。东与甘肃省的渭源、岷县、宕昌、武都等县相连，南与四川省阿坝州相连，西与青海省黄南州、果洛州接壤，北与甘肃省的临夏回族自治州为邻②。甘南州下辖合作市和夏河、玛曲、碌曲、卓尼、迭部、临潭、舟曲七县。甘南州是一个以藏族为主体的多民族聚居区，这里主要居住着藏、回、汉等民族。藏族作为甘南州的主体民族，在生活、生产中创造了丰富多彩又独具特色的非物质文化遗产，这些独特的非物质文化遗产是藏族历史与文化的结晶，具有重要的保护价值。

（一）甘南藏族自治州国家级非物质文化遗产名录

截至目前，甘南州国家级非物质文化遗产代表项目（含扩展）共 8

---

① 刘媛：兰州大学西北少数民族研究中心 2018 级硕士研究生，研究方向为非物质文化遗产。本文原载：肖远平编. 中国少数民族非物质文化遗产发展报告（2020）［M］. 北京：社会科学文献出版社，2021.
② 《甘南藏族自治州概况》编写组. 甘南藏族自治州概况［M］. 北京：民族出版社，2008：1.

项，分别是：藏族民歌（甘南藏族民歌）、佛教音乐（拉卜楞寺佛殿音乐
"道得尔"）、多地舞、巴郎鼓舞、藏戏（南木特藏戏）、藏族唐卡（甘南
藏族唐卡）、砚台制作技艺（洮砚制作技艺）、藏医药（甘南藏医药），分
别隶属于传统音乐、传统舞蹈、传统戏剧、传统美术、传统技艺、传统医
药6个类别（见表6）。8项非遗项目中有7项（砚台制作技艺除外）与藏
民族日常生活息息相关，这些非遗项目是甘南藏族历史与文化的集中体
现，具有重要的保护与研究价值。

表6　甘南州国家级非物质文化遗产

项目类别	项目名称	项目编号	申报地区	批次	批准年份
传统音乐	藏族民歌（甘南藏族民歌）	Ⅱ-115	甘南藏族自治州	第二批	2008
	佛教音乐（拉卜楞寺佛殿音乐"道得尔"）	Ⅱ-138	甘肃省夏河县	第二批	2008
传统舞蹈	多地舞	Ⅲ-90	甘肃省舟曲县	第二批	2008
	巴郎鼓舞	Ⅲ-91	甘肃省卓尼县	第二批	2008
传统戏剧	藏戏（南木特藏戏）	Ⅳ-80	甘南藏族自治州	扩展	2011
传统美术	藏族唐卡（甘南藏族唐卡）	Ⅶ-14	甘肃省夏河县	扩展	2008
传统技艺	砚台制作技艺（洮砚制作技艺）	Ⅷ-133	甘肃省卓尼县	第二批	2008
传统医药	藏医药（甘南藏医药）	Ⅸ-9	甘肃省碌曲县	扩展	2008
合计	8项				

　　注：此表数据是根据国务院公布的四批国家级非物质文化遗产代表性项目名录整
理而成，仅代表课题组观点。

　　由表6可知，甘南州国家级非物质文化遗产项目主要集中在传统音乐
和传统舞蹈上，在全部10项类别中仅占6项，类别还很不齐全，民间文
学，曲艺，传统体育、游艺与杂技，民俗这四项类别还没有项目申报成
功。甘南州非遗资源十分丰富，但州内经济发展滞后、交通不便、专业人
员匮乏等困境导致非遗资源没有得到深入挖掘。甘南州的国家级非遗项目
地理分布十分不均，国家级非遗项目仅分布在夏河县、舟曲县、卓尼县、

碌曲县四个县（如图 49 所示）。但甘南州的文化具有共性，国家级非遗项目中的藏族民歌（甘南藏族民歌）和藏戏（南木特藏戏）就以甘南州为申报地区，藏族民歌（甘南藏族民歌）和藏戏（南木特藏戏）在甘南州的一市七县均有分布，而甘南州州文化馆掌握着两项国家级非遗项目和传承人资料，并且因更有能力保护而被认定为保护单位。

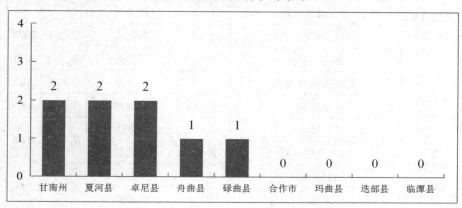

图 49　甘南州国家级非遗项目市/县分布图

（二）甘南藏族自治州省级非物质文化遗产名录

2006 年 9 月 30 日，甘肃省公布了第一批省级非物质文化遗产名录，随后又在 2008 年、2011 年、2017 年分别公布了第二批、第三批、第四批省级非物质文化遗产名录。甘南州在第一批省级非物质文化遗产名录中有 19 项，第二批 8 项，第三批 11 项，第四批 10 项。截至 2019 年 12 月，甘南州共有 48 项省级非物质文化遗产项目（见表 7）。

表 7　甘南藏族自治州省级非物质文化遗产名录

项目类别	项目名称	项目编号	申报地区（单位）	批次	批准年份
民间文学（3项）	《格萨尔》	Ⅰ－1	玛曲县	第二批	2008
	藏族民间故事	Ⅰ－8	迭部县	第三批	2011
	藏族民间谚语	Ⅰ－9	迭部县		

项目类别	项目名称	项目编号	申报地区（单位）	批次	批准年份
传统音乐（6项）	花儿（新城花儿会）	Ⅱ-2	临潭县	第一批	2006
	佛宫音乐"道得尔"	Ⅱ-3	甘南州		
	甘南藏族民歌	Ⅱ-8	甘南州		
	卓尼土族民歌	Ⅱ-7	卓尼县	第二批	2008
	牛角琴演奏	Ⅱ-7	玛曲县	第三批	2011
	藏鹰笛演奏技艺	—	玛曲县	第四批	2017
传统舞蹈（7项）	锅庄舞	Ⅲ-13	甘南州	第一批	2006
	"哈钦木"	Ⅲ-12	合作市	第二批	2008
	拉卜楞民间舞	Ⅲ-13	夏河县		
	巴郎鼓舞	Ⅲ-11	卓尼县	第一批	2006
	多地舞	Ⅲ-9	舟曲县		
	摆阵舞	Ⅲ-1	舟曲县	第三批	2011
	尕巴舞	Ⅲ-10	迭部县	第一批	2006
传统戏剧（1项）	南木特藏戏	Ⅳ-6	甘南州	第一批	2006
曲艺（2项）	藏族民间弹唱	Ⅴ-6	玛曲县		
	甘南"则肉"演唱	Ⅴ-8	甘南州		
传统体育、游艺与杂技（2项）	万人扯绳赛	Ⅵ-2	临潭县	第一批	2006
	博洛	—	玛曲县	第四批	2017
传统美术（4项）	藏族唐卡	Ⅶ-3	甘南州	第一批	2006
	木雕	Ⅶ-4	卓尼县	第二批	2008
	临潭民间洮绣艺术	—	临潭县	第四批	2017
	舟曲刺绣	—	舟曲县		

项目类别	项目名称	项目编号	申报地区（单位）	批次	批准年份
传统技艺（9项）	洮砚制作技艺	Ⅷ-3	临潭县、卓尼县	第一批	2006
	舟曲县织锦带	Ⅷ-10	舟曲县		
	夏河金属饰品制作技艺	Ⅷ-11	夏河县		
	擦擦佛像印版制作技艺	Ⅷ-1	夏河县	第三批	2011
	榻板房制作技艺	Ⅷ-12	迭部县	第三批	2011
	藏式建筑技艺（碉房）	—	卓尼县	第四批	2017
	古战申氏金属加工技艺	—	临潭县		
	临潭牛氏金属铸造技艺	—	临潭县		
	青稞酒酿造技艺	—	迭部县		
传统医药（1项）	藏医药	Ⅸ-2	甘南州	第一批	2006
民俗（13项）	博峪采花节	Ⅹ-1	舟曲县	第一批	2006
	夏河县香浪节	Ⅹ-2	夏河县		
	插箭节	Ⅹ-13	甘南州		
	正月十九迎婆婆	Ⅹ-5	舟曲县	第二批	2008
	藏族服饰	Ⅹ-6	甘南州		
	甘南藏族婚礼	Ⅹ-7	夏河县		
	毛兰木法会	Ⅹ-5	夏河县	第三批	2011
	天干吉祥节	Ⅹ-1	舟曲县		
	东山转灯	Ⅹ-4	舟曲县		
	巴寨朝水节	Ⅹ-7	舟曲县		
	卓尼藏族服饰	Ⅹ-11	卓尼县		
	龙神赛会	—	临潭县	第四批	2017
	磊族跑马射箭	—	卓尼县		
合计	48 项				

注：1. 此表数据是根据甘肃省人民政府公布的四批省级非物质文化遗产名录整理而成，仅代表课题组观点；2. 项目编号根据当年所公布的批次整理而成，省级中不同批次项目编号为单独编号，故表中编号有重复，项目数量按照实际数量进行统计；3. 洮砚制作技艺分别由临潭县和卓尼县申请为省级非物质文化遗产项目，仅算为一项。

资料来源：甘肃省文化和旅游厅非物质文化遗产处。

由表7可以看出，甘南州48项省级非物质文化遗产项目囊括了10大类别（民间文学，传统音乐，传统舞蹈，传统戏剧，曲艺，传统体育、游艺与杂技，传统美术，传统技艺，传统医药，民俗）。省级项目主要集中分布在民俗（13项）和传统手工技艺（10项）上，其次是传统舞蹈（7项）和传统音乐（6项）。甘南州是一个以藏族为主体的多民族聚居区，因此省级非物质文化遗产名录中也集中体现了藏民族的文化和习俗。在以上48项中，属于藏族的有44项，汉族2项（洮砚制作技艺和正月十九迎婆婆），回族1项［花儿（新城花儿会）］，土族1项（卓尼土族民歌）。

甘南州48项省级非物质文化遗产项目中，以甘南州为申报单位的有9项，分别是藏族服饰、甘南藏族民歌、藏医药、甘南"则肉"演唱、南木特藏戏、锅庄舞、佛宫音乐"道得尔"、插箭节、藏族唐卡。因这9项省级非遗项目在甘南州一市七县都有分布，且甘南州文化馆更有能力保护传承，故以甘南州为申报地区（如图49所示）。合作市是甘南州州政府所在地，申报项目基本是以甘南州为申报单位。甘南州藏医药应用得最好的应属碌曲县藏医院，但碌曲县地处牧区，经济发展相对缓慢，因此由甘南州作为保护单位。

（三）甘南州国家/省级非物质文化遗产项目占全省的比重

甘南州8项国家级非物质文化遗产项目占甘肃省国家级非物质文化遗产项目（68项）的11.76%（见表8），在全省排名第二（与天水市数量相同，临夏回族自治州第一）。甘南州48项省级非物质文化遗产占甘肃省省级非物质文化遗产项目（492项）的9.8%，在全省排名中也位于第二（天水市第一）。甘南州的国家级和省级非物质文化遗产项目在全省排名第

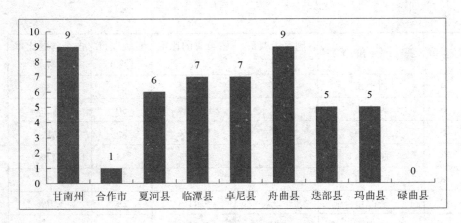

图50 甘南州省级非遗项目市/县分布图

二，具有很强的竞争力。

甘南州非物质文化遗产资源十分丰富，现有上述 8 项国家级非遗项目，48 项省级非遗项目，还有 192 项州级非遗项目，518 项县级非遗项目。2019 年，甘南锅庄舞、玛曲龙头琴弹唱①等 6 项省级非遗项目已申报为第五批国家级非遗项目，目前文化和旅游部正在审核当中②。甘南州的非遗资源具有广阔的开发前景，但甘南州地处甘肃省西南部，经济发展相对滞后，交通不便，又是少数民族聚居区，限制了非物质文化遗产资源的进一步开发。

表8 甘肃省各市（州）国家/省级非遗代表性项目分布表③

编号	市（州）	国家级项目（个）	占全省的比重（%）	省级项目（个）	占全省的比重（%）
1	兰州市	4	5.88%	42	8.5%
2	嘉峪关市	0	0%	7	1.4%
3	金昌市	1	1.47%	12	2.4%

① 2021 年，玛曲龙头琴弹唱入选第五批国家级非物质文化遗产代表名录，甘南锅庄舞已经被国务院批准列入国家级非物质文化遗产代表性项目扩展项目名录。

② 甘南州文化广电与旅游局非遗科内部资料。

③ 非物质文化遗产处工作情况［EB/OL］.甘肃省文化和旅游厅网站，2019-5-6.

编号	市（州）	国家级项目（个）	占全省的比重（%）	省级项目（个）	占全省的比重（%）
4	白银市	2	2.94%	21	4.3%
5	天水市	8	11.76%	50	10.2%
6	武威市	4	5.88%	35	7.1%
7	张掖市	4	5.88%	33	6.7%
8	酒泉市	5	7.35%	41	8.3%
9	平凉市	3	4.41%	29	5.9%
10	庆阳市	5	7.35%	39	7.9%
11	定西市	7	10.29%	49	10.0%
12	陇南市	3	4.41%	43	8.7%
13	临夏回族自治州	11	16.17%	28	5.7%
14	甘南藏族自治州	8	11.76%	48	9.8%
15	省直单位	3	4.41%	15	3.0%
	合计	68	100%	492	100%

二、甘南州非物质文化遗产项目代表性传承人名录

传承人是非物质文化遗产知识和技艺的承载者和传递者，是非物质文化遗产传承的主体。人是少数民族非物质文化遗产中最为重要的因素，少数民族非物质文化遗产的"活态性"最主要是依靠人来承载的，而这里讲的人也就是我们时常提及的传承人。① 截至 2019 年 12 月，甘南州有 9 位（1 位已离世）国家级非物质文化遗产项目代表性传承人，60 位（1 位已离世）省级非物质文化遗产项目代表性传承人。

（一）甘南州国家级非物质文化遗产项目代表性传承人

根据国务院公布的五批国家级项目名录相关传承人资料可知，甘南州

---

① 麻国庆，朱伟. 文化人类学与非物质文化遗产［M］. 北京：三联书店，2018：39.

7 项国家级非物质文化遗产代表性项目（含扩展）中有 9 位国家级传承人（见表 9）。在这 9 位传承人中，年龄最大的九麦老人已于 2015 年 1 月 23 日离世①。以 2019 年 12 月为截止时间，8 位国家级传承人中，年龄最小的已经 51 岁，平均年龄为 62. 8 岁，甘南州国家级非物质文化遗产传承人老龄化十分严重。另外，甘南州 9 位国家级传承人都是藏族男性。

---

① 《交巴加布：唐卡艺术的现代传承人》，甘肃总工会网，2016-11-9，http：//gsgh. org/htm/201611/93_ 1399. htm.

表 9　甘南藏族自治州国家级非物质文化遗产项目代表性传承人名录

项目类别	编号	姓名	性别	民族	出生年月	年龄	项目编码	项目名称	申报地区或单位	传承人批次
传统音乐（2人）	03-0872	华尔贡	男	藏族	1949.06	70	Ⅱ-115	藏族民歌（甘南藏族民歌）	甘南藏族自治州	第三批
	03-0892	成来加措	男	藏族	1943	76	Ⅱ-138	佛教音乐（拉卜楞寺佛殿音乐道得尔）	甘肃省夏河县	第三批
传统舞蹈（2人）	03-0951	李扎西	男	藏族	1946.09	73	Ⅲ-90	多地舞	甘肃省舟曲县	第三批
	03-0952	卢永祥	男	藏族	1950.08	69	Ⅲ-91	巴郎鼓舞	甘肃省卓尼县	第三批
传统美术（3人）	05-2586	交巴加布	男	藏族	1967.10	52	Ⅶ-14	藏族唐卡（甘南藏族唐卡）	甘肃省夏河县	第五批
	04-1751	九麦	男	藏族	1936.06	—				第四批
	04-1750	希热布	男	藏族	1961.08	58				第四批
传统技艺（1人）	05-2828	卢锁忠	男	汉族	1968.09	51	Ⅷ-133	砚台制作技艺（洮砚制作技艺）	甘肃省卓尼县	第五批
传统医药（1人）	05-2958	索南旺杰	男	藏族	1965.12	54	Ⅸ-9	藏医药（甘南藏医药）	甘肃省碌曲县	第五批
合计										9 人

注：此表数据是根据国务院公布的五批国家级非物质文化遗产代表性传承人名录整理而成。仅代表课题组观点。传承人年龄计算时间为 2019 年 12 月。

（二）甘南州省级非物质文化遗产项目代表性传承人

甘肃省文化和旅游厅公布的四批省级非物质文化遗产传承人名单中，甘南州有 60 位省级传承人，其中一位已于 2012 年 4 月离世（见表 10）。年龄计算以 2019 年 12 月为截止日期。在这 60 位传承人中，年龄最大的是甘南藏族民歌传承人之一准可吉，1933 年出生；年龄最小的是牛角琴演奏传承人之一尕藏旦巴，1982 年出生。

由表 10 可知，甘南州的 60 位省级传承人，集中分布在传统音乐（12人）、传统舞蹈（8 人）、传统手工技艺（9 人）、传统医药（8 人）和民俗（12 人），其中藏医药这一项就有 8 位传承人。甘南州有 48 项省级非物质文化遗产项目，仅 29 项有传承人，还有 19 项尚未有省级传承人。这 19 项中有 10 项是第四批省级非遗项目，申报时间较短，省级传承人还在申报过程中。第一、二、三批中尚未有传承人的项目，因其自身的独特性在申报过程中存在困难，如万人扯绳赛、甘南藏族婚礼这两项的传承人认定，因当前国家级项目中没有群体性传承人的认定，所以在传承人认定过程中存在着困难。

表 10　甘南藏族自治州省级非物质文化遗产项目代表性传承人名录

项目类别	姓名	性别	民族	出生年月	年龄（岁）	项目编码	项目名称	申报地区或单位	传承人批次
民间文学 （3人）	子九	男	藏族	1952.03	67	Ⅰ-8	藏族民间故事	迭部县文化馆	第三批
	扎西	男	藏族	1946.06	73	Ⅰ-9	藏族民间谚语	迭部县文化馆	第三批
	尕尔考	男	藏族	1944.09	75	Ⅰ-1	《格萨尔》	玛曲县文化馆	第一批
传统音乐 （12人）	老哲金巴	男	藏族	1975.06	44	Ⅱ-3	佛宫音乐 "道得尔"	甘南州文化馆	第四批
	桑昔道吉	男	藏族	1978.08	41				
	成立加措	男	藏族	1977.07	42				
	准可吉	女	藏族	1933.03	86	Ⅱ-8	甘南藏族民歌	甘南州文化馆	第一批
	达老	男	藏族	1939.05	80				
	杨更英	男	藏族	1972.10	47				第四批
	晏三妹	女	汉族	1964.02	55	Ⅱ-2	花儿 （新城花儿会）	临潭县文化馆	第四批
	朵栋地尼	男	回族	1961.02	58				
	开龙布	男	藏族	1935.07	84	Ⅱ-7	卓尼土族民歌	卓尼县文化馆	第一批
	开莉	女	土族	1974.10	45				第四批
	尕藏旦巴	男	藏族	1982.01	37	Ⅱ-7	牛角琴演奏	玛曲县文化馆	第四批
	青知布	男	藏族	1945.10	74				第三批

228

续表

项目类别	姓名	性别	民族	出生年月	年龄（岁）	项目编码	项目名称	申报地区或单位	传承人批次
传统舞蹈 （8 人）	久西草	女	藏族	1948.09	71	Ⅲ－13	拉卜楞民间舞	夏河县文化馆	第四批
	杨学明	男	藏族	1968.10	51	Ⅲ－11	巴郎鼓舞	卓尼县文化馆	第四批
	卢东主	男	藏族	1963.07	56				第一批补报
	苗卓玛	女	藏族	1977.12	42	Ⅲ－9	多地舞	舟曲县文化馆	第四批
	全桑九面	女	藏族	1973.01	46				第四批
	郭高道	男	藏族	1949.05	70				第四批
	郭殷臣	男	藏族	1947.08	72	Ⅲ－1	摆阵舞	舟曲县文化馆	第三批
	郭给舟	男	藏族	1946.02	73				
传统戏剧 （1 人）	达布	男	藏族	1940.02	79	Ⅳ－6	"南木特"藏戏	甘南州文化馆	第一批
曲艺 （2 人）	德白	男	藏族	1967.09	52	Ⅴ－6	藏族民间弹唱	玛曲县文化馆	第四批
	道瑞	男	藏族	1966.06	53				
民间美术 （5 人）	扎群	男	藏族	1968.10	51	Ⅶ－3	藏族唐卡	甘南州文化馆	第二批
	贡去乎加措	男	藏族	1972.12	47				
	加央索南	男	藏族	1978.04	41				第四批
	安拉目九	男	藏族	1962.06	57	Ⅶ－4	木雕	卓尼县文化馆	第一批
	安玛尼	男	藏族	1950.04	69				第一批

续表

项目类别	姓名	性别	民族	出生年月	年龄（岁）	项目编码	项目名称	申报地区或单位	传承人批次
传统手工技艺（9人）	王久西加	男	藏族	1962.09	57	Ⅷ-11	夏河金属饰品制作技艺	夏河县文化馆	第四批
	王举才	男	藏族	1959.02	60	Ⅷ-1	擦擦佛像印版制作技艺	夏河县文化馆	第四批
	王玉明	男	藏族	1966.09	53	Ⅷ-3	洮砚制作技艺	卓尼县文化馆	第一批
	张建华	男	藏族	1965.01	54			卓尼县文化馆	第一批
	李海平	男	汉族	1977.03	42			卓尼县文化馆	第四批
	王才让草	女	藏族	1977.09	42	Ⅷ-10	舟曲县织锦带	舟曲县文化馆	第一批
	金东秀	女	藏族	1981.06	38				第四批
	毛浪	男	藏族	1974.08	45	Ⅷ-12	榻板房制作技艺	迭部县文化馆	第四批
	卡交	男	藏族	1957.09	62				第三批
传统医药（8人）	才项仁增	男	藏族	1967.11	52	Ⅸ-2	藏医药	碌曲县藏医院	第一批、第二批补报
	旦正甲	男	藏族	1967.11	52				第一批、第二批补报
	道吉仁青	男	藏族	1968.05	51				第一批
	斗格扎西	男	藏族	1950.08	69				第一批
	卓玛	男	藏族	1953.10	66				第二批
	卓玛加	男	藏族	1970.07	49				第四批

续表

项目类别	姓名	性别	民族	出生年月	年龄（岁）	项目编码	项目名称	申报地区或单位	传承人批次
传统医药（8人）	其江草	女	藏族	1980.10	39	IX-2	藏医药	碌曲县藏医院	第四批
	看照加	男	藏族	1974.01	45				第四批
	道吉扎西	男	藏族	1947.08	72	X-2	夏河县香浪节	夏河县文化馆	第四批
	马尧草	女	藏族	1954.04	65	X-11	卓尼藏族服饰	卓尼县文化馆	第三批
	安包朝	女	藏族	1966.07	53				第四批
	金机林	男	藏族	1950.07	69	X-1	博峪采花节	舟曲县文化馆	第四批
	金干计	女	藏族	1966.07	53				
民俗（12人）	王成成	男	汉族	1964.01	55	X-5	正月十九迎婆婆	舟曲县文化馆	第四批
	杨面英	女	藏族	1971.07	48	X-1	天干吉祥节	舟曲县文化馆	第三批
	高建德	男	藏族	1966.05	53				第三批
	房显庆	男	藏族	1951.07	68	X-4	东山转灯	舟曲县文化馆	第三批
	房明轩	男	藏族	1942.07	77				第三批
	郭殿臣	男	藏族	1947.08	72	X-7	巴寨朝水节	舟曲县文化馆	第三批
	郭祺家	男	藏族	1971.07	78				第四批
合计						60人			

注：此表数据是根据甘肃省公布的四批省级非物质文化遗产项目代表性传承人名单整理而成。仅代表课题组观点。传承人年龄计算时间是2019年12月。资料来源：甘肃省文化和旅游厅非物质文化遗产处，甘南州文化广电与旅游局非遗科。

从性别角度看甘南州省级非物质文化遗产项目代表性传承人，60 位省级非物质文化遗产传承人中有 47 位男性传承人，只有 13 位女性传承人，男性传承人是女性的 3.6 倍。男性传承人分布在除杂技与竞技外的 9 大类中，而女性传承人主要集中在传统舞蹈的民歌、传统舞蹈和民俗服饰。藏族女性受教育程度较男性低，"传男不传女"的传统观念是女性在非遗传承人方面人数较少的重要原因。从民族角度来看，60 位省级非物质文化遗产传承人中有 56 位是藏族，2 位是汉族，1 位是回族，1 位是土族。根据第六次全国人口普查资料显示，甘南州民族构成仍以藏族为主体，藏族人口为 37.66 万人，占总人口的 54.64%①，藏族在漫长的生活生产过程中创造了丰富且独特的藏族文化。从分布的市/县角度来看，甘南州（18 人）和舟曲县（16 人）是申报最多的地区，甘南州和舟曲县都有 9 项省级非遗项目，是甘南州省级项目申报最多的两个地区。甘南州和舟曲县也高度重视非物质文化遗产活态性传承，积极申报非遗项目传承人（见表 11）。

表 11 甘南州国家/省级非遗代表性项目及传承人分布表

地区	国家级项目（项）	国家级传承人（人）	省级项目（项）	省级传承人（人）
甘南州	2	1	9	18
合作市	0	0	1	0
夏河县	2	4	6	4
临潭县	0	0	7	2
卓尼县	2	2	7	11
舟曲县	1	1	9	16
迭部县	0	0	5	4
碌曲县	1	1	0	0
玛曲县	0	0	5	5
合计	8	9	49	60

① 甘南州人口发展综述［EB/OL］. 甘南藏族自治州人民政府网, 2019-8-30.

三、甘南州非物质文化遗产保护现状

（一）甘南州非物质文化遗产保护的有效措施

1. 有理有据的法律保护

2015 年 8 月，甘南藏族自治州第十五届人大常委会第二十六次会议公布施行《甘肃省甘南藏族自治州非物质文化遗产保护条例》（以下简称《条例》）①，这标志着甘南州的非物质文化遗产保护进入有法可依的时代。《条例》按照"保护为主，抢救第一，合理利用，继续发展"的方针，通过挖掘、保护、传承、发展，开创了甘南州非物质文化遗产保护工作的新局面。《条例》从甘南州的现实情况出发，对甘南州非物质文化遗产的调查、代表性项目名录、传承与传播、法律责任做了明确规定，对加强非物质文化遗产保护工作、推动甘南州文化建设具有十分重要的意义。甘南州实施"文化撑州"战略，将文化旅游产业确定为全州两大首位产业之一，相继出台《实施文化撑州战略 建设文化甘南的意见》《甘南州推进华夏文明传承创新区建设实施意见》《甘南州藏羌彝文化产业走廊建设实施意见》《加快推进文化产业发展的实施意见》等政策措施，这些措施都将积极促进甘南州非物质文化遗产的保护和发展②。

2. 形式多样的保护方式

甘南藏族唐卡、卓尼洮砚制作技艺项目传承人从 2015 年开始参加西北民族大学承办的"非遗"传承人培训计划全国研培班③。甘南州鼓励支持传承人开展传承活动，非遗传承群体不断扩大，技艺、素质、传承能力不

---

① 甘南藏族自治州人民代表大会常务委员会. 甘肃省甘南藏族自治州非物质文化遗产保护条例 [EB/OL]. 中国新闻网, 2015-07-31.
② 甘南州围绕"四大板块"大力发展文化产业 [EB/OL]. 甘南日报, 2018-11-05.
③ 西北民族大学"中国非物质文化遗产传承人群研培计划"2017 年高级研修班学员作品选 [J]. 西北民族大学学报（哲学社会科学版），2018（01）.

断提升，先后累计推荐甘南州 126 名非遗传承人参加了天津大学①、上海工艺美术学院、西北民族大学②等机构举办的培训，培养非物质文化遗产学员超过 200 人。2017 年，甘南州依托国家级、省级传承人在甘肃民族师范学院举办了主题为"传承文化遗产，弘扬民族精神"的非物质文化遗产进校园晚会③。

甘南州建成甘南藏族歌舞演艺基地（合作）、拉卜楞藏传佛教文化基地（夏河）、甘南藏医药生产基地（碌曲、合作、夏河）、迭部腊子口生态文化基地（迭部）、"格萨尔"演绎与"格萨尔"影视推广基地（玛曲）等 7 个文化产业基地项目，实施甘南州拉卜楞白噶尔文化传承创新博览园、蕃巴秀、中华砚乡——卓尼县"洮砚产业集群"、迭部县茨日那民俗文化展示中心等 30 个文化产业项目，扶持壮大藏宝网、白噶尔文化、拉木娜文化等 10 个文化骨干企业④。

甘南州还通过文字、影像等多种形式保护非物质文化遗产。州、县市政府相继出版发行了《甘南州历史文化丛书》（共 23 册）、《甘南藏族民歌》（共 4 册）、《甘南州藏戏剧本集》《夏河县非物质文化遗产》《舟曲非物质文化遗产丛书》等丛书。拍摄宣传片《梦幻香巴拉》《甘南》《卓尼影像》、纪录片《胜境甘南》《最近的雪域高原》《发现卓尼》等，向国内外观众全方位展示了甘南州异彩纷呈的自然景象、人文历史和独具藏族特色的非物质文化遗产资源。

甘南州以全国第一次非物质文化遗产普查为契机，由州文化局和州文化馆牵头，各县（市）文化馆员配合，深入全州 96 个乡镇 600 多个行政村，历时 5 个月，以"见人见物见生活"的理念，搜集整理了一千多条非物质文化遗产项目信息，初步建立了以文字、影像为主的电子数据库⑤。

---

① 天津大学面塑与木雕技艺非遗传承人研修班正式开班 ［EB/OL］. 中国社会科学网，2019-07-17.
② 年轻视角看非遗 甘肃高校非遗传承人成果展开幕 ［EB/OL］. 搜狐网，2018-06-09.
③ 甘肃民族师范学院组织开展藏区"非遗"进校园系列活动 ［N］. 甘肃日报，2017-07-18.
④ 见此页注释②。
⑤ 甘南州文化广电与旅游局非遗科内部资料。

3. 丰富多彩的"非遗"展演

甘南州藏族唐卡、卓尼洮砚制作技艺、甘南"南木特"藏戏、甘南锅庄舞、藏族服饰、藏族弹唱、藏族民歌等项目，在尼泊尔以及中国台湾、香港、深圳、上海、天津、北京、成都、西安、兰州、敦煌等地参加了非遗展示展演和文博会①。洮砚参加过多次"全国文房四宝艺术博览会"②。2017年和2019年举办了甘南"南木特"藏戏展演③。举办了"文化和自然遗产日"系列活动、非遗产品和图片展等活动④。

甘南州通过九色甘南"香巴拉"旅游艺术节，以及各县（市）举办的大型民俗活动、重大节日活动对国家、省、州级非物质文化遗产进行大力宣传、展演⑤。如在夏河拉卜楞寺每年举行的正月、二月、七月大法会上，甘南州优秀的民族民间文化精品——酥油花"桑欠木""哈欠木"、佛殿音乐"道得尔"等得以集中展示，参演人员200余人，每年吸引观众近20万人⑥。临潭万人扯绳活动参与人数多达万人。甘南州主办"非遗进校园"活动，深入大中小学，开展甘南"南木特"藏戏、洮砚制作技艺、唐卡制作技艺、藏族弹唱、锅庄舞、刺绣、剪纸等精品项目进校园公益展示展演，受益学生达6万人次⑦。州博物馆、州文化馆、县（市）民俗馆、非遗展馆始终坚持对外免费开放，年接待群众8万人次，其中，合作市的甘肃民族师范学院和合作一中、二中已把州博物馆、文化馆展厅作为教育基

---

① 甘南州组团参加第十五届中国（深圳）国际文化产业博览交易会［EB/OL］.临潭发布网，2019-05-23.

② 甘肃省洮砚协会参加第三十七届中国文房四宝艺博展［EB/OL］.国家旅游地理网，2016-04-19.

③ 全州"南木特"藏戏展演在碌曲尕秀拉开帷幕［EB/OL］.甘南州文旅局官网，2019-09-11.

④ 甘南州临潭县举办2019年"文化和自然遗产日"非遗展示暨文艺汇演系列活动［EB/OL］.甘肃省文化和旅游厅官网，2019-06-12.

⑤ 甘南州香巴拉旅游艺术节［EB/OL］.新华网，2018-03-19.

⑥ 晒佛，祈求众生平安，拉卜楞寺的这个大法会引人注目［EB/OL］.甘肃省文化和旅游厅，2019-08-20.

⑦ 我校组织开展藏区"非遗"进校园系列活动［EB/OL］.甘南民族师范学院官网，2017-07-14.

地，每年组织不少于 800 名学生前来参观学习①。

4. "非遗+扶贫" 的助力

甘南州一方面组织帮助省级以上的非物质文化遗产项目的传承人积极申报，争取传习补贴；另一方面鼓励继承人进行开发生产，成立扶贫就业工坊。截至目前，以甘南藏族唐卡、卓尼洮砚制作技艺等传统工艺振兴为主的非物质文化遗产项目生产、加工公司已达 18 个，完成了从输血到造血的改造。2017 年 3 月，甘肃省共有 15 项国家级非遗代表项目列入第一批《中国传统工艺振兴计划》，甘南州的甘南藏族唐卡、卓尼洮砚制作技艺两项入选②（见表 12）。

表 12　甘南州入选第一批《中国传统工艺振兴计划》名单

编号	项目类别	项目编号	项目名称	分布地区
1	剪纸刻绘（JZKH）	I-JZKH-56	甘南藏族唐卡绘制技艺	甘肃夏河县
2	文房制作（WFZZ）	I-WFZZ-20	洮砚制作技艺	甘肃省卓尼县、岷县

2019 年，甘肃省文旅厅与省扶贫办联合下发《关于做好省级非遗扶贫就业工坊申报工作的通知》，支持在全省贫困县组织开展省级非遗扶贫就业工坊建设，确定将夏河县善源民族工艺品有限公司等 91 家单位被认定为甘肃省级非遗扶贫就业工坊，其中甘南州 12 家单位被认定为省级非遗扶贫就业工坊③（见表 13）。这些非遗扶贫就业工作坊在促进甘南州非遗保护和经济发展中发挥着重要作用。

---

① 甘南州文化广电与旅游局非遗科内部资料。
② 文化和旅游部 工业和信息化部关于发布第一批国家传统工艺振兴目录的通知 [EB/OL]. 非物质文化遗产司官网，2018-05-21.
③ 甘肃省文化和旅游厅　甘肃省扶贫开发办公室关于支持设立省级非遗扶贫就业工坊的通知 [EB/OL]. 甘肃省文化和旅游厅网站，2019-12-18.

表 13　甘南州省级非遗扶贫就业工作坊名单

序号	参与企业名称	涉及非遗项目	建立地点	所在市州
1	夏河县善源民族工艺品有限公司	夏河金属饰品制作技艺	夏河县达麦乡乎尔卡加行政村切浪道自然村	甘南州
2	卓尼县万荣洮砚文化艺术品有限公司	洮砚制作技艺	卓尼县洮砚乡纳儿村	甘南州
3	卓尼县德琴巧手民俗文化旅游发展贸易公司	卓尼刺绣	卓尼县喀尔钦镇达子多村畲大自然村	甘南州
4	卓尼县望杰藏式建筑技艺有限责任公司	藏式建筑技艺（碉房）	卓尼县柳林镇寺台子禅定寺向左 300 米处藏式建筑技艺传习所	甘南州
5	卓尼县炫丽民族服饰加工有限责任公司	卓尼藏族服饰	卓尼县洮河林业局 19 号楼 612 号	甘南州
6	卓尼县润毫洮砚开发有限公司	洮砚制作技艺	卓尼县柳林镇寺台子	甘南州
7	临潭县洮绣传承开发有限责任公司	临潭民间洮绣艺术	临潭县城关镇	甘南州
8	临潭县双龙民族工艺铜器加工有限责任公司	临潭牛氏金属铸造技艺、古战申氏金属加工技艺	临潭县城关镇	甘南州
9	临潭县洮砚产业基地传习所	洮砚制作技艺	临潭县王旗镇	甘南州
10	临潭县锦绣洮绣艺术有限责任公司	临潭民间洮绣艺术	临潭县羊永镇	甘南州
11	临潭县洮艺芭手绣加工有限责任公司	临潭民间洮绣艺术	临潭县新城镇	甘南州
12	舟曲县泉城手工艺品有限公司	舟曲刺绣	舟曲县	甘南州

（二）甘南藏族自治州非物质文化遗产保护存在的问题

1. 传承人老龄化严重

少数民族非物质文化遗产最为根本的特征就是"活态性"，其具有的物质方式是被某一民族的后代即个人、集体、群体所认同、传承、更新的。[①] 传承人是非物质文化遗产知识和技艺的承载者和传递者，是少数民族非物质文化遗产传承的主体。截至 2019 年 12 月，甘南州国家级非遗传承人平均年龄为 62.8 岁，省级传承人的平均年龄是 58 岁，国家级和省级传承人的老龄化情况都十分堪忧。甘南州非遗传承人老龄化严重，使传承人没有足够的精力收徒弟和开展传承活动，严重影响了甘南州非遗的持续发展。随着现代社会的不断发展，交通日益便捷，越来越多的藏族人走出山村，进入城市工作和生活，传统文化和技艺在农村已进入无人传承的困境。

2. 保护模式过于陈旧

截至 2020 年，甘南州尚未建立成熟的非遗数字化体系，未将现代科技与非遗保护结合起来。目前甘南州主要通过文字形式静态地保护非物质文化遗产；饱含浓郁藏族特色的宣传片《梦幻香巴拉》《甘南》等着重为甘南地区的旅游做宣传，未深入非遗项目的保护和传承；甘南州政府和博物馆官网呈现的非遗信息仅是文字和图片，没有详细展现非遗项目的全貌；甘南州也没有建立专门的网站来介绍和宣传本地的非物质文化遗产；甘南州各类非遗相关的文化基地和文化产业项目基础薄弱，尚未形成产业规模。甘南州非物质文化遗产的宣传主要是借助各类节日活动，其经济价值主要借助旅游发展，许多非遗项目本身的价值尚未得到开发，还未摸索出适宜的发展模式。

3. 专业人才与资金匮乏

甘南州的非物质文化遗产极具民族性、地域性和季节性。例如，正月

---

① 贾银忠．中国少数民族非物质文化遗产教程［M］．北京：民族出版社，2008：10.

法会、二月插箭节、四月娘乃节、五月庙会、六月采花节、七月赛马节、九月尕巴等，时间性非常强，必须按时下乡普查、搜集、拍摄第一手资料；藏族唐卡、藏医药、砚台制作技艺、佛宫音乐"道得尔"、榻板房制作技艺等专业性要求高。甘南州的绝大多数非遗项目属于藏族群众，绝大多数非遗传承人只会说藏语却不懂汉语，而非遗工作人员的藏语水平不高，对农区、牧区的藏语不甚精通，交流有很大障碍；从事非遗项目的工作人员大都没有经过专业的训练与培训，不了解非遗项目的历史渊源、文化背景和传承谱系，制约着他们各类工作的开展；非遗工作人员对非遗事业没有深刻认识，使各类工作难以深入推进。由于甘南州非物质文化资源十分丰富，在搜集整理中，需要一定的专业设备（如数码照相机、摄像机、电脑等）才能完成申报。但是，甘南州财政有限，经费投入少，无力购置高端设备，这严重制约了非物质文化遗产保护工作的有效开展。另外，甘南州也缺乏技术人员，难以独立制作高质量的音像、图片等资料，这在很大程度上影响着申报效果。

4. 公众参与度低

甘南州的总面积为 4.5 万平方千米，下辖一市七县（合作市，以及夏河、玛曲、碌曲、卓尼、迭部、临潭、舟曲七县），是一个以藏族为主体的多民族聚居区，辖区内面积广阔，民族众多，很多非遗项目是老百姓日常生活的一部分，老百姓随时随地都能接触到它们。由于对非遗的重要性没有清晰的认知，公众很少参与到非遗保护事业中来，在非遗保护中只充当观众的角色，个人、家庭、社会和学校没有发挥非遗保护的主体作用，只是被动参与，对非遗保护的参与度特别低。甘南州很多非遗项目的保护与传承仅靠几个传承人苦苦坚持，生活中缺少平台来交流经验。甘南藏族自治州文化与旅游局非物质文化遗产科难以面面俱到地保护州内的每项非遗项目，很多工作的开展都依赖县市非遗办公室，然而各县市非遗办公室人员不足，没有结合各地实际情况深入开展宣传工作，难以调动群众参与非遗保护的积极性。

四、甘南藏族自治州非物质文化遗产保护的建议

1. 立足学校，培养新时代传承人

甘南州非物质文化遗产可持续传承的首要问题是培养传承人。甘南州在学校做了很多宣传活动，但尚未将中小学生视为潜在的非遗传承人，在甘南州传承人老龄化问题日益加剧的当下，我们应将目光放在年轻的一代身上，在不耽误学习的前提下，培养他们对非遗文化的兴趣。非物质文化具有重要的教育价值①，中小学校不单单要请非遗传承人去讲非遗文化，还应该将非遗文化中的精华部分纳入甘南州中小学的地方课程中来。张海燕在其硕士论文中就努力探讨非物质文化遗产传承园本课程的可行性与必要性②。甘南州的县市应积极创造良好的非遗文化氛围，让孩子们热爱非遗文化，调动他们学习和传承非遗文化的兴趣，鼓励他们拜师学艺。在省内的各个高校里可以开设有关非遗技艺的公共选修课，定期请非遗传承人到场授课指导，对有天赋、有基础的学生多加指导，鼓励他们投身非遗文化的传承中来。对于具有巨大经济开发前景的非遗项目，如藏族唐卡（甘南藏族唐卡）、砚台制作技艺（洮砚制作技艺）、舟曲县织锦带等可以开设工作坊，招收大中专学生，既解决了学生就业问题，又为非遗项目培养了传承人。

2. 依靠现代科技，更新保护模式

甘南州可借助"互联网+非遗+扶贫"新模式，将电商精准扶贫使命与非物质文化遗产活化传承目标相结合，促进非物质文化遗产现代生活化、时尚商品化、产业可持续化，从而帮助州内群众脱贫致富。甘南州可以借文化和旅游部、国家乡村振兴局支持非遗扶贫就业工坊的"东风"，依托州内各类非遗项目，设立一批有藏族特色、带动作用明显、帮助贫困人口

---

① 王文章. 非物质文化遗产概论［M］. 北京：科学教育出版社，2008：94.
② 张海燕. 基于内蒙古非物质文化遗产传承的园本课程开发研究［J］. 内蒙古师范大学，2012：8-12.

学习传统技艺、促进就业增收、巩固脱贫成果的本地企业。甘南州应该借助现代科技的力量，打造甘南州特色的"非遗+电商"模式，开发非遗项目本身的经济价值，促进州内非遗项目更有活力地发展。在开发甘南州非遗项目时要正确处理抢救、挖掘、传承、保护、开发、利用的关系，把非遗保护与建设生态甘南、旅游甘南等工作结合起来，发掘州内各项非物质文化遗产的经济价值。

3. 依托各类高校，加强专业培训

为形成多层次、多学科和多形式的非物质文化遗产保护、传承人才的培训机制，全面提高有关人员的业务素质，甘南州应积极与甘肃省内的各个大学合作。一是加强与甘肃民族师范学院的藏区非物质文化遗产数字化保护技术研究重点实验室的合作，借鉴其先进的科学技术，加快建立非遗数字化体系；二是甘南州要紧紧依靠西北民族大学的教育资源，加强非遗工作人员的专业培训，西北民族大学作为全国最早参与中国非遗传承人群研培计划的院校之一，拥有丰富的培训经验，甘南州应把这些经验运用到培养传承人的活动中去；三是甘南州要加强与兰州大学的学术交流活动，开展甘南州非物质文化遗产学术研讨会，让广大学者参与到甘南州非物质文化遗产保护与发展的讨论和研究中来。甘南州要利用高校和地方科研机构的社会服务功能，共同培养出专业的非物质文化遗产研究员，与高校和地方科研机构一同发掘、保护和传承甘南州优秀传统文化，为推动中华优秀传统文化的创造性转化、创新性发展贡献自己的力量。

4. 依靠各类主体，促进非遗发展

在非遗事业保护上，个人、家庭、社会和学校都是非物质文化遗产传承的主体，各主体应相互协作、相互配合①。甘南州的非物质文化遗产与群众的日常生活紧密相连，每个人都是保护和传承的主体，要利用各种方式提升大家对非遗的关注。甘南州应发挥传承人的带头作用，鼓励传承人

---

① 普丽春，袁飞. 少数民族非物质文化遗产教育传承的主体及其作用［J］. 民族教育研究，2012（23）：115-121.

开展各类传承活动；通过文化遗产展板和宣传资料等方式定期向社会普及文化遗产的基础概念和重要作用等知识；通过原生态文艺节目展演、文化遗产实物展示等更直观的方式来唤醒大众对文化遗产的认识；建立便捷有效的保护机制，鼓励大家参与到非遗事业的保护中来。甘南州在促进非物质文化遗产发展过程中要积极利用公益协会的力量。甘南州迭部县的退休老干部们组成的"迭部县非物质文化遗产协会"就对促进迭部县非遗事业发展发挥了重要作用。2007 年成立的卓尼县洮砚协会为当地制砚艺人们搭建了沟通交流的平台，有效促进了当地洮砚行业的规范化发展。甘南州在非遗事业的保护过程中，一定要紧紧依靠这些民间团体的力量，并鼓励各方力量加入非遗事业的建设中。

后 记

迭部历史悠久、文化底蕴深厚，其中尤以美丽的山水文化、悠久的历史文化、多彩的民俗文化、庄严的宗教文化和壮丽的红色文化为代表。可见，迭部具有独特的人文区位价值和深远的社会影响力。本书着眼于迭部丰富的文化资源，本着挖掘、传承和创新迭部文化遗产的宗旨，选择收录15篇基于田野调查的研究论文，主题涉及农林牧复合系统、地名、服饰、葬俗、社会组织、青稞酒酿造技艺、民俗信仰、民歌、村规民约、红色文化遗产等方面的材料，为进一步深入研究提供了相关的基础材料。

此外，本书希望从农林牧复合系统中认识孕育迭部独特区域文化的生态土壤；从悠久的地名遗产感知迭部历史的厚重；从服饰、香包、俄吾吾节等发现文化在迭部各民族交往交流交融中展现的新的形态和生命力；从葬俗、莱坞、才仔古巴等民俗走进迭部人民丰富的精神世界；从措哇、村规民约洞悉迭部社会变迁；从红色文化凸显百折不挠的长征精神和迭部在长征史上的重要地位。

文化遗产活态传承和保护性利用对增强中华民族文化自信和促进民族地区高质量发展都有重要的意义。希望本书的出版能够扩大迭部文化遗产的影响力和农文旅融合发展做一点贡献。本书呈现的内容更多是经验资料和初步分析，是我们对迭部文化遗产的挖掘和研究的开端。我们深知迭部文化遗产研究是一个长期的、系统性的工作，希望未来有更多志同道合者参与到迭部文化遗产研究行列中。若如此，本书出版算为迭部文化遗产的保护传承和中华优秀传统文化的创造性转化与创新性发展尽了一份绵薄之力。

本书从调研到书稿出版，历时三年有余。书稿编辑出版过程中，光明日报出版社的樊仙桃编辑校对再三，逐字逐句审定内容。她专业、严谨和认真的工作态度使文稿增色甚多，在此深表谢意。另外，各位论文作者不厌其烦，多次细心校对文稿，保证了本书的顺利出版，在此也向他们道一声辛苦。当然，本书若有错漏之处，责在编者，望读者朋友们不吝赐教。

编者

2023 年 9 月 21 日